南水北调中线一期工程文物保护项目
河北省考古发掘报告
第15号

磁县南营遗址、墓地 考古发掘报告

南水北调中线干线工程建设管理局
河北省南水北调工程建设领导小组办公室 编著
河北省文物局

中国社会科学出版社

图书在版编目(CIP)数据

磁县南营遗址、墓地考古发掘报告/南水北调中线干线工程建设管理局,
河北省南水北调工程建设领导小组办公室,河北省文物局编著.—北京:
中国社会科学出版社,2022.1
　ISBN 978 - 7 - 5203 - 9065 - 1

　Ⅰ.①磁…　Ⅱ.①南…②河…③河…　Ⅲ.①文化遗址—考古发掘—发掘
报告—磁县—商代②墓葬(考古)—发掘报告—磁县—战国时代—汉代
Ⅳ.①K878.05②K878.85

　中国版本图书馆 CIP 数据核字(2021)第 184130 号

出 版 人	赵剑英
责任编辑	马　明　郭　鹏
责任校对	王佳萌
责任印制	王　超

出　　版	中国社会科学出版社
社　　址	北京鼓楼西大街甲 158 号
邮　　编	100720
网　　址	http://www.csspw.cn
发 行 部	010 - 84083685
门 市 部	010 - 84029450
经　　销	新华书店及其他书店

印刷装订	北京君升印刷有限公司
版　　次	2022 年 1 月第 1 版
印　　次	2022 年 1 月第 1 次印刷

开　　本	880 × 1230　1/16
印　　张	27.25
字　　数	589 千字
定　　价	298.00 元

Reports on the Cultural Relics Conservation
in the South-to-North Water Diversion Project
Hebei Vol.15

The Excavation Report of the Site and Cemetery at Nanying Village, Cixian County

The South-to-North Water Diversion Project Construction Administration
The South-to-North Water Diversion Project in Hebei Province Construction Committee Office
Hebei Bureau Cultural Relics

中国社会科学出版社

南水北调中线一期工程文物保护项目

河北省编辑委员会

南水北调中线一期工程文物保护项目
河北省考古发掘报告第 15 号

磁县南营遗址、墓地发掘报告

项目承担单位

河北省文物考古研究院

主　编

张晓峥

目　　录

插图目录

第四章

第五章

灰坑

第六章

灰坑

插表目录

图版目录

第一章　概述

一、磁县地理环境与历史沿革

磁县位于河北省南端，地处漳河北岸，地势西高东低，东部位于河北平原南部，属山前冲积平原；西部属太行山东麓。地形自西而东由山区、丘陵、平原三部分构成。西部山区面积占全县总面积的 26.86%，中部丘陵面积占 45.16%，东部平原面积占 27.98%。最高点炉峰山海拔 1087.6 米，最低点屯庄海拔 57 米①。

磁县境域位于暖温带半湿润地区，属大陆性季风气候。春季干旱多风，回暖迅速，光照充足，太阳辐射强，日差较大；夏季炎热多雨，盛行偏南风；秋季降温快，日差较大，太阳辐射减弱，气候凉爽；冬季盛行偏北风，寒冷干燥，雨雪较少。年均气温为 13℃，年均无霜期为 201 天，年均降水量为 521.4mm②。

磁县的历史源远流长，是赵都邯郸、殷都安阳、邺都临漳三都文化交汇之地，境内自南向北有漳河、滏阳河、牤牛河三条大河流过。独特的环境孕育了包括下七垣文化、北朝墓群、磁州窑在内的诸多著名文化遗产，灿烂的文化自仰韶时期一直绵延至今。

春秋时期为晋地。战国归赵。秦属邯郸郡地。汉置梁期县（治今花官营乡东城营），属冀州魏郡。三国魏黄初三年（222 年），省梁期县，析武安县及邺县，置临水县，属冀州广平郡，治今磁州。晋泰始二年（266 年）临水属司州广平郡。北魏天赐元年（404 年），涉县并入临水县，属司州魏尹。北魏太平真君六年（445 年）由临水县徙治松釜（今峰峰矿区临水）。北周保定元年（561 年）析临水县，于今磁州置滏阳县（以城在滏水之阳而名）和成安郡。北周建德六年（577 年），临水徙治涉县，属相州魏郡。隋开皇七年（587 年）临水徙治涉县西戎，隶相州。隋开皇十年（590 年）由临水县析出原涉县地复置涉县。临水县还治松釜，并废成安郡，于今磁州置慈州。领滏阳、临水二县。隋开皇十六年（596 年）邯郸县隶属于磁州。隋大业二年（606 年）废慈州。临水、滏阳二县改属相州。邯郸县归河北道洺州。唐武德元年（618 年）

---

① 河北省磁县地方志编纂委员会：《磁县志》，新华出版社，2001 年，第 125 页。
② 河北省磁县地方志编纂委员会：《磁县志》，新华出版社，2001 年，第 127 - 129 页。

复置慈州。领滏阳、临水、成安三县。唐贞观元年（627年）省慈州。滏阳、临水、成安三县
归属河北道相州。唐永泰元年（765年）临水县改称昭义县。同年复置磁州。因与河东慈州重
名，故加石字旁。隶河北道，磁州领滏阳、昭义、武安、邯郸四县。唐天祐三年（906年）以
与河东慈州音相同，将磁州改名惠州。后梁贞明二年（916年）复为磁州。宋和政三年（1113
年）改磁州为磁州。金收国元年至贞祐二年（1115～1214年）属河北西路彰德府。元末州县
俱废。明清属广平府。今属邯郸市①。

二、南营遗址、墓地工作概况

　　磁县南营遗址、墓地位于河北省邯郸市磁县讲武城镇南营村东150米的农田内，冀南漳河
北岸二级阶地上（图版一）。中心坐标东经114°19′30″、北纬36°16′00″，高程91.4米。地势较
为平坦，遗址、墓地所处区域由东北向西南倾斜。东侧为南营砖厂取土形成的土坑，现为烧制
机制砖块窑炉；南侧400米为漳河旧河道，东距讲武城遗址（全国重点文物保护单位）西城墙
260米；北侧150米为南营村至讲武城村东西向乡间土路，地表种植棉花、小麦、玉米、花生
等农作物；东、南侧由于取土形成台地断崖，台地南侧种植杨树、柳树等。南水北调中线干渠
自南至北从遗址、墓地中部穿越。

　　南营遗址、墓地在2002年7月由河北省文物研究所组队实施的第一次南水北调中线干线工
程文物调查中首次发现，2003年10月、2004年10月河北省文物研究所又对其进行了复查和试
掘，初步确认了遗址、墓地大致性质及年代。

　　2006～2007年，为配合南水北调中线工程建设，受河北省文物局南水北调工程建设领导小
组办公室委托，河北省文物研究所会同磁县文物保护管理所报请国家文物局批准，对南营遗
址、墓地进行了田野考古发掘。发掘领队高建强，执行领队张晓峥，参加发掘人员主要有王志
强、杨波、沈阳、张健、郝有旺、康三林、刘文财、雷东科、翟成洲、陈树林、李文海、郭荣
成、刘建威、郭京锡、任涛等。高建强负责田野发掘和器物照相，雷东科、郭荣成负责田野遗
迹绘图，郝有旺、康三林负责室内器物修复，任涛负责工地测绘。

　　2006年10月12日，南营遗址、墓地考古队进驻考古工地进行勘探和发掘前期工作。首先
对南营遗址、墓地进行了详细的地面探查，摸清遗址、墓地所处地形地貌，并绘制了平面图
（图一，图版二）；基本确定了遗址、墓地的大致分布范围，遗址、墓地南北200米，东西近
160米，面积近32000平方米。2006年10月15日至22日，考古队对南营遗址、墓地及周围进
行考古勘探工作，了解遗址、墓地文化遗存堆积分布情况和保存状况，即南部堆积较为深厚，
灰坑、墓葬等文化遗迹种类丰富，墓葬平面排列较为密集，北部堆积保存较差，只发现少量墓

---

① 河北省磁县地方志编纂委员会：《磁县志》，新华出版社，2001年，第67－69页。

葬等遗迹，为下一步发掘工作提供基础数据。

2006年10月至2007年1月，根据勘探资料，河北省文物研究所会同磁县文物保护管理所，在遗址、墓地所涉及南水北调中线干渠占地范围内选择两个地点（Ⅰ区和Ⅱ区），进行考古发掘工作。Ⅰ区位于遗址、墓地南端，地表为平整农田，东、南部由于南营砖厂多年取土形成台地断崖，断崖剖面暴露多个灰坑，内夹杂大量泥质灰陶片、夹砂红陶片等，西侧为南营村东侧杨树林，北以南营村至讲武城村东西向小路与Ⅱ区相隔（图二，图版三）。Ⅱ区位于遗址、墓地北部，南距Ⅰ区190米。南邻南营村至讲武城村东西向小路，地势东北向西南倾斜，地表为较为平整农田，地表现存多个长条形取土坑（图三）。为便于记录，我们将磁县南营遗址、墓地的"磁""南"首位拼音字母缩写"CN"，"2006"代表2006年度，"Ⅰ"代表Ⅰ区，"Ⅱ"代表Ⅱ区。2006CNⅠM1代表2006年度磁县南营遗址、墓地第1号墓葬，本报告为行文简洁，只写探方、遗迹单位和器物编号。Ⅰ、Ⅱ区分别独立编写遗迹单位编号，Ⅰ区"Ⅰ"省略，Ⅱ区加"Ⅱ"以区分。探方编号采用坐标系象限法，ⅠT0607代表Ⅰ区基点横轴西向第6排纵轴北向第7列探方，Ⅱ区分别编号"T1""T2"。

此次考古发掘Ⅰ区布设5米×5米探方79个，Ⅱ区分别布设24米×20米、22米×16米探方各1个，共揭露面积2857平方米，清理形状各异灰坑55座，灰沟4条，墓葬58座。出土遗物质地有陶、铜、铁、瓷、石等，器类有鬲、罐、瓮、盆、豆、壶、板瓦、筒瓦、石斧、石球、钱币等，文化遗存分属早商、晚商、战国、汉代和明清时期。

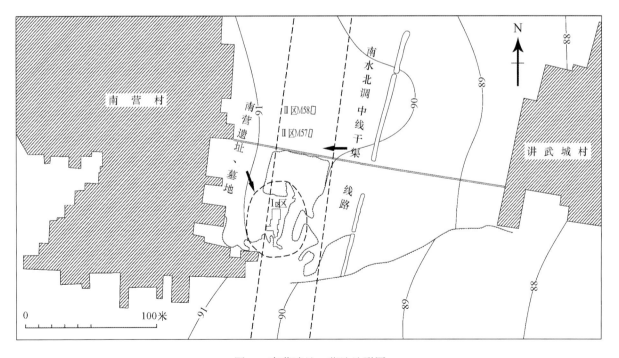

图一　南营遗址、墓地地形图

　　早商时期文化遗存为Ⅰ区第 4 层下叠压 H8、H13、H17、H37 等 4 座灰坑以及 G5，出土典型遗物有卷沿袋足高锥足鬲、敛口瓮、侈口深腹盆、石镰等。晚商时期文化为Ⅰ区第 4 层下叠压 H21、H22 等 9 座灰坑，出土典型遗物有宽折沿肥袋足鬲、厚方唇侈口簋、平折沿盆、圆唇矮领圆肩小口瓮等。

　　战国时期文化遗存主要为Ⅰ区第 3 层下叠压 M2、M4、M56 等 20 座墓葬，包含第 4 层，第 3 层下叠压 H4、H7 等 30 个灰坑以及 G4；墓葬大致分长方形土坑竖穴墓和长方形竖井墓道偏洞室墓 2 种类型，其中长方形土坑竖穴墓 19 座，墓口略大于墓底，墓葬多为南北向，葬式为仰身直肢和仰身屈肢，葬具为一棺一椁或单棺，随葬品组合为：陶鼎、陶盖豆、陶壶、陶小壶、陶盘、陶匜等，个别出土铜带钩、铜剑等，时代为战国中晚期；长方形竖井墓道偏洞室墓 1 座，洞室位于墓道一侧，墓葬为东西向，葬式为侧身屈肢，葬具为单棺，无随葬品，时代为战国晚期。

　　汉代文化遗存主要为Ⅰ区第 2 层下叠压 M1、M3、M56 和Ⅱ区 M57、M58 等 35 座墓葬，包含第 3 层，第 2 层叠压 H4、H7 等 11 个灰坑以及 G1、G2；墓葬多为带长方形竖井墓道洞室墓，还有少量长弧形竖井墓道洞室墓、长方形土坑竖穴墓砖圹墓等，墓葬南北向居多，葬式为仰身直肢葬，随葬品组合为：陶壶、陶罐、陶井、陶灶等，个别出土铜带钩、铜镜。陶器放置于棺外或者壁龛内，铜带钩、铜镜等随葬于墓主人身旁，棺内多散落"五铢"钱。

　　明清时期文化遗存墓葬为 M25、M33、M41 等 3 座墓葬和 H3。

　　通过此次考古发掘，发现了早商、晚商时期的重要文化遗存，为研究豫北冀南地区漳河流域的典型商代文化遗存、探索先商文化源流及河北商代文化的编年提供了重要实物资料。发现一批战国、汉代墓葬，数量较多，类型典型，器物演化关系明晰，对河北南部地区战国中晚期至汉代这一时期葬俗、文化遗物演变的研究有重要意义。

　　国家文物局专家组徐光冀、信立祥，河北省文物局谢飞、郭瑞海、张文瑞、毛保中，河北省文物保护中心任亚珊，河北省文物研究所曹凯、段宏振、贾金标，山西省考古研究所王晓毅、海金乐等到工地检查并指导工作。

　　此次考古发掘工作得到河北省文物局、河北省文物保护中心、磁县文管所的大力支持，邯郸市讲武城镇南营村民对南营遗址、墓地发掘工作给予大力支持和协助，在此一并致谢！

　　2020 年 8 月至 2021 年 1 月，河北省文物考古研究院与中国人民大学考古文博系联合整理南营遗址、墓地的发掘资料，完成出土遗物的拼对、修复、分析、统计和整理工作，绘制全部器物图，并对器物进行照相，完成出土器物卡片的文字描述工作，将文字记录、照片和图纸均数字化，完成《磁县南营遗址、墓地考古发掘报告》的定稿，聂宏进、谷自强参加了项目资料整理工作。本报告执笔张晓峥。

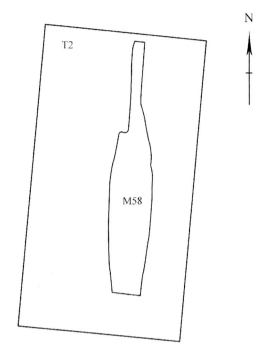

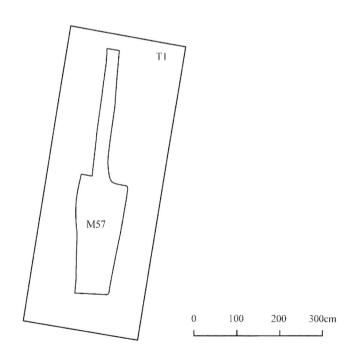

图三 南营遗址、墓地Ⅱ区总平面图

三、周边区域文物遗存

南营遗址、墓地位于磁县讲武城镇南营村东侧，东临战汉时期讲武城遗址，北侧为北朝墓群，西侧为下七垣文化漳河北岸分布区域，自先商时期、战汉时期、北朝时期文化遗存在该区域绵延不断连续发展，是冀南漳河流域先秦时期至历史时期考古学年代序列研究不可多得的重要考古学材料。

讲武城遗址位于河北省邯郸市磁县城南漳河北岸讲武城村西南部，因其南部被漳河冲毁，残存遗址现为东西宽，南北窄；南城墙被漳水冲没，西城墙与东城墙各被冲毁一部分，北城墙现存 7 段，遗址墙基宽为 17 ~ 26 米，墙体最宽处大约有 9 米，窄处仅有 3 ~ 4 米，残高 2 ~ 9 米；北城墙东北角至西北角残长 1169 米，东墙残存 200 米，西墙尚存 920 米，均为黄土夯筑堆积而成（图版四，1、2）。

北朝墓群分布于南营遗址、墓地北部，处于磁县城南和西南、漳河与滏阳河之间的平原和岗坡地带，为东魏和北齐王朝皇陵、皇室贵族以及异姓勋贵的墓葬，现为全国重点文物保护单位。自 20 世纪 70 年代至今，磁县发现了一批带有精美壁画的北朝时期墓葬，壁画数量之多、内容之丰富，前所未有，为研究北朝时期社会、经济、文化等提供了重要图像资料。迄今为止，发表资料较为完整的有湾漳大墓、茹茹公主墓、高润墓、高孝绪墓和尧峻墓等。

先商文化指商汤灭夏以前商族为主体的人群创造的考古学文化。李伯谦先生将漳河型、辉卫型文化视为先商文化，因下七垣遗址发掘面积较大，出土文化遗存较为丰富，而命名为"下七垣文化"。从考古发现来看，邯郸地区的漳河型文化遗存在其晚期已经步入早商纪年，其文化面貌仍有极大的一致性和延续性，"下七垣文化"命名能更加准确表达其文化的内涵。下七垣文化分布于磁县漳河、牤牛河河流两岸的阶地上，顺河流两侧呈条带状分布，多数依自然地势相邻分布在一起，形成若干个相对集中的遗址群或聚落区。

四、区域既往考古工作

1957 年，河北省文物管理委员会工作组在配合京汉铁路磁县以南改线工程中，于讲武城遗址北垣外路基两侧筑路取土发现古墓 56 座，其中汉代墓葬 49 座，北齐时期墓葬 2 座，唐代墓葬 2 座，宋代墓葬 3 座，出土大量器物[①]，为当地葬俗研究提供了丰富的实物资料。

1974 年 5 月，磁县文化馆在东陈村西北 0.5 公里"思美冢"清理一座墓葬，出土陶器、瓷器和墓志等器物，确定墓主人为东魏尧赵氏[②]。1975 年 4 月清理北齐尧峻墓，出土瓷器和墓志

---

① 河北省文物管理委员会：《河北磁县讲武城古墓清理简报》，《考古》，1959 年第 1 期。
② 磁县文化馆：《河北磁县东陈村东魏墓》，《考古》，1977 年第 6 期。

等珍贵文物①。

1975 年 9 月，中央美术学院、河北省文管处与磁县文化馆发掘东槐树村西北北齐高润墓，出土陶俑、青瓷罐、青瓷碗、铜器和墓志，墓葬北壁残存墓主人座帐壁画图②，为北朝考古提供新的考古学资料。

1978 年 6 月，磁县文物管理所在孟庄村南清理北齐元良墓，出土陶俑、瓷器和墓志等遗物③，为研究东魏元氏宗族墓地兆域范围提供重要资料。

1978 年 9 月至 1979 年 6 月，中央美术学院、河北省文物管理处和磁县文化馆在县城南 2 公里大冢营村北抢救性清理东魏茹茹公主墓，出土彩绘陶俑、拜占庭金币、壁画等一批珍贵文物④，对研究东魏雕塑、服饰、仪制、绘画与东西方贸易有重要研究价值，为确定东魏权臣高欢墓葬位置的重要参考坐标。

1987 年 4 月，中国社会科学院考古研究所和河北省文物研究所对湾漳村北朝墓进行发掘，出土各类随葬品 2000 余件。墓葬形制规模宏大，墓道两侧绘制长卷式仪仗出行图，推测应为北齐文宣帝高洋⑤，对于北朝时帝王等级仪仗卤簿、墓葬制度、服饰文化等有重要研究价值。

2006 年 9 月，为配合南水北调中线工程建设，中国社会科学院考古研究所对磁县北朝墓群M003 进行考古发掘，根据出土墓志，确定墓主人为东魏皇族、徐州刺史元祐⑥；河北省文物研究所同时对其南侧的 M001 清理得知，应为东魏兖州元公之墓⑦，结合 M63⑧、M72⑨ 的考古发掘，基本明确磁县北朝墓群东魏皇宗陵的地域所在，对北朝墓群的布局研究取得了突破，同时为磁县北朝墓群的保护总体规划的制定提供重要科学依据。

2009 年 2 月，为配合南水北调中线工程建设，河北省文物研究所与磁县文物保管所，对位于刘庄村西北朝墓群 M39 墓进行考古发掘，出土彩绘陶俑、拜占庭金币、陶盘、陶仓等一批珍贵文物，墓道两侧发现人物仪仗出行壁画，根据出土墓志盖"大齐故修城王墓志铭"，墓主人应为北齐皇族修城郡王高孝绪⑩。高孝绪墓厘清北齐皇宗陵域大致范围，对磁县北朝墓群东魏、北齐陵墓兆域研究工作有重要意义。

2012 年 8 月，为配合南水北调中线工程建设，磁县文物保管所对双庙村取土场的 39 座墓葬进行发掘，年代为汉代、魏晋、北朝、北宋时期⑪。

---

①　朱全升：《河北磁县东陈村北齐尧峻墓》，《文物》，1984 年第 4 期。
②　磁县文化馆：《河北磁县北齐高润墓》，《考古》，1979 年第 3 期。
③　张子英：《河北磁县北齐元良墓》，《考古》，1997 年第 3 期。
④　朱全升、汤池：《河北磁县东魏茹茹公主墓发掘简报》，《文物》，1984 年第 4 期。
⑤　徐光冀、江达煌、朱岩石：《河北磁县湾漳北朝墓》，《考古》，1990 年第 7 期。
⑥　朱岩石、何利群、沈丽华：《河北磁县北朝墓群发现东魏皇族元祐墓》，《考古》，2007 年第 1 期。
⑦　徐海峰、佟宇喆、王法岗：《河北磁县又发掘一座东魏皇族墓葬》，《中国文物报》，2008 年 5 月 9 日。
⑧　朱岩石、何利群：《河北磁县北朝墓群发掘 M63 及十六国窑址》，《中国文物报》，2007 年 7 月 27 日。
⑨　河北省文物研究所：《2007 考古年报》，2007 年 12 月。
⑩　国家文物局：《河北磁县北齐皇族高孝绪墓》，文物出版社，2010 年。
⑪　南水北调中线干线工程建设管理局，河北省南水北调工程建设领导小组办公室，河北省文物局：《磁县双庙墓群考古发掘报告》，文物出版社，2017 年。

第二章　地层堆积及层位关系

南营遗址、墓地发掘工作分 2 个区域进行，Ⅰ区共布 5 米×5 米探方 79 个，Ⅱ区共布 2 个探方，分别为 24 米×20 米探方 1 个，22 米×16 米探方 1 个。整个遗址可以统一划分为四层：第 1 层为耕土层；第 2 层为黄褐色砂质土，为明清时期文化层；第 3 层为红褐色胶质土，为汉代文化层；第 4 层为深黄褐色黏土，为战国时期文化层；其下为生土层。Ⅰ区探方的地层分布有如下几种情况：（1）有 20 个探方 4 个文化层布满全方，（2）有 9 个探方第 2 层部分缺失，（3）有 7 个探方第 3 层部分缺失，（4）有 26 个探方无第 2 层，（5）有 5 个探方无第 3 层。另外，有 12 个探方在 1 层下发现近现代墓葬或电杆，故未向下发掘。Ⅱ区 2 个探方第 4 层缺失。Ⅰ区南部各类遗迹分布较密集，出土遗物较丰富；Ⅰ区北部多近现代墓葬。现以部分典型探方为例，将 2 个区域的地层堆积情况介绍如下。

一、2006CNⅠ区

第一，20 个探方四层均有，分别是 T0413、T0605、T0606、T0607、T0610、T0706、T0707、T0708、T0710、T0712、T0908、T1006、T1007、T1008、T1106、T1107、T1108、T1206、T1207 和 T1208。以 T0606、T1007 为例。

T0606 位于Ⅰ区的东南部，南邻 T0605，东邻断崖，西邻 T0706，北邻 T0607。重要发现为第 2 层叠压 H9、M1、M20，第 3 层叠压 H11。M1 打破 H9、H11，H9 打破 H11（图四）。

地层堆积情况如下：

第 1 层：耕土层。灰褐色土，土质疏松，内含现代杂物、植物根茎，出土近代瓷碗及碎砖块。厚 0.15～0.25 米。

第 2 层：明清时期文化层。黄褐色砂质土，土质疏松，出土少量瓷片、陶片等。本层遍布全方，北部薄，南部厚。距地表深 0.15～0.25 米，厚 0.1～0.25 米。

第 3 层：汉代文化层。红褐色胶质土，土质较硬，出土泥质灰陶罐口沿、瓮腹片等。本层在探方分布不均匀，东北部较厚，其他部分较薄。距地表深 0.3～0.37 米，厚 0.15～0.4 米。

第 4 层：战国时期文化层。深黄褐色黏土，土质较硬，出土板瓦、筒瓦残片、豆盘等。距地表深 0.45～0.75 米，厚 0.4～0.55 米。

第 4 层以下为生土。

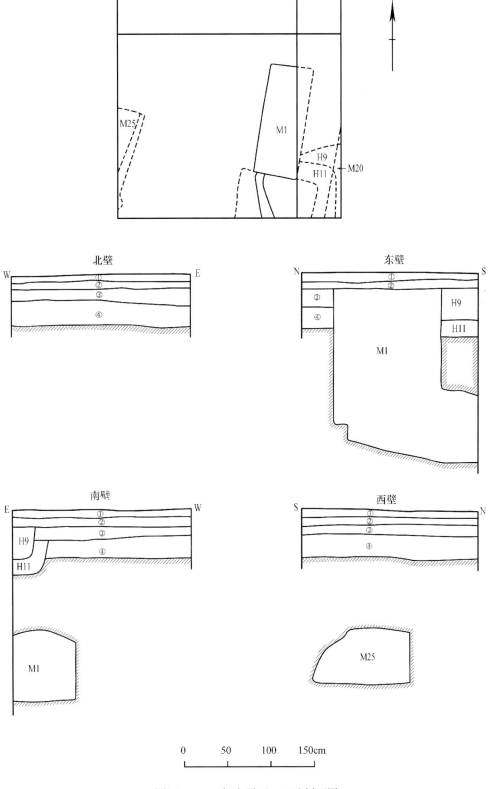

图四　T0606 探方平面、四壁剖面图

T1007 位于 I 区的西南部，南邻 T1006，北邻 T1008，东邻 T0907，西邻 T1107。重要发现为第 2 层叠压 M30、H19，第 3 层叠压 G4、M17，第 4 层叠压 G5、H34、H35。M30 打破 G4、G5，H19 打破 M17（图五）。

地层堆积情况如下：

第 1 层：耕土层。灰褐色土，土质疏松，内含植物根茎、炭屑，出土瓷片及陶片。厚 0.1 ~ 0.2 米。

第 2 层：明清时期文化层。黄褐色砂质土，土质疏松，内含煤渣，出土瓷片、素面泥质灰陶片等。本层在探方分布不均匀，北部较薄，其他部分稍厚。距地表深 0.1 ~ 0.2 米，厚 0.15 ~ 0.25 米。

第 3 层：汉代文化层。红褐色胶质土，土质稍硬，出土多为泥质灰陶片，纹饰为绳纹、弦纹、素面。本层在探方分布不均匀，北部较厚，其他部分稍薄。距地表深 0.3 ~ 0.4 米，厚 0.4 ~ 0.65 米。

第 4 层：战国时期文化层。深黄褐色黏土，土质较硬，出土平盘豆盘、圆唇罐口沿等。本层在探方分布不均匀，北部稍薄，南部较厚，距地表深 0.8 ~ 1 米，厚 0.4 ~ 0.6 米。

第 4 层以下为生土。

第二，9 个探方第 2 层部分缺失，有 T0510、T0511、T0513、T0608、T0609、T0709、T0711、T0809、T0909。以 T0711 为例。

T0711 位于 I 区的中部，南邻 T0710，北邻 T0712，东邻 T0611，西邻 T0811。重要发现为第 2 层叠压 M36、M39，第 3 层叠压 M40，M39 打破 M40（图六）。

地层堆积情况如下：

第 1 层：耕土层。灰褐色土，土质疏松，内含植物根茎、炭屑，出土瓷片及陶片。厚 0.15 ~ 0.2 米。

第 2 层：明清时期文化层。黄褐色砂质土，土质疏松，内含少量植物根茎，出土瓷片和瓦片。本层在探方西北部缺失，距地表深 0.15 ~ 0.2 米，厚 0 ~ 0.12 米。

第 3 层：汉代文化层。红褐色胶质土，土质较硬，出土有板瓦、筒瓦、豆、盆口沿等残片。本层在探方分布不均匀。距地表深 0.2 ~ 0.5 米，厚 0.3 ~ 0.65 米。

第 4 层：战国时期文化层。深黄褐色黏土，土质较硬。内含绳纹板瓦、筒瓦残片。距地表深 0.7 ~ 0.95 米，厚 0.6 ~ 0.8 米。

第 4 层以下为生土。

第三，7 个探方第 3 层部分缺失，有 T0604、T0807、T0808、T0906、T0704、T0705、T0806。以 T0704 为例。

T0704 位于 I 区的东南部，南邻 T0703，北邻 T0705，东邻 T0604，西邻断崖。重要发现为第 2 层叠压 H16、M7、M9、M13、M32，第 3 层叠压 H14（图七）。

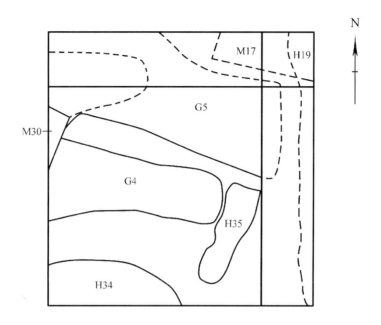

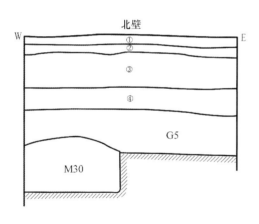

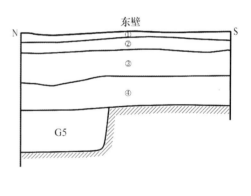

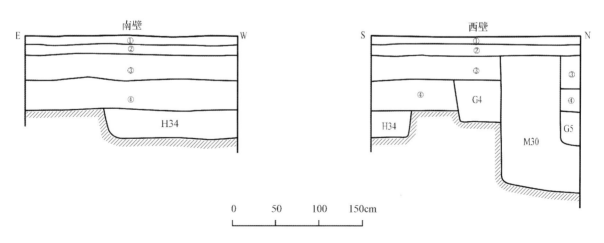

图五 T1007 探方平面、四壁剖面图

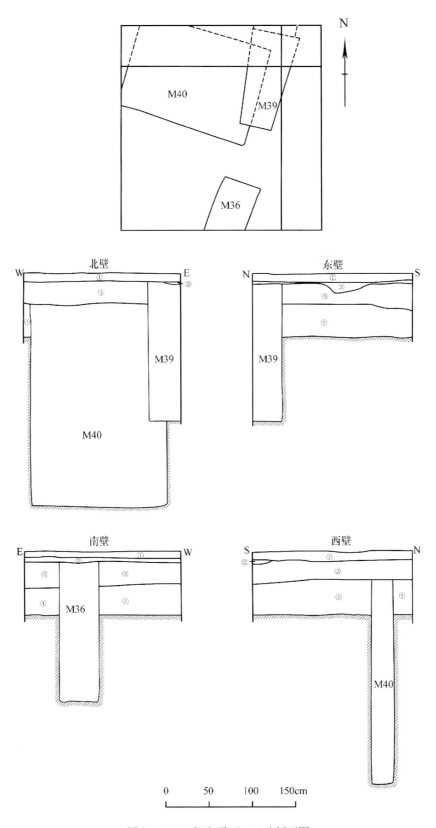

图六　T0711 探方平面、四壁剖面图

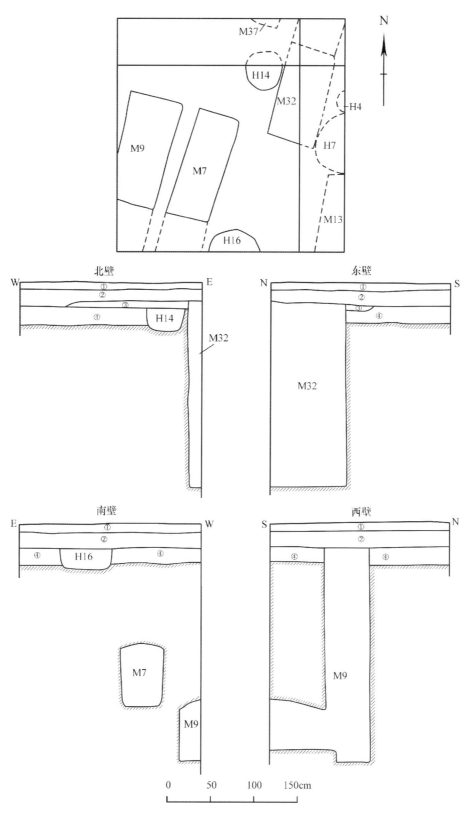

图七 T0704 探方平面、四壁剖面图

地层堆积情况如下：

第1层：耕土层。灰褐色土，土质疏松，内含植物根茎、炭屑。厚 0.15~0.2 米。

第2层：明清时期文化层。黄褐色砂质土，土质松软，分布全方，内含炭屑，出土青花瓷片和少量素面灰陶片。本层在探方分布不均匀，东北区域较薄。距地表深 0.15~0.2 米，厚 0.17~0.4 米。

第3层：汉代文化层。红褐色胶质土，土质较硬。出土板瓦、筒瓦残片。本层仅分布探方东北区域，距地表深 0.37~0.55 米，厚 0~0.2 米。

第4层：战国时期文化层。深黄褐色黏土，土质较硬，出土绳纹板瓦、筒瓦、盆残片等。距地表深 0.5~0.6 米，厚 0.35~0.4 米。

第4层以下为生土。

第四，26个探方缺失第2层，有 T0414、T0415、T0416、T0417、T0418、T0514、T0515、T0516、T0517、T0518、T0613、T0616、T0617、T0618、T0716、T0717、T0718、T0810、T0811、T0814、T0815、T0816、T0817、T0818、T0910、T0912。以 T0815 为例。

T0815 位于Ⅰ区的北部，南邻 T0814，北邻 T0816，东邻 T0715，西侧为发掘区域边缘。重要发现为第1层下开口 M51、M52，第3层下开口 M56、H56，M51 打破 M56、第3层、4层及生土；M52 打破 M56、H56、第3层、4层及生土，M56 和 H56 均打破4层（图八）。

堆积情况如下：

第1层：耕土层。灰褐色土，土质疏松，内含植物根茎、炭屑，出土瓷片及陶片。厚 0.15~0.3 米。

第2层：无。

第3层：汉代文化层。红褐色胶质土，土质稍硬，遍布全方，出土有素面灰陶壶、盆残片等。距地表深 0.15~0.3 米，厚 0.35~0.6 米。

第4层：战国时期文化层。深黄褐色土黏土，土质较硬，出土有绳纹板瓦、罐、豆残片等。距地表深 0.55~0.75 米，厚 0.6~0.75 米。

4层以下为生土。

第五，5个探方缺失第3层，有 T0602、T0603、T0701、T0702 和 T0703。以 T0603 为例。

T0603 位于Ⅰ区的东南部，南邻 T0602，东邻断崖，西邻 T0703，北邻 T0604。本探方缺失第3层。重要发现为第2层叠压 H5、H6、G2、M11、M13，第4层叠压 G3、H8，H5 打破 H6、G2，H6 打破 H8，G2 打破 H6（图九）。

地层堆积情况如下：

第1层：耕土层。灰褐色土，土质疏松，内含植物根茎，出土现代杂物、近代瓷碗及碎砖块。厚 0.15~0.25 米。

第2层：明清时期文化层。黄褐色砂质土，土质疏松，遍布全方，出土有少量瓷片、陶片等。本层在探方分布不均匀，距地表深 0.15~0.25 米，厚 0.3~0.6 米。

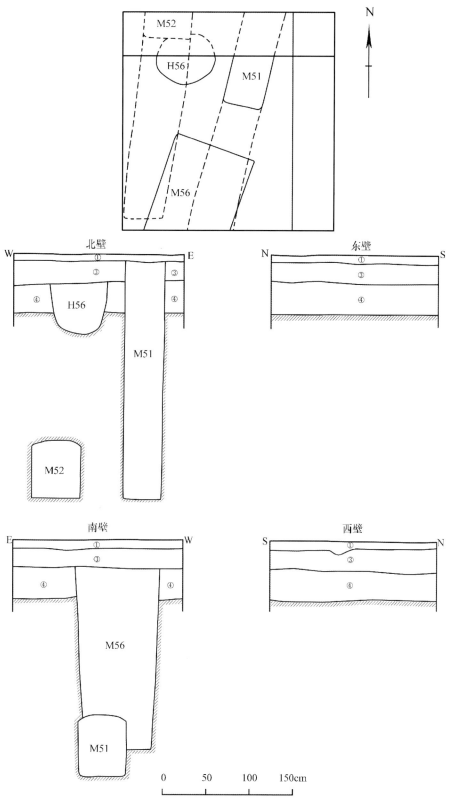

图八　T0815 探方平面、四壁剖面图

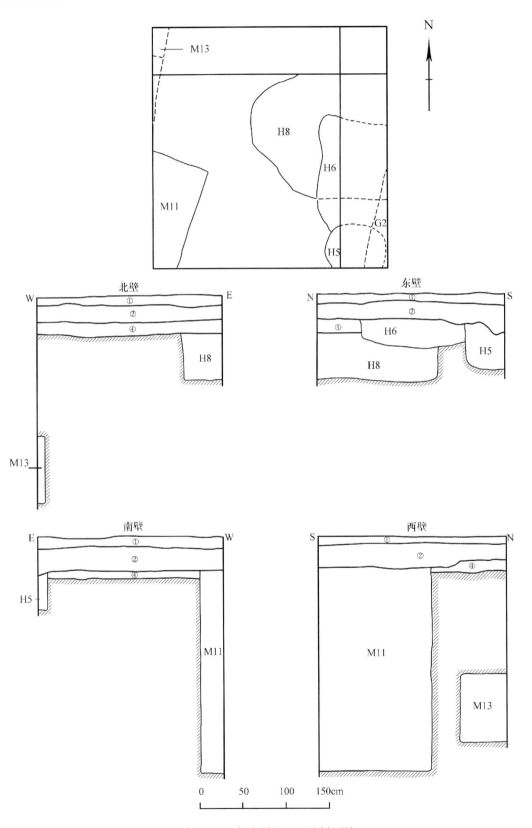

图九　T0603 探方平面、四壁剖面图

第3层：无。

第4层：战国时期文化层。深黄褐色黏土，土质较硬，出土绳纹板瓦、筒瓦、豆盘、瓮残片等。距地表深0.45~0.65米，厚0.1~0.3米。

第4层以下为生土。

二、2006CN Ⅱ区

Ⅱ区探方地层共分3层：第1层为耕土层；第2层为黄褐色砂质土，为明清文化层，距地表深0.15~0.2米，厚0.17~0.4米；第3层为红褐色胶质土，为汉代文化层，距地表深0.3~0.45米，厚0.4~0.65米，其下为生土层。第2层下叠压2座带长斜坡墓道前、后砖室墓，墓葬破坏较为严重。

第三章 早商时期遗存

一、概述

早商时期遗存较少，均叠压于第 4 层下，共清理灰坑 4 个，编号为 H8、H13、H17、H37；灰沟 1 条，编号为 G5。灰坑分布于 I 区南部。坑口形状为不规则形、长圆形等；坑壁以斜壁为主，还有直壁、弧壁等；坑底多近平，还有不规则底、圜底等。G5 平面形状为靴形，沟壁为内收斜壁，沟底东高西低，呈斜坡状。遗迹内出土遗物以陶片为主，还有少量石器，陶片以夹胎黑皮陶、夹砂灰陶为主，还有泥质灰陶、夹砂红陶、泥质褐陶、泥质黑陶、泥质红陶等，纹饰以细绳纹、绳纹居多，还有弦纹、弦断绳纹、卷云纹、压印纹、交错绳纹等，可辨器型有陶鬲、陶罐、陶瓮、陶甗等；石器为石铲、石镰、石刀等。

二、文化遗存

（一）灰坑

1. H8

H8 位于 I 区南端，T0603 东部，被 H6、G2 打破（图一〇；图版五，1）。坑口形状为不规则形，坑壁上部为直壁，下部折内收，底不平。坑口东西 2.9 米、南北 2.6 米，坑底东西 1 米、南北 0.76 米，坑口至坑底 1.35 米。坑内填土为红褐色黏土与灰褐色胶质土混合土，略硬，包含少量炭粒、烧土颗粒；出土陶片以夹灰胎黑皮陶为主，还有泥质灰陶、夹砂灰陶、夹砂红陶、泥质褐陶、夹砂黑陶等，纹饰以细绳纹为主，还有弦断绳纹、卷云纹、凹弦纹、三角戳印纹等；可辨器型有陶鬲、陶罐、陶瓮、陶甗等，另有石铲、石镰、石刀、石磨棒、砺石等。

陶鬲　3 件。

H8：2，夹砂黑陶。陶鬲腹部和足部。深弧腹，分档略低，袋足下三个细锥足，足尖残缺。腹部饰细绳纹，鬲足残留少量绳纹，陶胎较薄。残高 13.8、壁厚 0.4 厘米（图一一，1；图版五，2）。

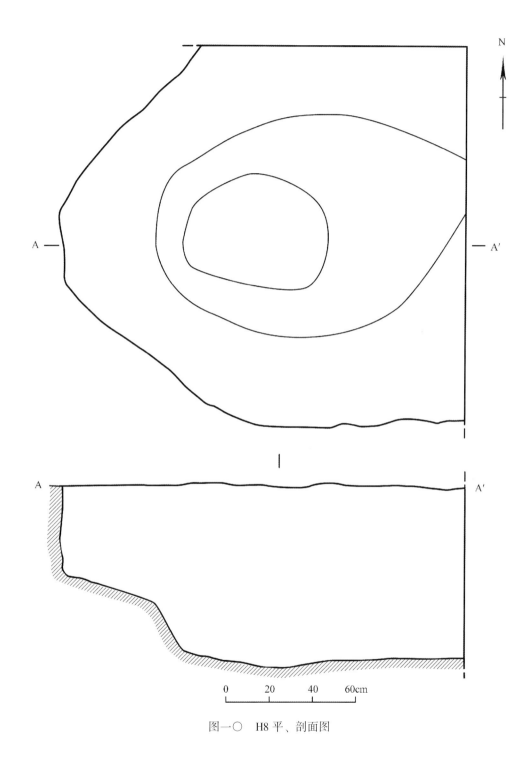

图一〇　H8 平、剖面图

　　H8:10，夹砂红陶。陶鬲口沿和上腹残片。敞口，尖圆唇，宽沿外折，束颈，深弧腹。口沿外侧及沿下留有绳纹抹平痕迹，下饰 1 周弦纹，腹饰竖向细绳纹。口径 17.9、残高 9.6、壁厚 0.6 厘米（图一一，2；图版五，3）。

H8：12，夹灰胎黑皮陶。陶鬲口沿和上腹残片。圆唇外侈，矮领微束，领部留有绳纹抹平痕迹，深弧腹。腹饰竖向细绳纹。残高8.8、壁厚0.6厘米（图一一，8；图版五，4）。

鬲足　1件。

H8：5，夹灰胎褐皮陶。长锥状实足根，饰竖向绳纹，足尖略平。残高8.1厘米（图一二，1；图版五，5）。

器盖捉手　1件。

H8：3，夹灰胎黑皮陶。器盖捉手，剖面呈伞盖形，顶部略尖，边缘手工捏制。直径4.4、残高1.6厘米（图一一，10）。

陶罐　7件。

H8：9，夹灰胎黑皮陶。陶罐下腹和罐底残片。下腹斜弧收，平底。器底中部凿一圆孔；腹饰斜向细绳纹。腹径14.9、残高8.4、底径9.2、壁厚0.8厘米（图一一，5；图版六，1）。

H8：11，夹灰胎黑皮陶。陶罐口沿和上腹残片。口微侈，方圆唇，直领微束，弧腹。领下部饰1周凹弦纹，领部留有绳纹抹平痕迹；腹饰斜向细绳纹。口径23.9、残高9.3、壁厚0.8厘米（图一一，3；图版六，2）。

H8：14，夹砂灰陶。陶罐口沿和腹部残片。斜方唇，敞口，矮领，微束颈，广肩。肩部饰细绳纹。口径20、残高5.6、壁厚0.8～1.2厘米（图一一，4；图版六，3）。

H8：15，泥质灰陶。陶罐下腹和底部残片。斜腹，平底。腹部饰竖向绳纹。残高3.2、壁厚0.8厘米（图一一，9）。

H8：16，泥质灰陶。陶罐腹部残片。鼓腹，腹部饰旋断交错绳纹。残高9、残宽18、壁厚0.8厘米（图一二，4）。

H8：20，泥质褐陶。陶罐腹部残片。腹部磨光，其余饰弦断绳纹。残高12.2、残宽12.8、壁厚0.8厘米（图一二，2；图版六，4）。

H8：21，泥质灰陶。陶罐肩部残片。折肩，腹部近直。肩部磨光，腹部饰旋断绳纹。残高5.6、残宽6.8、壁厚0.9厘米（图一一，7）。

陶瓮　3件。

H8：13，泥质褐陶。陶瓮口沿和上腹残片。敛口，圆唇，宽折肩，腹近直，略内收。通体磨光，肩下、腹部饰旋断绳纹。口径18、肩径30.2、残高12.8、壁厚1厘米（图一一，6；图版六，5）。

H8：17，夹灰胎黑皮陶。陶瓮腹部残片，器表饰三周凹弦纹和两周卷云纹。残高6.4、残宽6.7、壁厚1厘米（图一二，6）。

H8：19，夹灰胎黑皮陶。陶瓮肩部残片。饰三角戳印纹和2周凹弦纹。残宽3.6、壁厚0.8～1.1厘米（图一二，3）。

陶甑　1件。

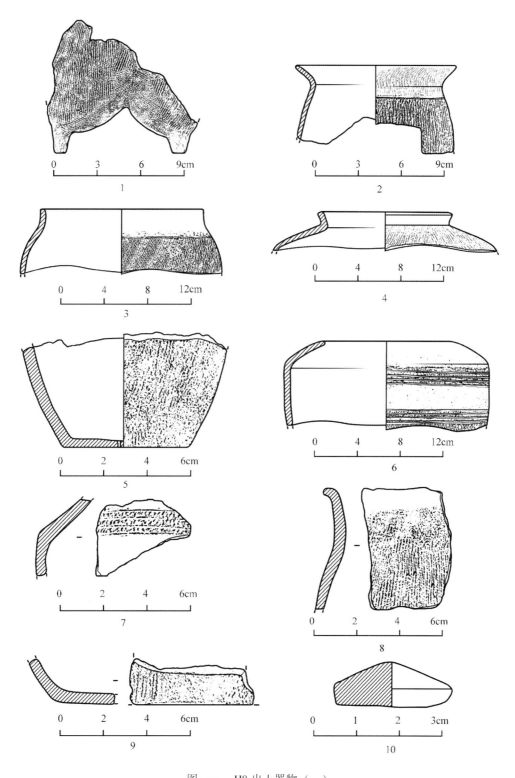

图一一　H8 出土器物（一）

1、2、8. 陶鬲（H8∶2、H8∶10、H8∶12）　　3、4、5、7、9. 陶罐（H8∶11、H8∶14、H8∶9、
H8∶21、H8∶15）　　6. 陶瓮（H8∶13）　　10. 器盖捉手（H8∶3）

H8：18，夹砂褐陶。陶甑腰部残片。束腰，内无腰隔。鬲部深弧腹，饰细绳纹，腰部素面。残高 8.2、残宽 10.4、壁厚 0.9 厘米（图一二，5；图版六，6）。

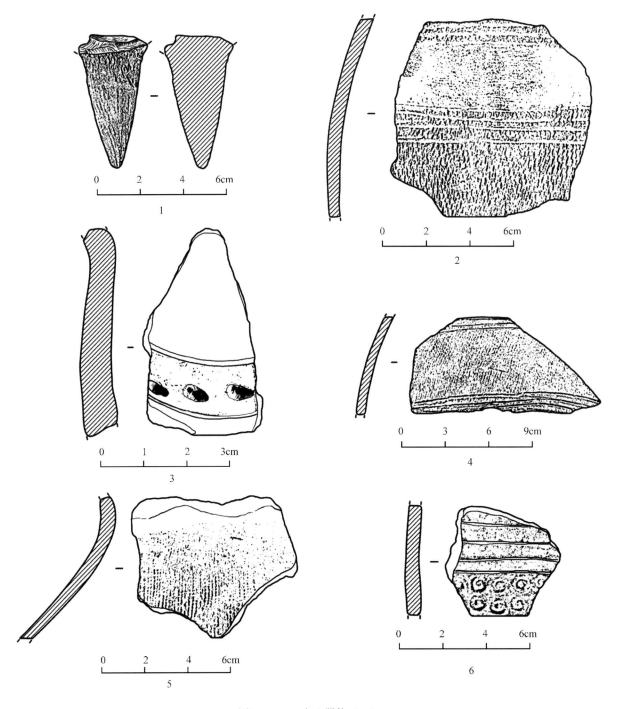

图一二　H8 出土器物（二）

1. 鬲足（H8：5）　　2、4. 陶罐（H8：20、H8：16）　　3、6. 陶瓮（H8：19、H8：17）　　5. 陶甑（H8：18）

石铲　1 件。

H8:1，灰色花岗岩，磨制。体扁平，仅存刃部，上部右侧留有钻孔痕迹。单面直刃，刃角有崩疤，刃部圆钝。残长 6、厚 1.3、刃残宽 4.1 厘米（图一三，2；图版六，7）。

石磨棒　1 件。

H8:4，红褐色砂质岩，磨制。器体厚重，扁长条形，横剖面呈圆角长方形，两端皆残，一端略宽，近中部略窄。残长 8.1、残宽 5.2、厚 2.7 厘米（图一三，4）。

砺石　1 件。

H8:6，红褐色砂质岩，磨制。上半部残断，器体厚重，横剖面呈圆角方形，宽面一层略凹，一层较平。残长 6.2、残宽 5.5、厚 2.6 厘米（图一三，3）。

石镰　1 件。

H8:7，褐色砂质岩，磨制。仅存首端，扁体弧背，背部略薄，前部下弧；弧直刃，背部有打制痕迹。残长 8、厚 0.4、刃宽 0.1 厘米（图一三，5；图版六，8）。

石刀　1 件。

H8:8，灰色砂质岩，通体磨制。仅存首端，扁体，弧尖，直刃，刃部留有崩疤。残长 6.7、厚 1.1、刃厚 0.3 厘米（图一三，1）。

2. H13

H13 位于 Ⅰ 区南端，T0701 西部，南侧、西侧均延伸到探方外，北侧延伸到 T0702，被 H12、H37、M3 打破（图一四）。坑口形状为不规则形，坑壁为内收斜弧壁，未发现加工痕迹，坑底较平。坑口南北 5.54 米，东西 1.6 米，坑底南北 5.3 米，东西 1.2 米，坑口至坑底 0.6 米。坑内填土呈灰黑色，土质较松，内含有烧土颗粒；出土陶片以夹褐胎黑皮陶为主，还有夹砂灰陶、泥质灰褐陶、泥质黑陶、泥质褐陶等，纹饰以绳纹较多，还有交错绳纹、细绳纹、弦断绳纹、涡纹等，可辨器型有陶鬲、陶罐等。

陶鬲　2 件。

H13:1，夹砂灰陶。陶鬲口沿及上腹残片。敞口，卷沿，尖圆唇，束颈，弧腹。腹饰竖向细绳纹。分裆较高，裆部饰横向绳纹。口径 18、残高 9.3、壁厚 0.45～0.8 厘米（图一五，1；图版七，1）。

H13:2，泥质灰褐陶。陶鬲口沿及上腹残片。敞口，尖圆唇，侈沿，束颈。口沿下留有绳纹抹平痕迹。腹饰弦断细绳纹。口径 30、残高 5.5、壁厚 0.7 厘米（图一五，2；图版七，2）。

陶罐　5 件。

H13:3，夹褐胎黑皮陶。陶罐腹部残片。器表饰多周弦纹。残高 8、残宽 6.4、壁厚 0.8 厘米（图一五，3）。

H13:4，夹褐胎黑皮陶。陶罐底部残片。斜直腹，平底。腹部饰交错绳纹。残高 4.4、残

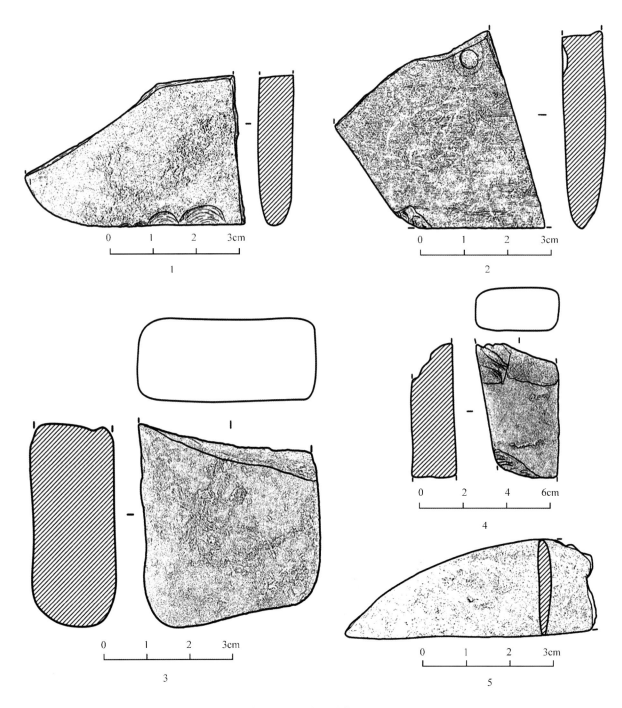

图一三　H8 出土器物（三）

1. 石刀（H8∶8）　2. 石铲（H8∶1）　3. 砺石（H8∶6）　4. 石磨棒（H8∶4）　5. 石镰（H8∶7）

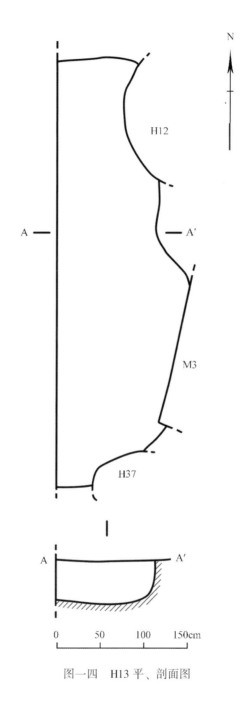

图一四　H13 平、剖面图

宽9、壁厚0.6~0.8厘米（图一五，5）。

　　H13:5，泥质黑陶。陶罐腹部残片。上压印涡纹。残高3.2、残宽5.4、壁厚0.6厘米（图一五，4）。

　　H13:6，泥质褐陶。陶罐腹部残片。饰弦断绳纹。残宽5.6、残宽4.5、壁厚0.7厘米（图一五，6）。

　　H13:7，夹砂灰陶。陶罐腹部和底部残片。斜腹，平底。腹部饰规整细绳纹。残高3.1、残宽6.1、壁厚0.4~0.7厘米（图一五，7）。

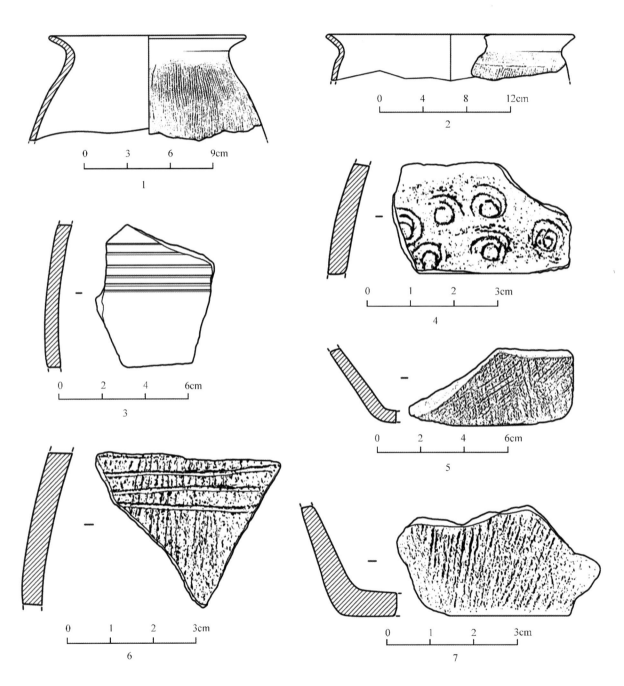

图一五　H13 出土器物

1、2. 陶鬲（H13:1、H13:2）　　3~7. 陶罐（H13:3、H13:5、H13:4、H13:6、H13:7）

3. H17

H17 位于Ⅰ区南端，T0702 西部（图一六）。坑口形状为不规则形，口大底小，坑口东西 2.85 米，南北 2.65 米，坑底东西 2.2 米，南北 2.1 米；坑西部距开口 0.4 米处有宽 0.46 ~ 0.9 米平底台阶，下内收斜壁，坑底较平。坑口至坑底 0.4 ~ 1.55 米。坑内填土为灰褐色粘土与黄褐色粘土混合土，土质略硬，包含少量烧土块；出土陶片以夹砂灰陶、夹胎黑皮陶较多，还有泥质灰陶、泥质褐陶等，纹饰以绳纹、细绳纹居多，还有弦断绳纹、素面等，可辨器型有陶瓮、陶鬲、陶罐等，石器有石刀、石铲等。

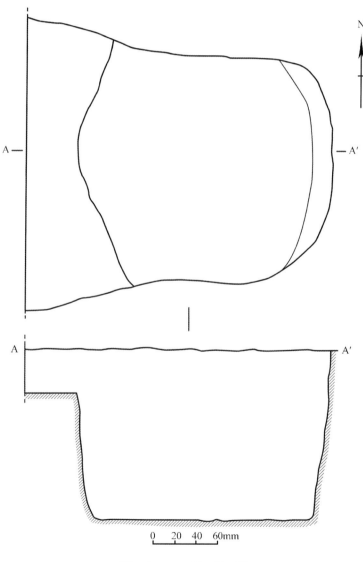

图一六　H17 平、剖面图

石刀　1件。

H17:1，灰黑色花岗岩，两面粗磨。器体扁平，直背平直，两端残缺，弧刃，中部略内凹，刃缘留有打制疤痕。残长8.4、残宽7、厚1.7厘米（图一七，1；图版七，4）。

石铲　1件。

H17:6，黑灰色花岗岩，通体打磨。扁长方体，左侧略厚，边缘平直，右侧略薄，上部残缺，下部磨制成直刃，圆弧刃，一侧留有细小疤痕。残长21.3、刃宽9.3、厚1.5厘米（图一七，2；图版七，3）。

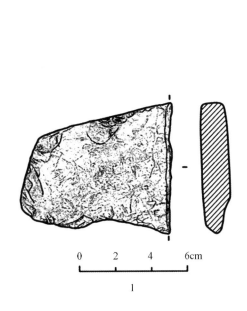
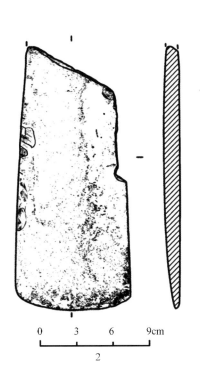

图一七　H17 出土器物（一）

1. 石刀（H17:1）　2. 石铲（H17:6）

陶鬲　1件。

H17:7，夹砂灰陶。陶鬲口沿和上腹残片。卷沿，束颈，深弧腹。腹部饰细绳纹，器胎较薄。残高6、残宽10.1、壁厚0.7厘米（图一八，1；图版七，6）。

陶瓮　1件。

H17:4，泥质灰陶。陶瓮口沿及上腹残片。敛口，外叠圆唇，溜肩。素面。残高6.2、残宽11.6、壁厚0.8厘米（图一八，2；图版七，7）。

陶罐　3件。

H17:5，泥质褐陶。陶罐腹部和底部残片。斜腹，平底。腹部饰竖向细绳纹。残高4.8、

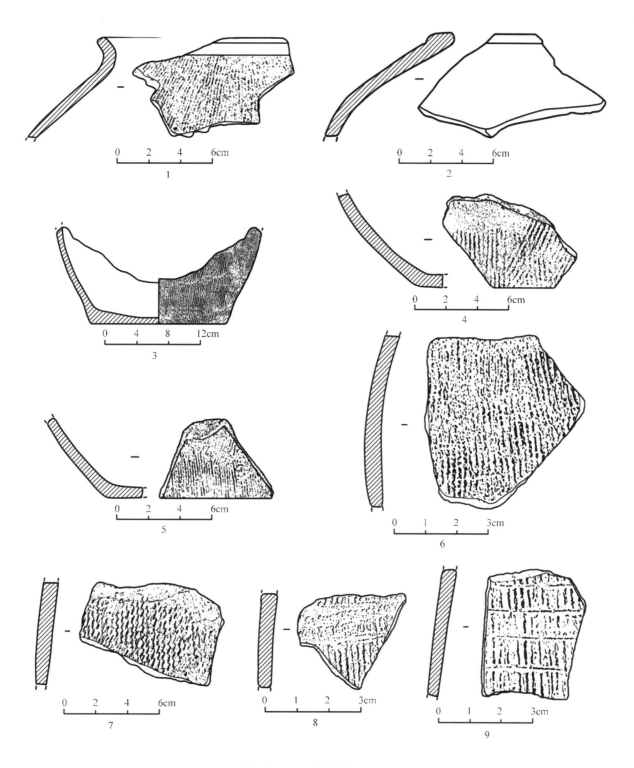

图一八　H17 出土器物（二）

1. 陶鬲（H17：7）　　2. 陶瓮（H17：4）　　3~5. 陶罐（H17：9、H17：10、H17：5）

6~9. 绳纹陶片（H17：3、H17：2、H17：8、H17：11）

残宽 7.6、壁厚 0.7 ~ 0.8 厘米（图一八，5）。

H17：10，夹砂灰褐陶。陶罐腹部和底部残片。斜弧腹，平底。腹部饰竖向绳纹。残高 5.6、残宽 4.1、壁厚 0.7 厘米（图一八，4）。

H17：9，夹砂灰陶。陶罐腹部和底部残片。斜腹，平底，腹部饰细绳纹。残高 12.4、底径 17.2、壁厚 0.6 ~ 1.8 厘米（图一八，3；图版七，5）。

绳纹陶片　4件。

H17：2，夹灰胎褐皮陶。器物腹部残片。深弧腹，饰竖向绳纹。残高 6.1、残宽 9、壁厚 0.9 厘米（图一八，7）。

H17：3，夹灰胎褐皮陶。器物腹部残片。器表饰细绳纹。残高 4.7、残宽 4.8、壁厚 0.5 厘米（图一八，6）。

H17：8，泥质灰陶。器物腹部残片。器表饰竖向弦断绳纹。残高 2.9、残宽 3.2、壁厚 0.5 厘米（图一八，8）。

H17：11，夹砂灰陶。器物腹部残片。器表饰弦断细绳纹。残高 3.9、残宽 2.9、壁厚 0.4 厘米（图一八，9）。

4. H37

H37 位于 I 区南端，T0701 南部，打破 H13 直至生土（图一九）。坑口形状为近长圆形，坑壁为斜壁，圜底；坑口东西 2.52 米，南北 0.9 米，坑口至坑底 1.08 米。坑内填土为灰褐色粘土与灰黑土混合土，土质较松，内含烧土块；出土陶片有夹胎黑皮陶、夹砂灰陶、泥质红陶等，纹饰有细绳纹、绳纹，可辨器型为陶鬲足、绳纹陶片等。

鬲足　1件。

H37：1，夹砂灰陶。陶鬲足根部。上半部袋足底部，内凹，下半部粗锥状实足，足尖残。足身饰斜向绳纹。残高 6.1、壁厚 1 ~ 2.6 厘米（图二〇，1）。

绳纹陶片　3件。

H37：2，夹砂灰陶。器物腹部残片，饰规整细绳纹。残高 4.4、残宽 5.1、壁厚 0.5 厘米（图二〇，2）。

H37：3，夹灰胎黑皮陶。器物腹部残片，饰竖向绳纹。残高 9.5、残宽 13.8、壁厚 0.7 厘米（图二〇，3）。

H37：4，泥质红陶。器物腹部残片，饰粗绳纹。残高 5.7、残宽 5、壁厚 1.3 厘米（图二〇，4）。

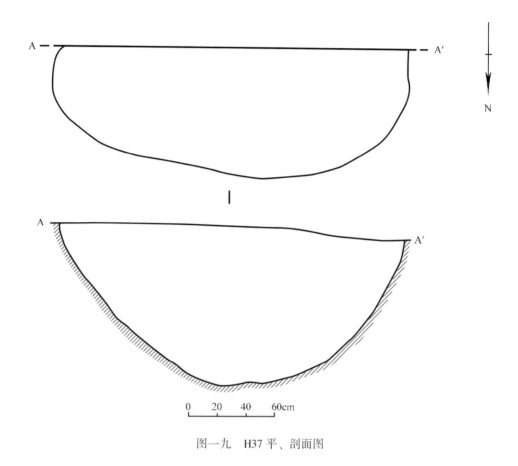

图一九 H37 平、剖面图

（二）灰沟

1. G5

G5 位于 Ⅰ 区南端，T1007 北部，北延伸至 T1008，西延伸至 T1107、T1108，被 M22、M30 等打破（图二一）。沟口形状为靴形，上口略大于底部，沟壁为内收斜壁，沟底东高西低，呈斜坡状。沟口东西 7.5 米，南北 1.5 ~ 3.9 米，沟底东西 7.2 米，南北 1.3 ~ 3.9 米，沟口至沟底 1 ~ 1.55 米。沟内填土稍硬，为黄灰色胶质土，内含烧土颗粒；出土陶片为夹褐胎黑皮陶为主，还有夹砂褐陶、夹砂红陶，纹饰为弦断绳纹、交错绳纹等，可辨器型有陶瓮、绳纹陶片等。

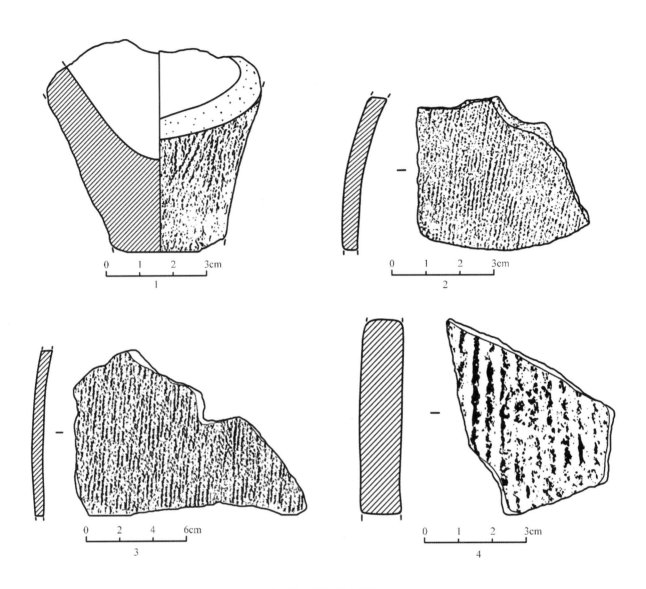

图二〇　H37 出土器物

1. 鬲足（H37：1）2~4. 绳纹陶片（H37：2、H37：3、H37：4）

绳纹陶片　4件。

G5：1，夹褐胎黑皮陶。器物腹部残片。饰交错绳纹。残高7.1、残宽6.3、壁厚0.7厘米（图二二，4）。

G5：2，夹褐胎黑皮陶。器物腹部残片。上部磨光，下部饰弦断交错绳纹。残高8.2、残宽7.5、壁厚0.7厘米（图二二，2）。

G5：3，夹褐胎黑皮陶。器物腹部残片。饰竖向绳纹。残高7.3、残宽6、壁厚0.8厘米（图二二，3）。

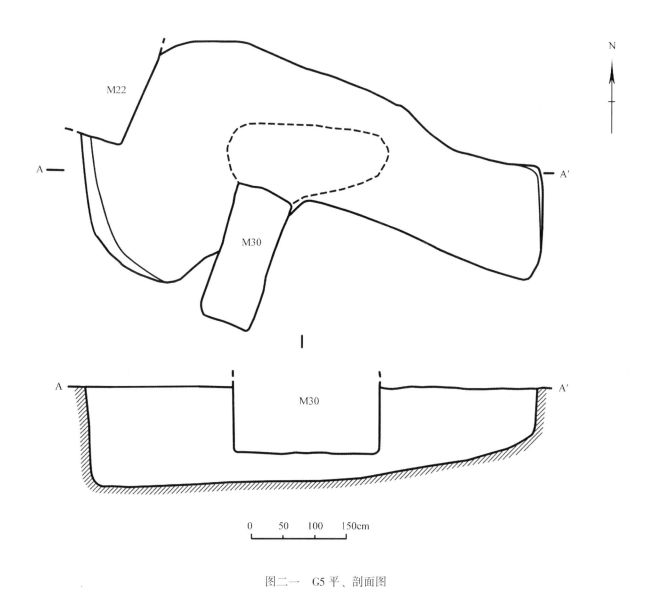

图二一　G5 平、剖面图

G5：4，夹砂褐陶。器物腹部残片。饰弦断细绳纹。残高 5.8、残宽 9.2、壁厚 0.5 厘米（图二二，5）。

陶瓮　1件。

G5：5，夹砂红陶。陶瓮口沿残片。敛口，厚叠圆唇，斜腹。口沿饰细绳纹，下部饰 1 周凸棱；腹饰绳纹。残高 5.8、残宽 7.6、壁厚 1 厘米（图二二，1）。

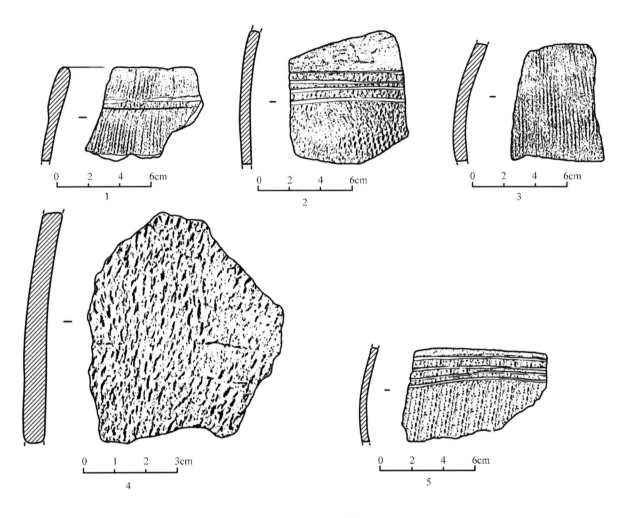

图二二　G5 出土器物

1. 陶瓮（G5∶5）　　2～5. 绳纹陶片（G5∶2、G5∶3、G5∶1、G5∶4）

第四章　晚商时期遗存

一、概述

晚商时期的遗存仅有 9 个灰坑，均叠压于第 4 层下，编号为 H21、H22、H41、H45、H46、H31、H32、H34、H35。分布于I区南部偏西。坑口形状以不规则形为主，坑壁以斜壁和直壁为主，坑底多不平。坑内遗物有陶片、石器、兽骨等，其中陶片以夹砂灰陶为主，还有夹砂灰黑陶、泥质灰陶、泥质红陶、夹砂红陶等，纹饰以粗绳纹为主，还有中绳纹、凹弦纹、弦断绳纹、附加堆纹、三角刻划纹等，可辨器型有陶鬲、陶瓮、陶罐、陶簋、陶盆等，石器为石磨棒、石斧等。

二、文化遗存

1. H21

H21 位于 I 区南部，T0806 东南部，东延伸至 T0706（图二三；图版八，1）。坑口形状为不规则形，坑壁为内收斜壁，无加工痕迹，坑底不平。坑口南北 5.5 米，东西 3.9 米，坑底南北 5.15 米，东西 3.35 米，坑口至坑底 0.95 米。坑内填土为深灰色砂质黏土，土质稍硬，包含少量红烧土块；出土陶片以夹砂灰陶、泥质灰陶为主，还有泥质红陶、夹砂灰黑陶等；纹饰以粗绳纹为主，另有弦断绳纹、凹弦纹、附加堆纹、三角刻划纹、素面等；可辨器型有陶鬲、陶盆、陶簋、陶瓮等，另出土石斧、石磨棒。

陶簋　3 件。

H21:1，泥质灰陶。陶簋腹部残片。弧腹，饰三角划纹。残高 2.3、残宽 6.2、壁厚 0.6 厘米（图二四，9）。

H21:6，泥质灰陶。陶簋口沿和上腹残片。口微敞，长方唇，弧腹。口沿下留有绳纹抹平痕迹；腹饰弦断绳纹。残高 8.4、残宽 11.2、壁厚 0.8～1.2 厘米（图二四，6）。

H21:7，泥质灰陶。陶簋器底和圈足。圜底，圈足外撇，底缘略外侈。残高 4.2、底径 16、壁厚 0.8 厘米（图二四，8）。

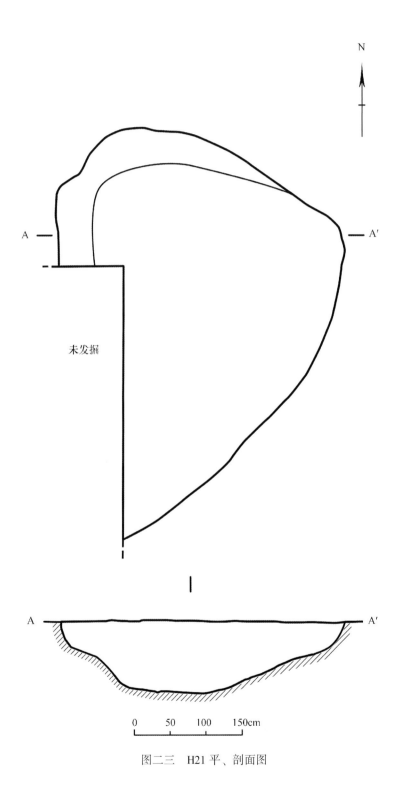

N

未发掘

0　　50　　100　　150cm

图二三　H21 平、剖面图

陶鬲　6件。

H21:4，夹砂灰陶。陶鬲口沿和上腹残片。敞口，斜折沿，沿面有一周凹槽，方唇，唇面略内凹，束颈，弧腹。腹饰斜向粗绳纹，上留有按窝痕迹。口径33.6、残高15、壁厚1.1厘米（图二四，1；图版八，2）。

H21:8，夹砂灰陶。陶鬲口沿残片。方唇，唇上缘上翘，宽斜折，沿面中部略上弧，束颈。口沿下部饰1周宽附加堆纹，上压印斜向粗绳纹。残高7.6、残宽9.4、壁厚0.5~1.4厘米（图二四，2）。

H21:9，夹砂灰陶。陶鬲足部。肥袋足，足尖略显。饰斜向粗绳纹。残高7.6、残宽12.2、壁厚0.9厘米（图二四，7）。

H21:10，夹砂灰褐陶。陶鬲口沿和上腹残片。敞口，斜折沿，唇上缘略内敛，圆唇，束颈，弧腹。腹饰竖向粗绳纹。残高7.5、残宽10.8、壁厚0.6~1.2厘米（图二四，4）。

H21:14，夹砂灰陶。陶鬲口沿和上腹残片。方唇，唇上缘上立，宽斜折沿，弧腹，分裆略高。腹饰竖向绳纹。残高8.6、残宽13、壁厚0.6~1.1厘米（图二四，3；图版八，3）。

H21:18，夹砂灰陶。陶鬲足部。肥袋足，足尖略显。饰斜向绳纹。残高4.1、壁厚0.5厘米（图二四，5）。

陶盆　3件。

H21:5，夹砂灰黑陶。陶盆口沿和腹部残片。大敞口，宽平折沿，圆唇，弧腹。素面。残高6.8、残宽9.6、壁厚0.9厘米（图二五，1）。

H21:12，夹砂灰陶。陶盆口沿和腹部残片。直口，宽方唇外折，口沿内侧有1周凸棱，直腹，下饰1周凸棱。残高6.8、残宽12、壁厚1.1厘米（图二五，2）。

H21:13，夹砂灰陶。陶盆口沿和领部残片。大敞口，厚圆唇，唇外缘外凸，内缘内敛，斜直颈。素面。残高9、残宽13.1、壁厚1.2厘米（图二五，4）。

陶瓮　2件。

H21:15，泥质灰陶。陶瓮肩腹部及鋬耳。宽折肩。饰两道凹弦纹。下饰横向宽桥型鋬耳，上宽下窄。残高6.2、残宽7.2、壁厚0.7厘米（图二五，5）。

H21:16，夹砂灰陶。陶瓮肩腹部残片。折肩，直腹微内凹，下腹弧收。肩部饰2周凹弦纹。残高7.6、残宽10、壁厚0.9厘米（图二五，3；图版八，4）。

陶罐　1件。

H21:11，泥质红陶。陶罐颈肩部残片。束颈，溜肩，弧腹。肩部饰2周抹断绳纹，腹部饰斜向绳纹。残高11、残宽12.6、壁厚1.1厘米（图二五，6）。

绳纹陶片　1件。

H21:17，泥质灰陶。器物腹部残片。饰竖向细绳纹，中部饰1周凸棱。残高9.6、残宽12.9、壁厚1.2厘米（图二五，7）。

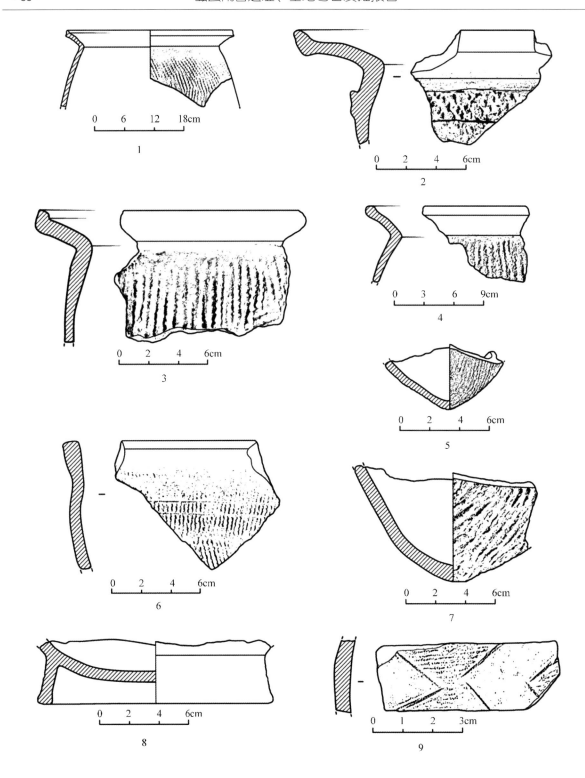

图二四　H21 出土器物（一）

1、2、3、4、5、7. 陶鬲（H21:4、H21:8、H21:14、H21:10、H21:18、H21:9）

6、8、9. 陶簋（H21:6、H21:7、H21:1）

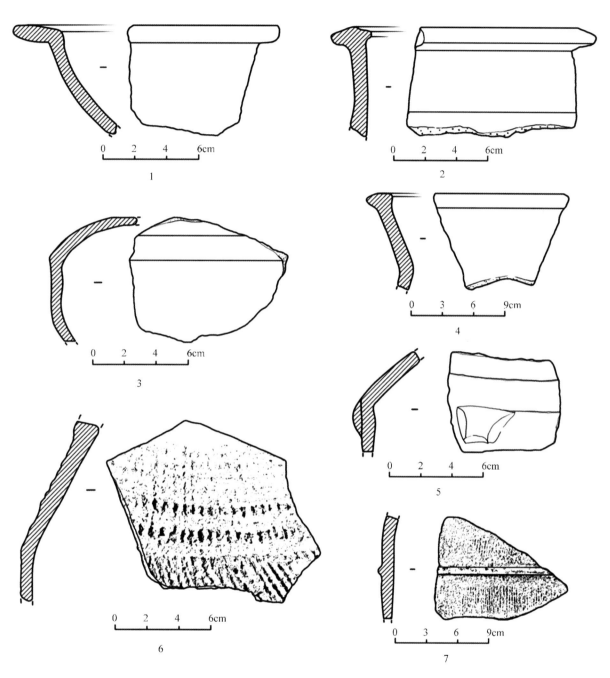

图二五　H21 出土器物（二）

1、2、4. 陶盆（H21:5、H21:12、H21:13）　3、5. 陶瓮（H21:16、H21:15）

6. 陶罐（H21:11）　7. 绳纹陶片（H21:17）

石磨棒　1件。

H21:2，红褐色砂岩质，磨制。呈圆棒状，两端圆钝，横剖面呈圆形，一侧留有磨制痕迹。通长8.3、最大径2厘米（图二六，1）。

石斧　1件。

H21:3，灰色砂岩质，磨制。器体厚重，扁长方体，圆角首端，边缘留下打制疤痕，刃端一面磨制，单面刃，刃部圆钝。高8.2、宽4.5、厚1.8，刃部宽4厘米（图二六，2；图版八，5）。

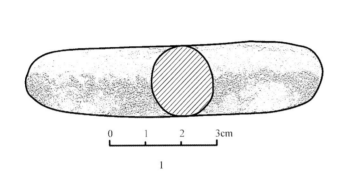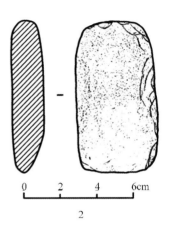

图二六　H21 出土器物（三）

1. 石磨棒（H21:2）　2. 石斧（H21:3）

2. H41

H41 位于 I 区西部，T1206 西北部，被 H45、H46 打破（图二七）。坑口形状为不规则形，坑壁为直壁，坑底平整，略有加工痕迹。坑口东西 2.3 米，南北 1.82 米，坑底东西 2.2 米，南北 1.65 米，坑口至坑底 0.45 米。坑内填土为黄褐色砂质土，内含烧土颗粒；出土陶片以泥质灰陶为主，还有夹砂灰陶、泥质灰褐陶，纹饰以粗绳纹为主，另有凹弦纹、三角刻划纹、交错绳纹、旋断绳纹等；可辨器型有陶鬲、陶罐、陶簋、陶纺轮等，还有少量兽骨等。

陶鬲　1件。

H41:1，泥质灰陶。陶鬲口沿及上腹残片。方唇，斜折沿，唇内缘上立，束颈。腹饰竖向粗绳纹。口径25.6、残高6.8、壁厚1.1厘米（图二八，1）。

陶罐　3件。

H41:2，泥质灰陶。陶罐口沿及上腹残片。口微敛，平折沿，圆唇，矮领，束颈，溜肩。口沿下部饰多周凹旋纹，下饰交错绳纹。残高5.6、残宽10.6、壁厚1.2厘米（图二八，2；图版九，1）。

H41:4，泥质灰褐陶。陶罐肩、腹部残片。折肩，腹部近直，肩部饰抹断绳纹，腹部饰斜向粗绳纹。残高7.4、残宽7厘米，壁厚0.7～1厘米（图二八，6）。

H41:5，夹砂灰陶。陶罐口沿残片。口微敞，宽方唇，唇内缘内勾，斜领，束颈，颈部以

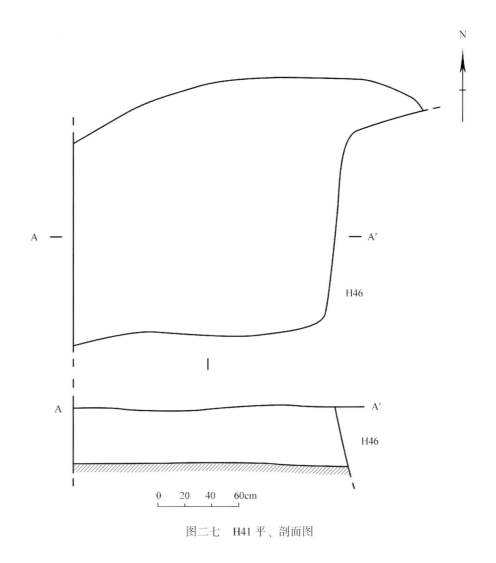

图二七　H41 平、剖面图

下饰绳纹。残高 9、残宽 10.8、壁厚 0.5～2.2 厘米（图二八，4；图版九，2）。

陶簋　2 件。

H41：3，泥质灰陶。陶簋口沿和腹部残片。宽方唇，口微敞，深弧腹。口沿下内壁有 1 周凹槽，腹部饰旋断绳纹。口径 27.9、腹径 27.5、残高 13.8、壁厚 0.7 厘米（图二八，3；图版九，3）。

H41：6，泥质灰陶。陶簋腹部残片。深弧腹，圈足缺失。腹部饰绳纹，间饰三角划纹，内饰竖向细绳纹。残高 7.6、残宽 10.8、壁厚 0.6 厘米（图二八，8）。

陶盆　1 件。

H41：7，泥质灰陶。陶盆口沿和腹部残片。厚方唇，口微敞，唇面内凹，唇内缘内勾，斜腹。腹部饰凹弦纹。残高 5.7、残宽 15.8、壁厚 0.6 厘米（图二八，5）。

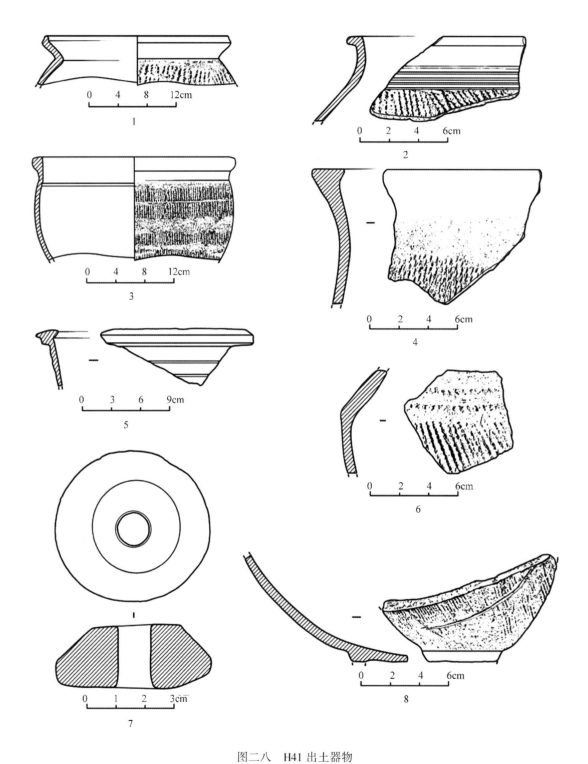

图二八　H41 出土器物

1. 陶鬲（H41:1）　2、4、6. 陶罐（H41:2、H41:5、H41:4）　3、8. 陶簋（H41:3、H41:6）

5. 陶盆（H41:7）　7. 陶纺轮（H41:8）

陶纺轮　1件。

H41:8，泥质灰陶。剖面呈算盘珠形，上窄下宽，中部有1圆孔。素面。上径3、底径5.3、通高2.3、孔径1.1厘米（图二八，7；图版九，4）。

3. H45

H45位于Ⅰ区西南部，T1206西南部，被H46打破（图二九）。坑口形状为不规则形，坑壁为斜壁，坑底不平。坑口南北0.65米，东西0.84米，坑口至坑底0.74米。坑内填土为灰褐色黏土，土质稍硬，含少量烧土颗粒；出土陶片以夹砂灰陶、泥质红陶为主，还有泥质灰陶、夹砂黑陶等。纹饰以粗绳纹居多，还有三角刻划纹、交错绳纹、弦断绳纹、细绳纹等，可辨器型有陶鬲、陶瓮、陶簋、陶罐等。

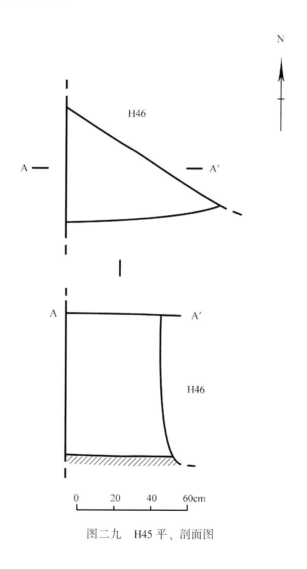

图二九　H45平、剖面图

陶瓮　1件。

H45:1，泥质红陶。陶瓮肩腹部及鋬耳。圆弧折肩。鋬耳为宽桥形，平面呈梯形，上窄下宽，两侧有圆形穿孔。腹部饰三角形刻划纹和竖向细绳纹。残高6.2、残宽9.2、壁厚0.8厘米（图三〇，6）。

陶鬲　2件。

H45:2，夹砂灰陶。陶鬲口沿及上腹残片。敞口，宽折沿，方唇，唇面内凹，沿面有1周凹槽，束颈，弧腹。腹饰斜向粗绳纹，上留有按窝痕迹。口径33.6、残高12.9、壁厚0.7～1.3厘米（图三〇，1；图版九，5）。

H45:9，夹砂黑陶。陶鬲袋足残片。肥袋足，裆近平，足尖略显。饰交错粗绳纹。残高6.6、壁厚0.7～1.4厘米（图三〇，8）。

陶罐　3件。

H45:3，泥质灰陶。陶罐口沿残片。圆唇，侈口，矮领，束颈。口径13.8、残高3、壁厚0.7厘米（图三〇，2）。

H45:4，夹砂红陶。陶罐腹部残片。鼓腹，饰竖向绳纹。残高13.6、残宽14.4、壁厚0.7厘米（图三〇，7）。

H45:6，夹砂红陶，陶罐肩部残片。折肩，腹微鼓，肩部饰抹断绳纹，腹部饰斜向粗绳纹。残高7.2、残宽5.4厘米、壁厚0.5～1厘米（图三〇，10）。

陶簋　3件。

H45:7，泥质灰陶。陶簋口沿和腹部残片。直口，外叠厚方唇，腹微鼓。器物内壁口沿下饰2周凹槽，腹饰弦断细绳纹。口径28、残高7.2、壁厚0.8厘米（图三〇，3；图版九，6）。

H45:8，夹砂灰陶。陶簋口沿和腹部残片。侈口，外叠方唇，深弧腹。器物外壁口沿下有一对钻圆孔，腹饰弦断细绳纹。残高7.2、残宽12.4、壁厚0.9、外孔径1.6厘米（图三〇，5；图版九，7）。

H45:11，夹砂灰陶。陶簋口沿和腹部残片。口微敞，厚方唇，腹微鼓。腹部饰弦断细绳纹和三角刻划纹。残高8.3、残宽7.8、壁厚0.8～1.4厘米（图三〇，4；图版九，8）。

绳纹陶片　1件。

H45:10，夹砂灰陶。器物腹部残片。饰弦断细绳纹。残高8.1、残宽6.9、壁厚0.8厘米（图三〇，9）。

4. H46

H46位于Ⅰ区西南角，T1206中部（图三一）。坑口形状为不规则形，坑壁为斜壁，坑底不平。坑口南北2.65米，东西4.12米，坑口距地表1.4米，坑深0.9米。坑内填土为灰褐色砂质黏土，土质稍硬，包含炭屑、烧土颗粒；出土陶片以夹砂灰陶、泥质灰陶为主，还有夹砂褐

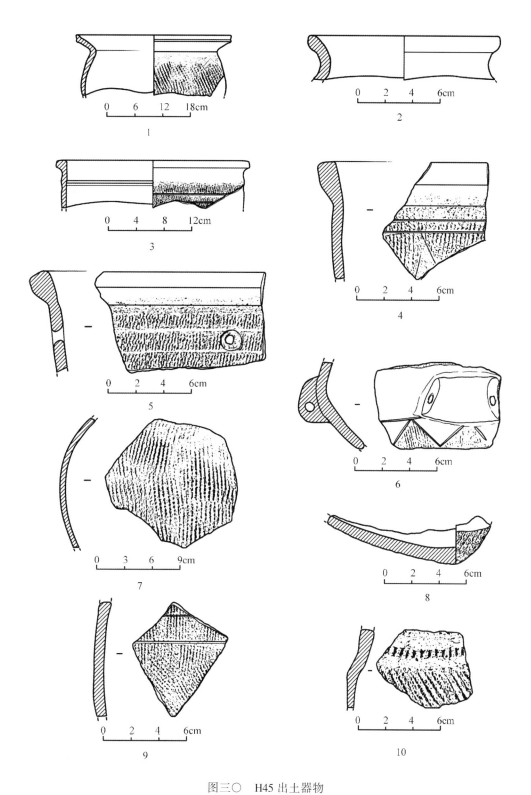

图三〇　H45 出土器物

1、8. 陶鬲（H45：2、H45：9）　 2、7、10. 陶罐（H45：3、H45：4、H45：6）　 3～5. 陶簋（H45：7、H45：11、H45：8）

6. 陶瓮（H45：1）　 9. 绳纹陶片（H45：10）

陶、泥质红陶、泥质黑陶等，纹饰以粗绳纹为主，还有交错绳纹、抹断绳纹、附加堆纹等，可辨器型有陶鬲、陶罐、陶簋、陶瓮、陶器盖等。

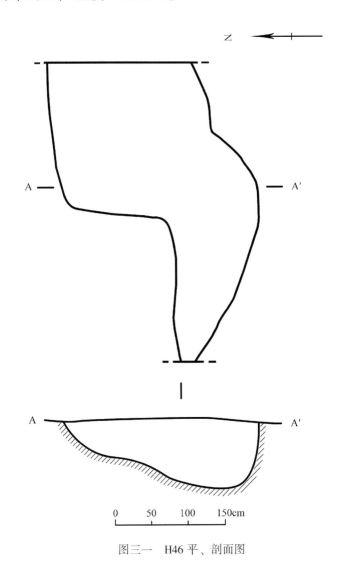

图三一　H46 平、剖面图

绳纹陶片　3 件。

H46∶1，泥质黑陶。器物腹部残片。饰交错粗绳纹。残高 6.2、残宽 10.4、壁厚 0.7~1 厘米（图三二，6）。

H46∶12，夹砂褐陶。器物腹部残片。腹部饰竖向粗绳纹，中部饰附加堆纹，上压印斜向绳纹。残高 8.1、残宽 7.2、壁厚 0.9~1.4 厘米（图三二，3）。

H46∶13，泥质灰陶。器物腹部残片。饰旋断绳纹。残高 8.4、残宽 6.8、壁厚 0.9 厘米（图三二，5）。

陶鬲　3 件。

　　H46:2，泥质灰陶。陶鬲口沿及上腹残片。方唇，唇上缘上立，斜折沿，束颈。口沿上饰一道凹弦纹，腹饰斜向中绳纹。残高5.4、残宽8.7、壁厚0.5～1.1厘米（图三二，1）。

　　H46:3，泥质灰陶。陶鬲口沿及上腹残片。方唇，唇上缘上立，折沿近平，口沿有一周凹槽。腹饰斜向粗绳纹。残高3.9、残宽6.4、壁厚0.6～0.9厘米（图三二，2）。

　　H46:10，夹砂褐陶。陶鬲锥状实足，足尖圆钝，足跟饰绳纹。残高5.5厘米（图三二，4）。

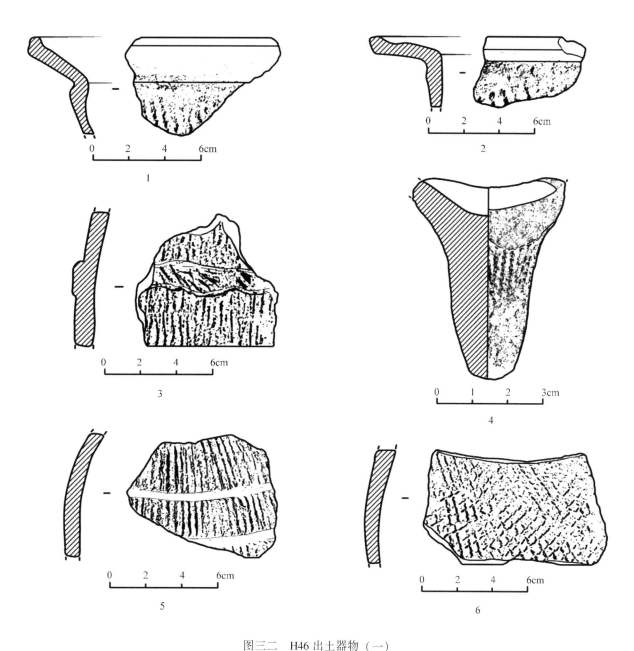

图三二　H46 出土器物（一）

1、2、4. 陶鬲（H46:2、H46:3、H46:10）　　3、5、6. 绳纹陶片（H46:12、H46:13、H46:1）

陶簋 3件

H46∶4，夹砂灰陶。陶簋口沿和上腹残片。口微敞，外叠厚方唇，腹部近直。口沿下有2个对钻圆孔，腹饰竖向细绳纹。残高6.2、残宽11.4、外孔径0.7厘米（图三三，1；图版一〇，1）。

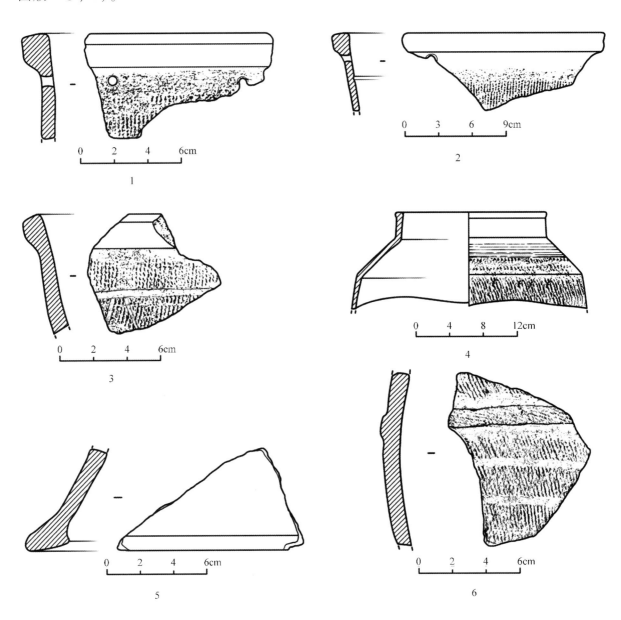

图三三 H46 出土器物（二）

1～3.陶簋（H46∶4、H46∶5、H46∶6） 4.陶瓮（H46∶9） 5.器盖（H46∶11） 6.陶罐（H46∶7）

H46∶5，夹砂灰陶。陶簋口沿和上腹残片。敞口，外叠厚方唇，斜腹微弧。口沿下部有一圆形穿孔。腹部饰竖向细绳纹，内壁饰一道凹弦纹。残高6.9、残宽18.1、壁厚0.7～1.6厘米

（图三三，2；图版一〇，2）。

H46:6，泥质灰陶。陶簋口沿和上腹残片。方唇，斜折沿，弧腹，腹部饰弦断绳纹。残高7.2、残宽8、壁厚0.9~1.6厘米（图三三，3）。

陶罐　1件。

H46:7，夹砂灰陶。陶罐腹部残片。上腹饰宽附加堆纹，上压印斜向细绳纹，腹部饰抹断绳纹。残高8.4、残宽10.2、壁厚1厘米（图三三，6）。

陶瓮　1件。

H46:9，泥质红陶。陶瓮口沿及上腹残片。口微敞，圆唇，直领，束颈，广折肩。肩部饰多道凹旋纹，下饰抹断绳纹，腹部饰竖向绳纹。口径18、残高10.4、壁厚0.8厘米（图三三，4）。

器盖　1件。

H46:11，泥质褐陶。宽方唇，口沿外缘外凸，内缘内勾，高弧顶。残高6、残宽11.2、壁厚1厘米（图三三，5）。

第五章 战国时期遗存

一、概述

战国时期遗存较丰富，是南营遗址、墓地的重要组成部分，共清理灰坑 30 个、灰沟 1 条、墓葬 20 座以及 I 区第 4 层。

灰坑 30 个，分布于遗址各个探方，编号为 H4、H7、H11、H14、H16、H18、H20、H23、H24、H25、H26、H27、H28、H29、H30、H33、H36、H39、H42、H43、H44、H47、H49、H50、H51、H52、H53、H54、H55、H56。除 H20 叠压于 4 层下外，其他灰坑均叠压于第 3 层下。坑口形状以不规则形为主，还有近圆形、椭圆形、近椭圆形、长条形、三角形等，坑壁有斜壁、直壁两种，坑底以平底较多，还有圜底、底不平等。G4，叠压于第 3 层下。沟口形状为喇叭形，口大底小，沟壁为斜壁，沟底较平。遗迹出土陶片以泥质灰陶、夹砂灰陶为主，还有夹砂褐陶、泥质红陶等，纹饰多为绳纹，还有瓦楞纹、附加堆纹、素面、弦纹等，可辨器型有陶豆、陶盆、陶罐、陶碗、网坠等。

墓葬 20 座，均叠压第 3 层下，分布于遗址各方。编号为 M2、M4、M5、M10、M11、M14、M15、M16、M17、M18、M22、M23、M28、M34、M35、M37、M40、M42、M53、M56。除 M34 为长方形竖井墓道偏洞室墓外，其余均为长方形土坑竖穴墓。墓葬方向在 5°~28°和 90°~107°之间。墓口长 0.98~3.38 米，宽 0.68~2.5 米，墓坑深 1.2~5.7 米。墓内填土以五花土为主，个别经过夯打。墓葬均为单人葬，葬式有仰身屈肢葬、仰身直肢葬、侧身屈肢葬三种；墓葬方向以头北脚南为主，还有头东脚西；墓主以男性为多，年龄在 20~50 岁之间，女性较少，年龄在 15~50 岁之间。葬具有一椁一棺和单棺两种，多已腐朽，残存板灰痕迹。墓葬随葬品以陶器为多，还有铁器、铜器、玉器、骨器等。陶器多为泥质灰陶，纹饰有弦纹、卷云纹、压光纹、波折纹等，器型有陶壶、陶鼎、陶豆、陶碗、陶匜、陶盘、陶钵、鸟柱盆、筒形器；铁器多严重锈蚀，器型有刀、带钩等；铜器有带钩和铜饰件；玉器为玉环；骨器为骨簪。

第 4 层分布于 I 区北端和南部，出土陶片以泥质灰陶为主，还有夹砂灰陶、泥质红陶等，纹饰以绳纹为主，还有弦纹、凸棱纹、凹条带纹和压印三角几何纹等，可辨器型有陶罐、陶豆、陶盆、陶瓮、陶网坠、陶碗、筒瓦，板瓦等。石器为石斧等。

二、文化遗存

（一）灰坑

1. H4

H4 位于 I 区南部，T0604 西北角，打破 H7（图三四；图版一一，1）。坑口形状为不规则形，口大底小，坑壁为内收斜壁，无加工痕迹，坑底较平。坑口南北 1.6 米，东西 1 米，坑口至坑底 0.44 米。坑内填土为浅灰色黏土，土质稍硬，含有烧土块、炭屑。出土陶片以泥质灰陶为主，少量泥质红陶；纹饰多为绳纹、素面；可辨器型有陶罐等。

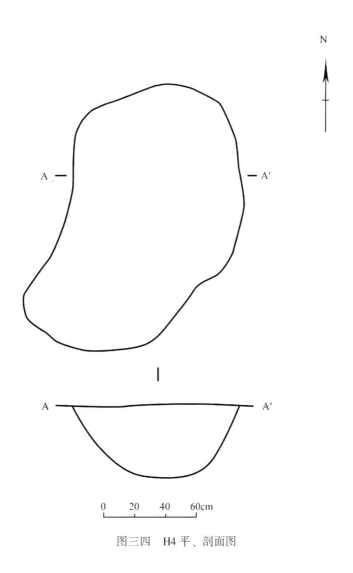

图三四　H4 平、剖面图

陶罐　1 件。

H4：1，泥质灰陶。陶罐口沿残片。方唇，唇面内凹，宽平折沿，口微敛，斜领，束颈，广肩。口径 39、残高 10.2、壁厚 0.9 厘米（图四〇，1；图版一〇，3）。

2. H7

H7 位于 I 区南部，T0604 西北部，被 H4 打破（图三五）。坑口形状近圆形，口大底小，坑壁为内收斜壁，无加工痕迹，坑底为圜底。坑口直径 1.4 米，坑口至坑底 0.7 米。坑内填土为灰褐色黏土，土质较松，含有少量烧土块。出土陶片以泥质灰陶为主，纹饰为绳纹、瓦楞纹等；可辨器型有陶盆。

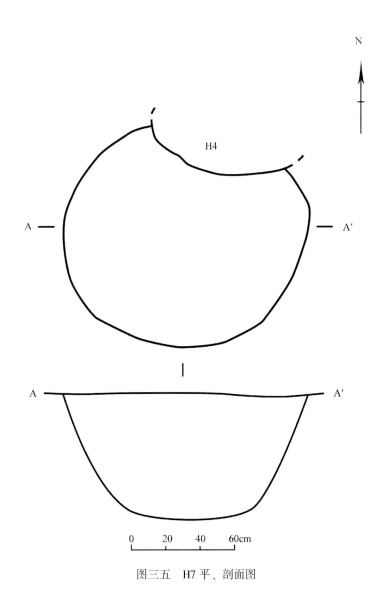

图三五　H7 平、剖面图

陶盆　1件。

H7∶1，泥质灰陶。陶盆口沿和腹部残片。方唇，宽斜折沿，沿面有1周凹槽，束颈，弧腹。沿下内壁有1周凸棱，颈部饰多周瓦楞纹，腹部饰斜向抹断横向绳纹。口径49.6、腹径44.8、残高16.2、壁厚0.9厘米（图四〇，2；图版一〇，4）。

3. H11

H11位于Ⅰ区东南部，T0606东部，被H9打破（图三六）。坑口形状为不规则形，坑壁直壁，平底。坑口南北2.15米，东西1.7米，坑口至坑底0.95米。坑内填土为红褐色黏土，土质较松软。出土陶片以泥质灰陶为主，纹饰为绳纹、素面；可辨器型有陶罐。

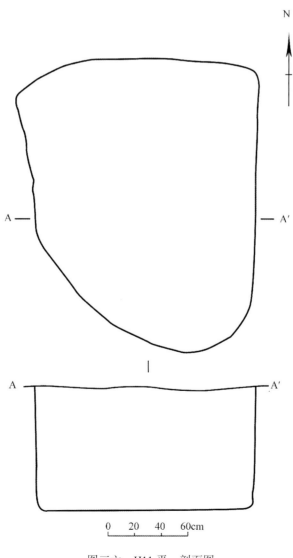

图三六　H11平、剖面图

陶罐　1件。

H11：1，泥质灰陶。陶罐口沿和肩部残片。方唇，敞口，斜领，束颈，溜肩。口径20.3、残高6.3、壁厚0.7厘米（图四〇，3；图版一〇，5）。

4. H14

H14位于Ⅰ区南部，T0704东北部，北半部叠压在北隔梁内（图三七）。坑口形状为椭圆形，坑壁内收斜壁，圜底。坑口南北0.84米、东西0.8米，坑口至坑底0.56米。坑内填土为灰褐色黏土，土质较松，内含烧土颗粒、炭屑。出土陶片以泥质灰陶为主；纹饰为绳纹、素面；可辨器型有陶罐、陶碗。

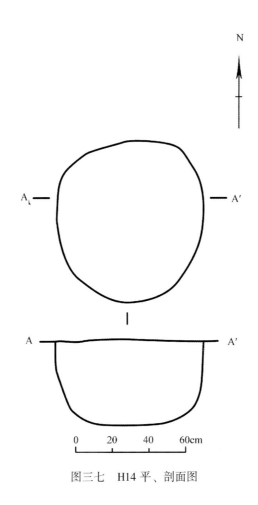

图三七　H14平、剖面图

陶罐　1件。

H14：1，泥质灰陶。陶罐口沿和肩部残片。方唇外侈，唇内缘内凸，敛口，束颈，溜肩。口径28.2、残高12、壁厚1厘米（图四〇，4）。

陶碗　1件。

H14:2，泥质灰陶。圆唇，口微敛，斜腹微弧，内圜底，外假矮圈足。口径 15.6、足径 7.2、通高 7.2 厘米（图四○，5；图版一○，6）。

5. H16

H16 位于Ⅰ区南部，T0704 南部偏东，南半部叠压于 T0703 北隔梁下（图三八）。坑口形状近圆形，坑壁内收斜壁，较规整，坑底较平。坑口直径近 1.1 米，坑口至坑底 0.4 米。坑内填土为灰褐色砂质土，土质松软，含烧土、草木灰。出土陶片以泥质灰陶为主；纹饰为绳纹、素面、瓦楞纹；可辨器型有陶盆。

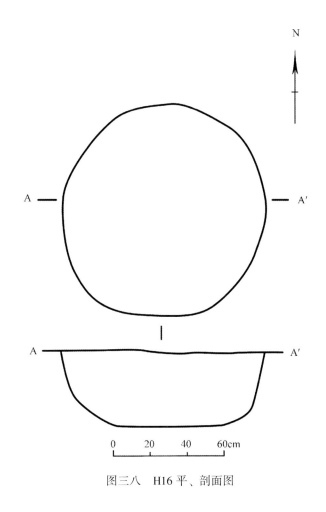

图三八　H16 平、剖面图

陶盆　1件。

H16:1，泥质灰陶。陶盆口沿残片。方唇，敞口，宽折沿，沿面略弧，口沿与腹部结合处折棱明显。腹部饰多周瓦楞纹。残高 9.6、残宽 12.3、壁厚 0.8 厘米（图四○，8）。

6. H18

　　H18 位于 I 区中部偏东，T0708 西部（图三九）。坑口形状为椭圆形，坑壁近直壁，未发现工具加工迹象，坑底较平整。坑口南北 1.1 米，东西 0.86 米，坑口至坑底 0.42 米。坑内填土为深灰褐色砂质土，土质略松，含烧土、草木灰。出土陶片以泥质灰陶为主；纹饰为绳纹、素面；可辨器型有筒瓦、陶罐。

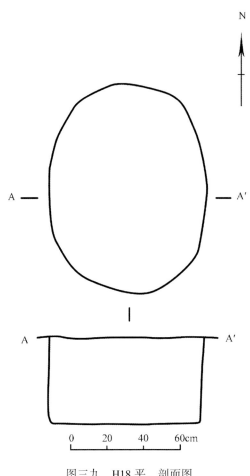

图三九　H18 平、剖面图

　　筒瓦　1 件。

　　H18：1，泥质灰陶。筒瓦瓦身和母口残片。母口方唇。瓦面饰抹断粗绳纹，内壁饰绳纹，刮抹、修整痕迹明显。残长 26.5，宽 14.6、壁厚 1.2 厘米（图四〇，7；图版一〇，7）。

　　陶罐　1 件。

　　H18：2，泥质灰陶。陶罐口沿及上腹残片。敞口，圆唇，沿外卷，束颈，弧腹。上腹多周瓦楞纹，下腹饰弦断斜向绳纹。口径 43.8、残高 18.7、壁厚 1 厘米（图四〇，6；图版一〇，8）。

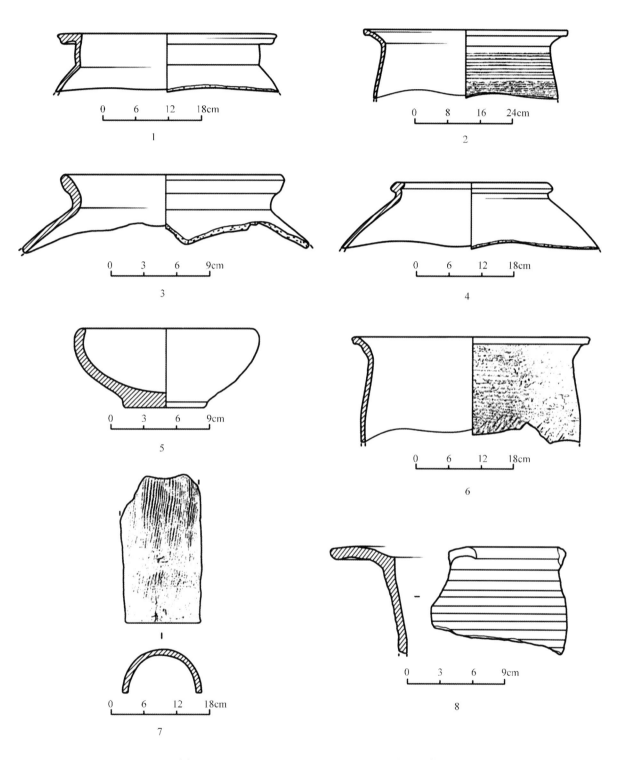

图四〇　H4、H7、H11、H14、H16、H18 出土器物

1、3、4、6. 陶罐（H4：1、H11：1、H14：1、H18：2）　5. 陶碗（H14：2）

2、8. 陶盆（H7：1、H16：1）　7. 筒瓦（H18：1）

7. H20

H20 位于Ⅰ区东部，T0708 东部（图四一）。坑口形状为长条形，坑壁斜壁，壁面粗糙，圜底。坑口东西 1.85 米、南北 0.86 米，坑底东西 1.72 米，南北 0.75 米，坑口至坑底 0.82 米。坑内填土为深灰褐色砂质土，土质较硬，含少量烧土、草木灰。出土陶片以泥质灰陶为主；纹饰为绳纹、素面；可辨器型有尖足布钱、陶碗。

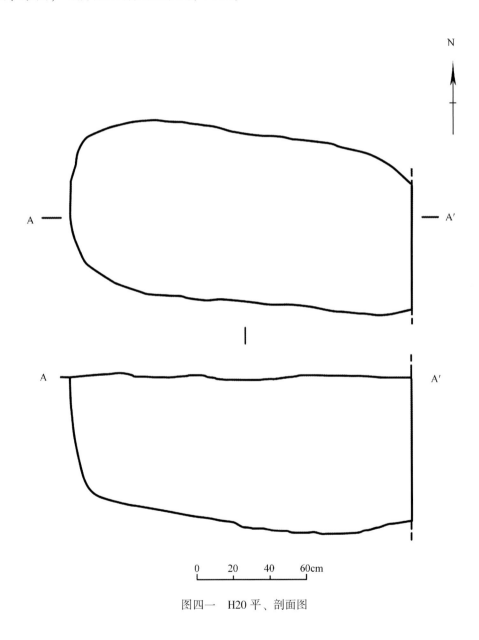

图四一　H20 平、剖面图

尖足布钱　1件。

H20:1，青铜质。首部缺失，方裆，尖足，铸文模糊，残长4.1、足宽0.6~1厘米（图四二，1）。

陶碗　1件。

H20:2，夹砂灰陶。陶碗口沿及腹部残片。敛口，外叠圆唇，折腹，上腹近直微内凹，下腹弧内收，腹部有一周凸棱。口径14、残高6.4、壁厚1.1厘米（图四二，2）。

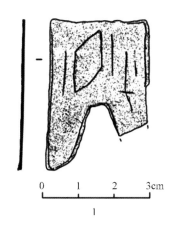 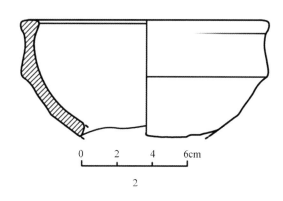

图四二　H20出土器物

1. 尖足布钱（H20:1）　2. 陶碗（H20:2）

8. H23

H23位于Ⅰ区中部偏北，T0613东南部（图四三）。坑口形状近椭圆形，坑壁直壁，圜底。坑口南北2米，东西1.05米，坑底南北1.8米，东西0.85米，坑口距地表0.85米，深1.35米。坑内填土为浅灰褐色黏土，内含烧土块、炭屑、白灰颗粒。出土陶片以泥质灰陶为主；纹饰为绳纹、素面；可辨器型为陶豆。

陶豆　1件。

H23:1，泥质灰陶。陶豆豆盘和豆柄残片。敞口，深弧腹，内圜底，豆柄缺失。残高6、壁厚0.9厘米（图五三，3；图版一三，1）。

9. H24

H24位于Ⅰ区中部，T0808东北部（图四四；图版一一，2）。坑口形状近三角形，坑壁直壁，壁面粗糙，底近平。坑口东西1.8米、南北1.16米，坑口距地表0.6米，深0.6米。坑内填土为黄褐色砂质土，内含少量烧土块。出土陶片以泥质灰陶为主；纹饰为绳纹、素面；器型不辨。

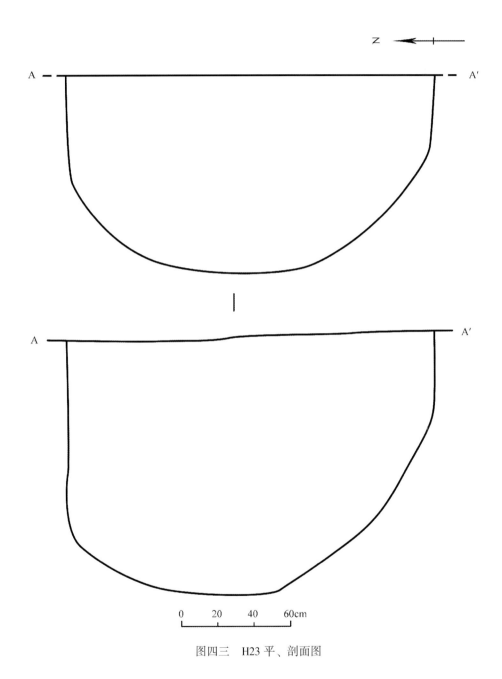

图四三　H23 平、剖面图

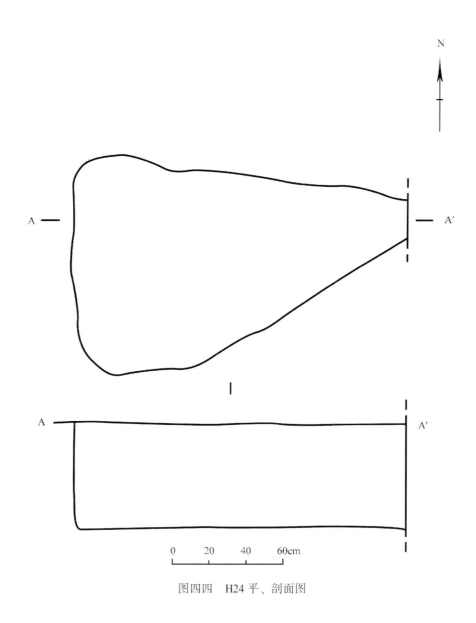

图四四　H24 平、剖面图

10. H25

H25 位于 I 区中部，T0908 中部，被 H19 打破，并打破 H36、M24 等（图四五）。坑口形状为长条形，坑壁为直壁，壁面粗糙，底近平。坑口南北 1.7 米，东西 1.2 米，坑口至坑底 0.45 米。坑内填土为灰褐色砂质土，土质较松，内含少量烧土块。出土陶片以泥质灰陶为主；纹饰为绳纹、素面；器型不辨。

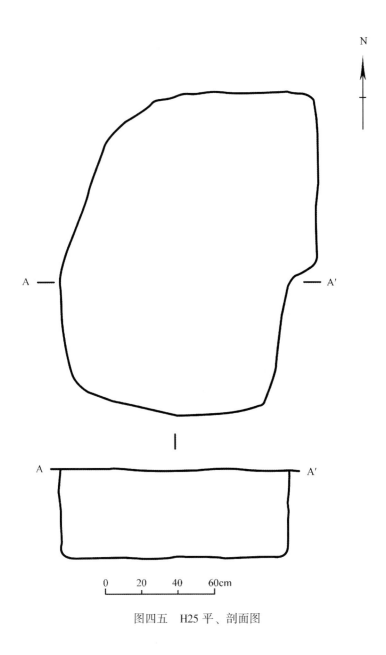

图四五　H25 平、剖面图

11. H26

H26 位于 I 区中部偏南，T0807 南部，被 H19、M3 打破（图四六；图版一二，1）。坑口形状近椭圆形，坑壁内收斜壁，底近平。坑口南北 1.26 米，东西 1.05 米，坑底南北 1.06 米，东西 0.9 米，坑口至坑底 1.06 米。坑内填土为黄褐色黏土与浅灰褐色砂质土混合土，土质松软，内含烧土颗粒、木炭屑。出土 1 件可复原泥质灰陶碗。

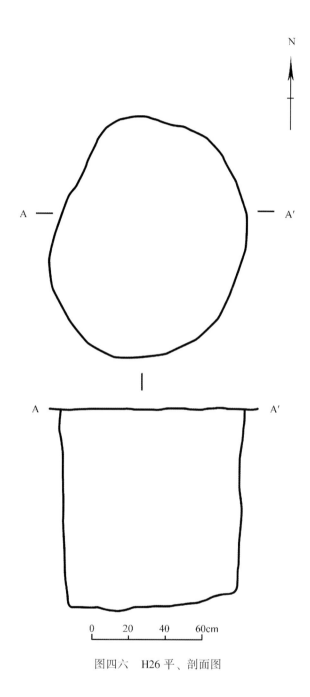

图四六　H26 平、剖面图

陶碗　1件。

H26:1，泥质灰陶，直口，外叠圆唇，折腹，上腹较直，下腹斜收，假圈足。口径21.6、底径10、高8.7厘米（图五三，2；图版一三，2）。

12. H27

H27 位于Ⅰ区西南部，T1006 南部（图四七）。坑口形状近椭圆形，坑壁内收斜壁，较规整，圜底。坑口南北 1.84 米，东西 1.36 米，坑口至坑底 0.36 米。坑内填土为红褐色砂质土，土质较硬，包含物有炭屑、贝壳。出土少量泥质灰陶绳纹陶片；器型不辨。

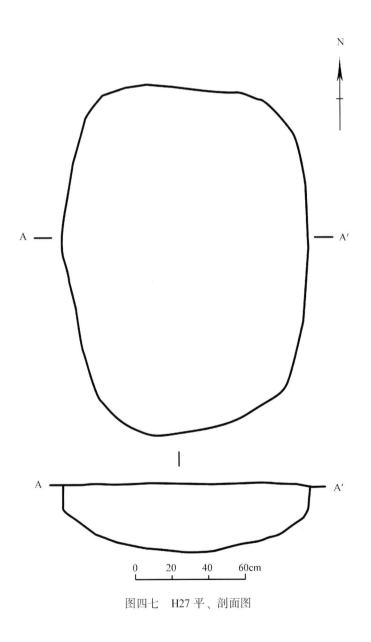

图四七　H27 平、剖面图

13. H28

H28 位于 I 区中部偏南，T0808 中部（图四八）。坑口形状近椭圆形，坑壁为斜壁，壁面粗糙，底近平。坑口南北 1.56 米、东西 0.98 米，坑底南北 1.35 米、南北 0.84 米，坑口至坑底 0.76 米。坑内填土为浅灰褐色砂质土，夹杂少量红烧土块。出土少量泥质灰陶绳纹陶片；器型不辨。

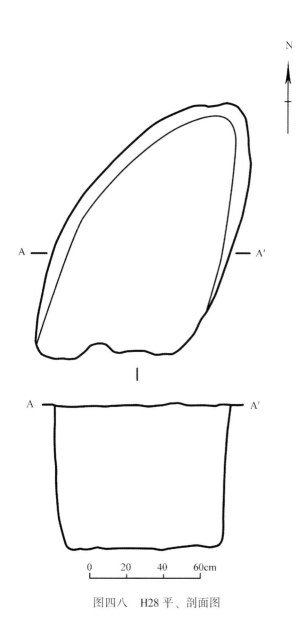

图四八　H28 平、剖面图

14. H30

H30 位于 I 区中部偏南，T0808 东部。被 H29 打破（图四九）。坑口形状近长方形，坑壁近直，底近平。坑口东西 0.64 米，南北 1 米，坑口至坑底 0.75 米。坑内填土为浅红褐色砂质土，土质略硬，内含少量黄土块。出土少量泥质灰陶绳纹陶片；器型不辨。

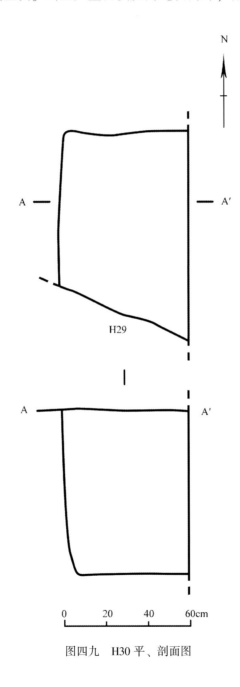

图四九　H30 平、剖面图

15. H33

H33 位于Ⅰ区中部，T0807 西北部（图五○；图版一二，2）。坑口形状近椭圆形，坑壁较直，底部稍内收，平底。坑口南北 1.2 米，东西 1.05 米，坑底南北 1.1 米，东西 0.9 米，坑口至坑底 1.3 米。坑内填土为黄褐色砂质土，土质疏松，内含少量炭屑。出土少量泥质灰陶绳纹陶片；器型不辨。

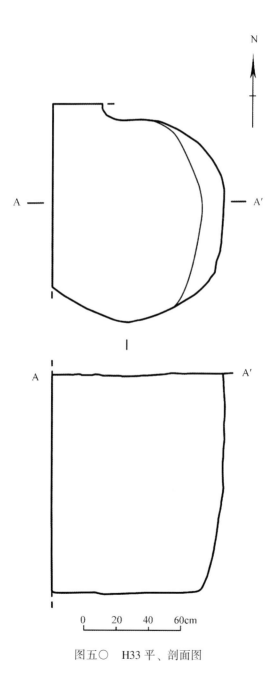

图五○　H33 平、剖面图

16. H39

H39 位于 I 区西南部，T1207 东南部，打破 H43、H44（图五一）。坑口形状为不规则形，坑壁为内收斜壁，坑底较平。坑口东西 3.4 米，南北 3 米，坑底东西 3.2 米，南北 2.8 米，坑口至坑底 0.65 米。坑内填土为灰褐色黏土，土质较硬，内含烧土颗粒。出土陶片以夹砂灰陶、泥质灰陶为主，另有少量泥质褐陶；纹饰以绳纹为主，还有瓦楞纹、细绳纹、弦纹；可辨器型有陶罐、陶瓮等。

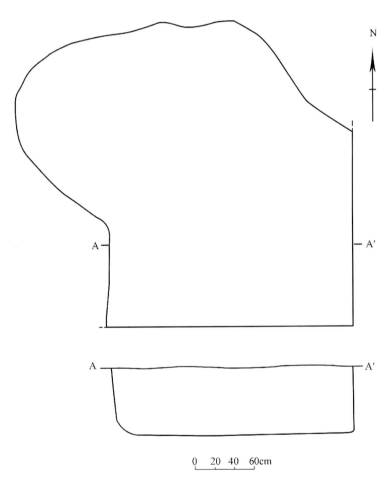

图五一　H39 平、剖面图

陶罐　4 件。

H39:1，夹砂灰陶。陶罐口沿及上腹残片。侈口，圆唇，矮领，束颈，溜肩。饰竖向细绳纹。口径 37.8、残高 9.9、壁厚 0.9~1.2 厘米（图五三，1；图版一三，3）。

H39:3，泥质灰陶。陶罐口沿及上腹残片。直口，圆唇，矮领，溜肩，弧腹。领部饰多周瓦楞纹，腹饰竖向细绳纹。残高9.7、残宽12.6厘米，壁厚0.8厘米（图五三，5；图版一三，4）。

H39:4，夹砂灰陶。陶罐口沿及肩部残片。口微敞，圆唇，高领微侈。肩部饰斜向绳纹。口径13.5、残高6.4厘米，壁厚0.8厘米（图五三，6）。

H39:5，泥质灰陶。陶罐口沿残片。侈口，尖圆唇，矮领，束颈。领部1周凸棱。残高4.6、残宽7.5、壁厚0.9厘米（图五三，7）。

陶瓮　1件。

H39:2，夹砂灰陶。陶瓮口沿残片。敞口，方唇，斜领微侈，束颈。领部饰1周附加堆纹。口径33.6、残高7.4厘米，壁厚1.2厘米（图五三，4）。

17. H42

H42位于Ⅰ区西南部，T1107北部，打破G5（图五二）。坑口形状为近平行四边形，坑壁为内收斜壁，圜底。坑口东西2.14米、南北1.35米，坑底东西1.3米、南北0.95米，坑口至坑底0.6米。坑内填土为浅灰褐色砂质土与红褐色胶质土混合土，土质略软。出土陶片以夹砂灰陶居多；纹饰多为素面、绳纹；可辨器型有陶豆。

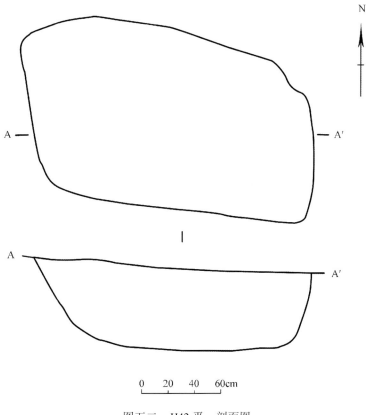

图五二　H42平、剖面图

陶豆　1件。

H42：1，泥质灰陶。陶豆豆盘和豆柄残片。尖圆唇微侈，内浅平盘，外短直腹，略内凹，管状柄，下部缺失。口径10.3、残高5.2厘米（图五三，8；图版一三，5）。

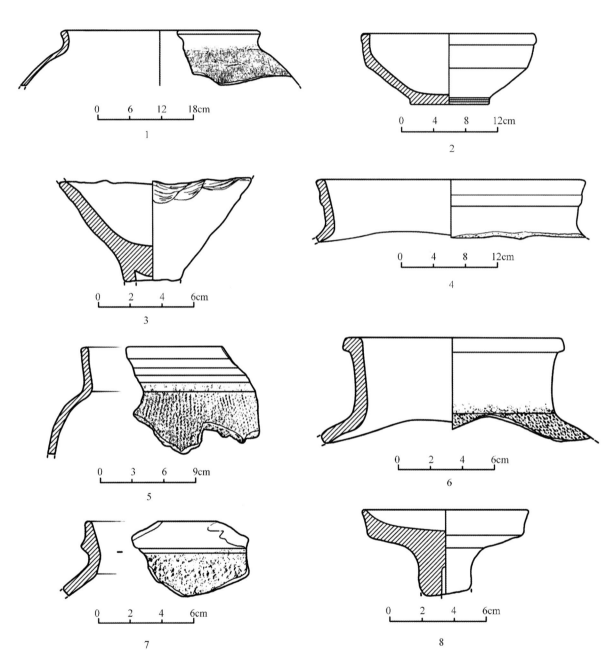

图五三　H23、H26、H39、H42 出土器物

1、5、6、7. 陶罐（H39：1、H39：3、H39：4、H39：5）　2. 陶碗（H26：1）

3、8. 陶豆（H23：1、H42：1）　4. 陶瓮（H39：2）

18. H43

H43 位于Ⅰ区西南部，T1207 东北部，被 H39 打破（图五四）。坑口形状为不规则形，坑壁近直，底近平。坑口东西 1.8 米、南北 1.52 米，坑口至坑底 1.1 米。坑内填土为灰褐色黏土与深褐色砂质土混合土，土质松软，包含少量烧土、炭屑。出土陶片多为泥质灰陶、夹砂灰陶；纹饰为绳纹、素面。还出土 1 件陶网坠、1 件石斧。

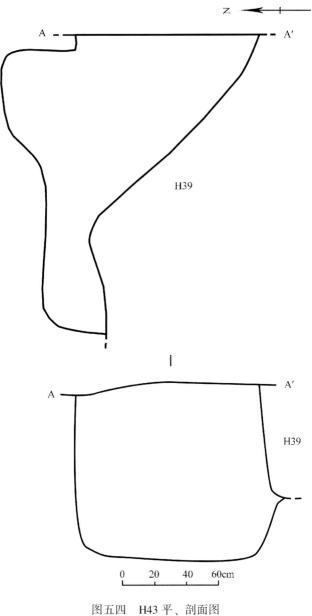

图五四　H43 平、剖面图

陶网坠 1件。

H43：1，泥质灰陶。扁圆柱体，两端饰1周宽凹槽，首端切削，中部两侧饰竖向凹槽。长
8.4、最大径3.2厘米（图五五，1；图版一三，6）。

石斧 1件。

H43：2，红色砂岩。器体厚重，扁平体，平面呈长梯形，剖面呈圆角长方形，弧刃圆钝，
通体粗磨，器表不平整。高11.2、宽5厘米（图五五，2）。

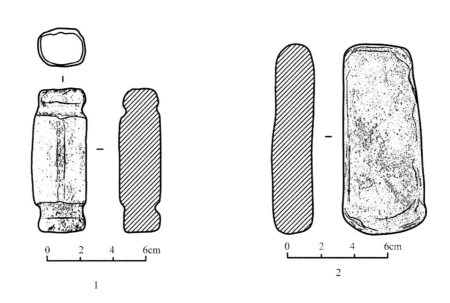

图五五　H43 出土器物

1. 陶网坠（H43：1）　2. 石斧（H43：2）

19. H44

H44 位于 I 区西南部，T1207 西北部。被 H39 打破（图五六）。坑口形状为不规则形，口
大底小，坑壁为内收斜壁，坑底较平。坑口东西 1.48 米、南北 1.45 米，坑底东西 1.14 米、南
北 1.2 米，坑口至坑底 1.2 米。坑内填土为黄褐色砂质土，土质略软。出土陶片多为泥质灰陶、
夹砂灰陶；纹饰多为绳纹、素面；可辨器型有陶瓮。

陶瓮 1件。

H44：1，泥质灰陶。陶瓮口沿残片。敞口，方唇，斜领。领部饰1周凸棱，肩部饰斜向绳
纹。残高6.6、残宽9.4、壁厚1.1厘米（图六三，1；图版一三，7）。

20. H47

H47 位于 I 区中部偏西北，T0811 南部，东侧延伸至 T0711 探方内，西侧延伸至 T0911 东

隔梁下，打破 M28（图五七）。坑口形状为不规则形，口大底小，坑壁不规整，坑底较平。坑口东西 4 米、南北 2.2 米，坑底东西 4 米、南北 0.82 米，坑口至坑底 0.74 米。坑内填土为黄褐色黏土，土质较硬，内含少量烧土块。出土少量泥质灰陶绳纹、素面陶片；器型不辨。

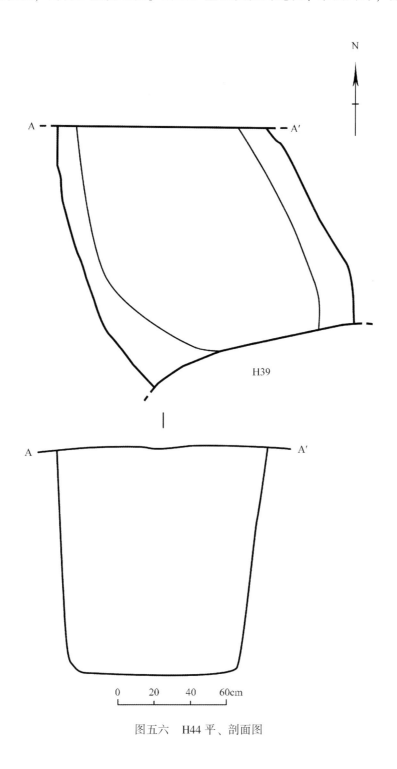

图五六　H44 平、剖面图

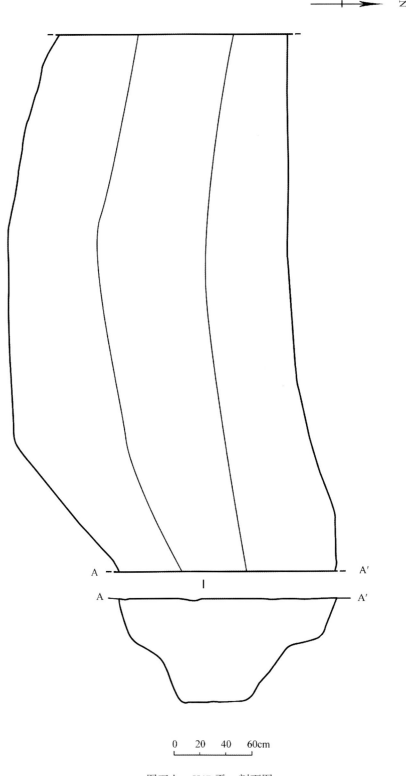

图五七　H47 平、剖面图

21. H49

H49 位于 I 区北部，T0617 东北部（图五八；图版一四，1）。坑口形状长椭圆形，坑壁近直。坑口南北 2. 15 米，东西 1. 32 米，坑口至坑底 1. 22 米。距开口 0. 87 米，下部内收为南北 1. 05 米、东西 0. 52 米、深 0. 35 米圜底坑，坑内填土为灰褐色砂质土，土质略软，包含少量烧土颗粒。出土少量泥质灰陶绳纹陶片；器型不辨。

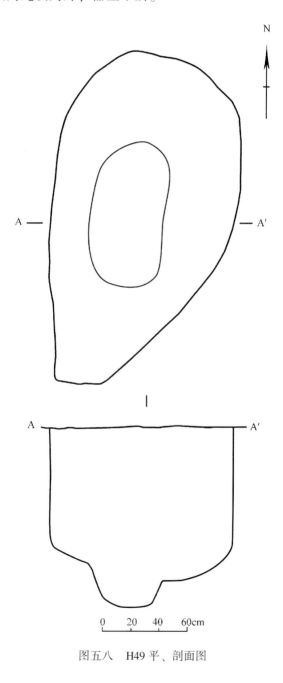

图五八　H49 平、剖面图

22. H50

H50位于Ⅰ区北部，T0617西南部（图五九）。坑口形状为不规则形，坑壁为直壁，平底。坑口东西2.45米，南北0.65米，坑底东西2.2米，南北0.6米，坑口至坑底1.12米。坑内填土为灰褐色砂质土，土质略软，包含少量炭屑。出土陶片多为泥质灰陶、夹砂灰陶；纹饰多为绳纹、素面；出土1件可复原陶碗。

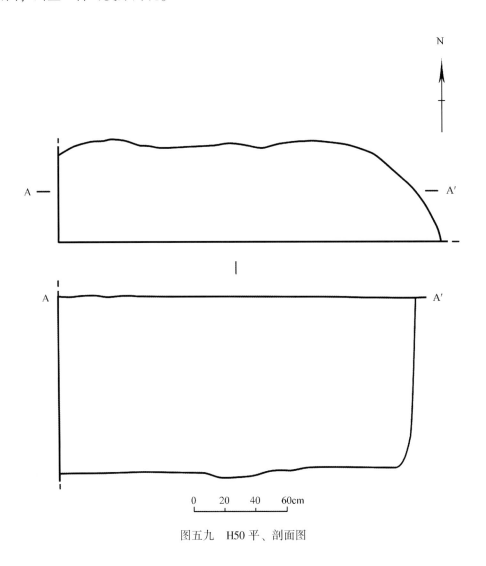

图五九 H50平、剖面图

陶碗 1件。

H50:1，泥质灰陶。直口，方唇，折腹，上腹近直，略内凹，下腹斜收，假圈足。上腹饰数周凹弦纹。口径14.4、底径6.4、通高7.2厘米（图六三，2；图版一三，8）。

23. H52

H52 位于Ⅰ区北部，T0518 南部（图六〇）。坑口形状为不规则形，坑壁近直，平底。坑口南北 3.3 米，东西 4.2 米，坑口至坑底 0.64 米。坑内填土为灰褐色砂质土，土质略软。出土陶片多为泥质灰陶、夹砂灰陶，还有泥质灰胎褐皮陶；纹饰有细绳纹、凹弦纹等；可辨器型有陶盆、陶罐。

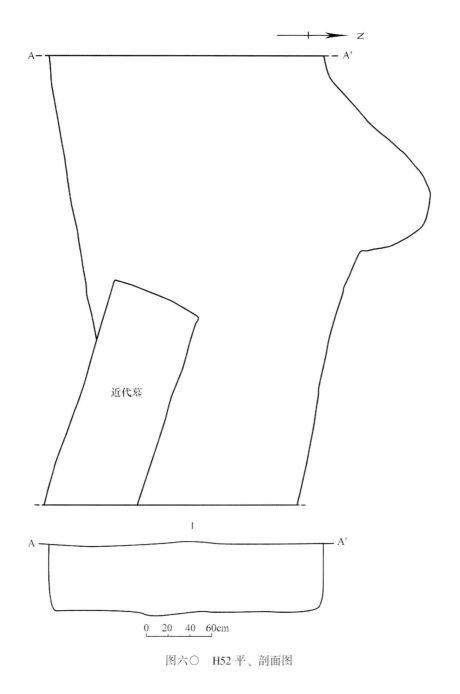

图六〇　H52 平、剖面图

陶盆　2件。

H52：1，泥质灰陶。陶盆口沿残片。敞口，圆唇，折沿微弧，腹微鼓。腹部饰多周瓦楞纹。残高7.3、残宽17.7、壁厚0.8厘米（图六三，3；图版一四，2）。

H52：3，夹砂灰陶。陶盆口沿和腹部残片。敞口，圆唇外卷，折腹，上腹近直略内凹，下腹内折，底部残缺。上腹部饰多周瓦楞纹。口径51.7、腹径44.5、残高12.6、壁厚1厘米（图六三，5）。

陶罐　1件。

H52：2，泥质灰胎褐皮陶。陶罐口沿残片。敛口，圆唇外卷，弧腹。腹部饰竖向细绳纹。残高5.4、残宽9.4、壁厚0.7厘米（图六三，4）。

24. H53

H53位于Ⅰ区中部，T0610中部（图六一）。坑口形状近长条形，坑壁一侧近直壁，另一侧斜壁，坑底不规整。坑口南北4.35米，东西1.92米，坑底南北4.15米，东西1.45米，坑口至坑底0.75米。坑内填土为灰褐色砂质土，土质略软，含烧土块、草木灰。出土少量泥质灰陶绳纹、素面陶片；器型不辨。

25. H54

H54位于Ⅰ区东北部，T0414西部（图六二）。坑口形状为长条形，口大底小，坑壁为斜壁，平底。坑口东西2.65米，南北1.28米，坑底东西2.45米，南北1.86米，坑口至坑底1.05米。坑内填土为灰褐色砂质土，土质略软，含少量烧土块、草木灰。出土陶片以泥质灰陶、夹砂灰陶为多；纹饰多为素面、绳纹、弦纹等；可辨器型有板瓦。

板瓦　1件。

H54：1，泥质灰陶。板瓦瓦口及瓦身残片。方唇，口微上翘；瓦口饰抹断绳纹，瓦身饰竖向粗绳纹，瓦内壁饰多周弦纹。残长14.4、残宽21.4、壁厚1厘米（图六三，6）。

26. H55

H55位于Ⅰ区西部，T0912西南部，南侧延伸至T0911北隔梁下（图六四）。坑口形状为椭圆形，口大底小，坑壁为斜壁，未发现加工痕迹，坑底较平整。坑口南北1.4米，东西1.3米，坑底南北1.12米，东西宽1米，坑口至坑底0.54米。坑内填土为深灰褐色砂质土，土质略软，含烧土块、草木灰。出土陶片以泥质灰陶为主，夹砂灰陶次之，另有少量夹砂灰黑陶；纹饰以素面为主，另有凹弦纹、瓦楞纹等；可辨器型有陶网坠、陶瓮、陶罐、陶盆等。

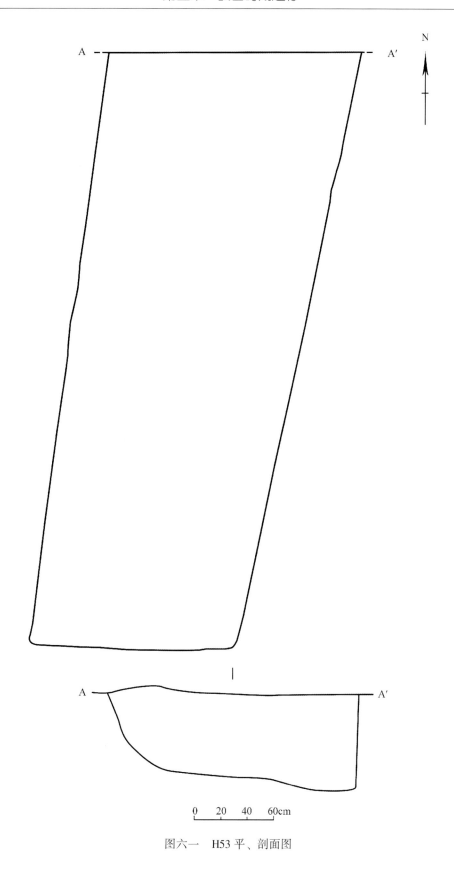

图六一 H53 平、剖面图

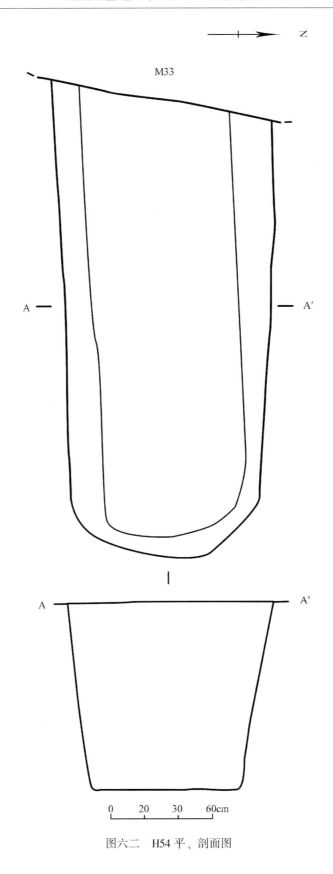

Z

M33

A —　　　　　　　　　　　　　　　— A'

A —　　　　　　　　　　　　　　— A'

0　　20　　30　　60cm

图六二　H54 平、剖面图

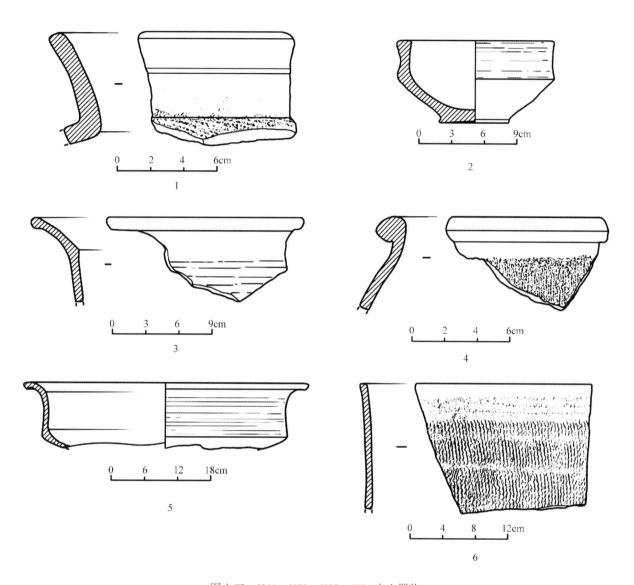

图六三 H44、H50、H52、H54 出土器物

1. 陶瓮（H44:1） 2. 陶碗（H50:1） 3、5. 陶盆（H52:1、H52:3）
4. 陶罐（H52:2） 6. 板瓦（H54:1）

陶网坠 5件。

H55:1 夹砂灰陶。亚腰圆柱形，两端稍鼓。由一端的中部向一侧面的中部斜穿一孔，孔道稍弧。通高7.7、穿孔直径1.3、最大直径6.4厘米（图六五，1；图版一四，3）。

H55:2，夹砂灰陶。亚腰圆柱形，两端稍鼓。由一端的中部向一侧面的中部斜穿一孔，孔道稍弧。通高8.2、穿孔直径1.3、最大直径7厘米（图六五，2）。

H55:3 夹砂灰陶。圆柱形，两端略鼓。由一端的中部向一侧面的中部斜穿一孔，孔道稍弧。通高9、穿孔直径1.3、最大直径6.7厘米（图六五，3）。

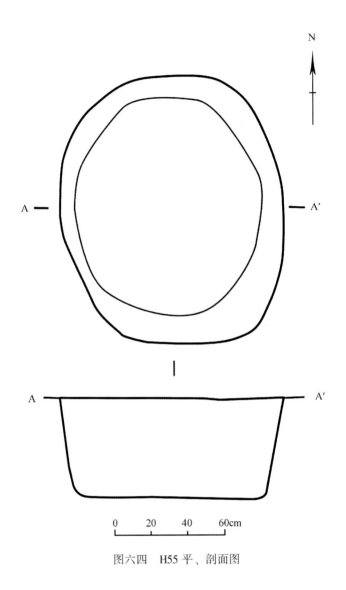

图六四　H55 平、剖面图

H55：4，夹砂灰陶。亚腰圆柱形，两端稍鼓。由一端的中部向一侧面的中部斜穿一孔，孔道较直。通高8.9、穿孔直径1.4、最大直径7.1厘米（图六五，4）。

H55：5，夹砂灰陶。亚腰圆柱形，束腰较甚，两端稍鼓。由一端的中部向一侧面的中部斜穿一孔，孔道为圆弧形。通高8.6、穿孔直径1.5、最大直径7.4厘米（图六五，5）。

陶瓮　1件。

H55：6，夹砂灰黑陶。陶瓮口沿残片。敞口，方唇，唇面略内凹，平折沿，短领微侈。口径30、残高6.8、壁厚1厘米（图六五，6；图版一四，4）。

陶罐　1件。

H55：7，泥质灰陶。陶罐口沿及上腹残片。侈口，圆唇，短斜领，束颈，短折肩，直腹微弧。腹饰多周瓦楞纹。口径21.9、最大残高11.1、壁厚0.9厘米（图六五，7；图版一四，5）。

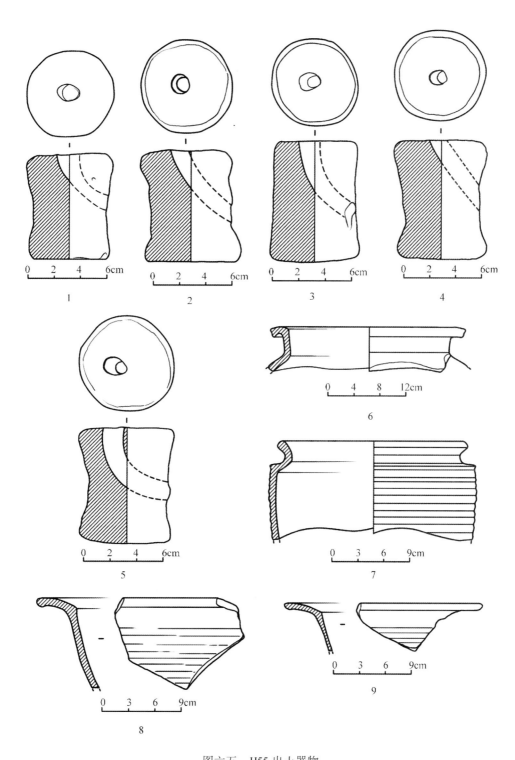

图六五　H55 出土器物

1～5. 陶网坠（H55∶1、H55∶2、H55∶3、H55∶4、H55∶5）　6. 陶瓮（H55∶6）

7. 陶罐（H55∶7）　8、9. 陶盆（H55∶8、H55∶9）

陶盆　2件。

H55:8，泥质灰陶。陶盆口沿残片。大敞口，圆唇，宽折沿，沿面微鼓，斜腹略弧；腹饰多周瓦楞纹。残高10.2、残宽14.8、壁厚0.9厘米（图六五，8）。

H55:9，泥质灰陶。陶盆口沿残片。大敞口，圆唇，折沿近平，沿面微鼓，斜腹；腹饰多周瓦楞纹。残高5.4、残宽14.7、壁厚0.45~0.9厘米（图六五，9）。

27. H56

H56位于Ⅰ区西北部，T0815西北部。被M52打破（图六六）。坑口形状为椭圆形，坑壁为斜壁，未发现加工痕迹，圜底。坑口东西1.46米，南北1.16米，坑口至坑底1.12米。坑内填土为黄褐色砂质土，土质略软，含烧土块、草木灰。出土少量泥质灰陶绳纹、素面陶片；器型不辨。

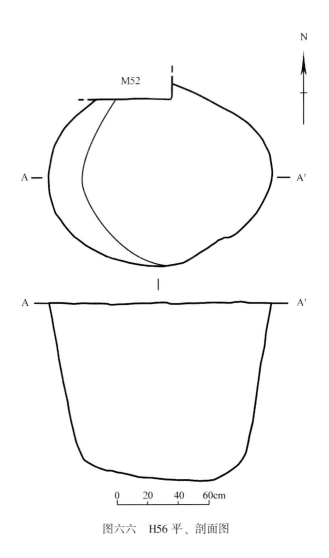

图六六　H56平、剖面图

（二）灰沟

1. G4

G4 位于Ⅰ区西部，T1007 中部偏西。被 M30 打破（图六七）。沟口形状为喇叭形，口大底小，沟壁为斜壁，沟底较平。沟口东西 3.44 米，南北 1.75 米，沟底东西 3.15 米，南北 1.65米，沟口至沟底 0.75 米。沟内填土为黑灰色黏土，土质较硬。出土少量泥质灰陶绳纹、素面陶片；器型不辨。

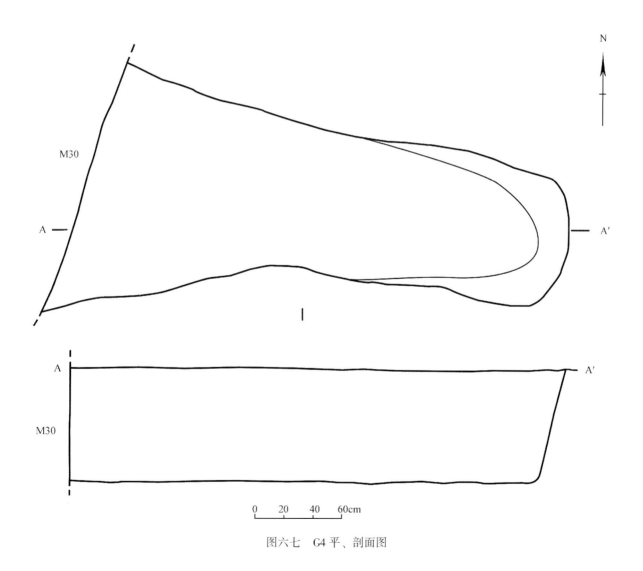

图六七　G4 平、剖面图

（三）地层所出遗物

地层所出遗物主要为陶器，还有少量石器。陶器陶质以泥质灰陶为主，还有夹砂灰陶、泥质红陶、夹胎灰皮陶等，纹饰以绳纹为主，还有粗绳纹、弦纹、弦断绳纹、瓦楞纹等，可辨器型有陶罐、陶碗、陶甑、筒瓦、板瓦等；石器为石铲。

1. 陶器

陶罐　3 件。

T1008④:1，泥质灰陶。陶罐口沿残片。敞口，斜方唇，束颈。口沿下饰一条凸棱，其下饰斜向细绳纹。最大残宽 13.6、残高 9.8、壁厚 0.7~1.8 厘米（图六八，8）。

T0908④:1，夹砂灰陶。陶罐口沿及上腹残片。侈口，圆唇，斜领，束颈，鼓腹。腹饰竖向细绳纹。口径 24、残高 12.5、壁厚 1 厘米（图六八，6；图版一五，4）。

陶碗 4 件。

T0616④:1，泥质灰陶。敛口，圆唇，浅弧腹，假圈足，平底。口径 15.8、底径 7.2、高 7.1 厘米（图六八，1）。

T0616④:2，泥质灰陶。直口，外叠方唇，折腹，上腹较直略内收，下腹斜收，假圈足，平底。上腹饰三周凹弦纹。口径 15.7、底径 7.3、高 6.7 厘米（图六八，2；图版一五，5）。

T0616④:4，泥质灰陶。直口，圆唇，折腹，上腹较直略内收，下腹斜收，假圈足，平底。口径 19.2、底径 7.5、高 9.9 厘米（图六八，3；图版一五，6）。

T0616④:5，泥质灰陶。敞口，圆唇，深弧腹，假圈足，平底。腹部饰 2 周凸弦纹。口径 22.5、底径 8.1、高 10.2 厘米（图六八，4；图版一五，7）。

陶豆　1 件。

T0616④:3，泥质灰陶。陶豆豆柄和底座残片。管状豆柄，喇叭口形底座，豆柄下部饰一周凸弦纹。残高 6.9、底座径 9.5 厘米（图六八，9）。

陶盆　2 件。

T0516④:1，泥质灰陶。陶盆口沿和上腹残片。侈口，圆唇外卷，弧腹。腹饰数周瓦楞纹。口径 33.8、残高 7.4、壁厚 0.9 厘米（图六八，5；图版一五，3）。

T0806④:1，夹砂灰陶。陶盆口沿和腹部残片。圆唇，斜折沿，上腹近直，腹部饰数周瓦楞纹，下部饰横向绳纹。残高 15.1、残宽 14.6、壁厚 0.9~1.2 厘米（图六八，7）。

陶瓮　1 件。

T1107④:1，泥质灰陶。陶瓮口沿残片。侈口，外卷圆唇，短束颈。腹饰竖向弦断细绳纹。残高 5.4、残宽 15.7、壁厚 1.2 厘米（图六八，10）。

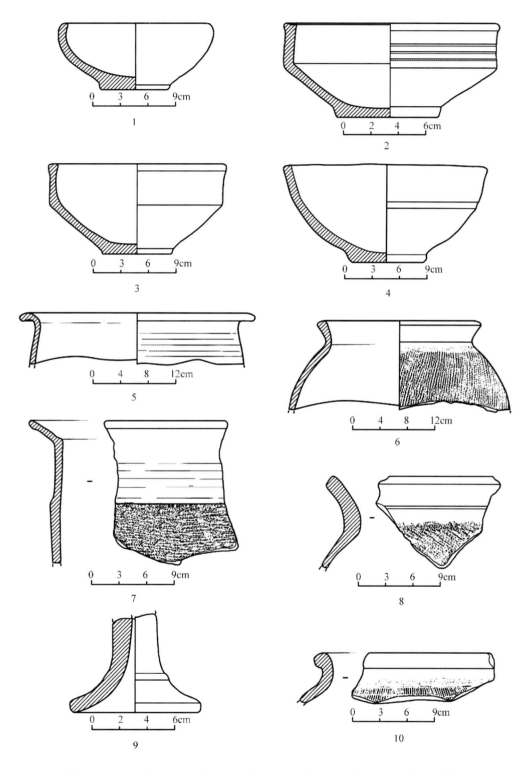

图六八　T0616④、T0516④、T0908④、T0806④、T1008④、T1107④出土器物

1～4. 陶碗（T0616④:1、T0616④:2、T0616④:4、T0616④:5）　　6、8. 陶罐（T0908④:1、T1008④:1）

5、7. 陶盆（T0516④:1、T0806④:1）　　9. 陶豆（T0616④:3）　　10. 陶瓮（T1107④:1）

板瓦　1件。

T0607④：1，泥质红陶。板瓦瓦身残片。瓦身上部饰斜向粗绳纹，下部饰交错绳纹；内壁饰压印菱格形纹。残长19.7、残宽15.4、壁厚1.3厘米（图六九，6）。

筒瓦　3件。

T0618④：1，泥质灰陶。筒瓦子口和瓦身残片，母口残。子口圆唇，瓦舌短且略上翘，口沿略内凹。瓦面饰粗绳纹，近子口处饰抹断绳纹，瓦内有数周横向刮抹痕迹。残长23.5、残宽13.3、瓦舌长1.8、壁厚0.9~1.2厘米（图六九，2；图版一五，1）。

T0815④：1，泥质灰陶。筒瓦子口和瓦身残片。母口残。子口圆唇，瓦舌宽且短，瓦身与瓦舌结合处折棱明显。瓦面饰粗绳纹，近子口处抹断绳纹，瓦内有数周横向刮抹痕迹。残长16.2、残宽13.6、壁厚1厘米（图六九，1；图版一五，2）。

T0815④：2，泥质灰陶。筒瓦母口和瓦身残片。子口缺失，母口厚方唇。瓦身饰竖向粗绳纹，瓦身近母口处绳纹抹平，瓦身近子口处饰多周弦断绳纹，瓦内有数道横向刮抹痕迹。残长37.2、残宽15.3、壁厚1.3厘米（图六九，3）。

陶甑　1件。

T0707④：1，夹胎灰皮陶。甑箅残片。平面形状不规则。壁上有圆形箅孔，均残。残长9.1、残宽6.4、孔径2.8、壁厚0.8厘米（图六九，5）。

陶网坠　1件。

T0904④：1，夹砂灰陶。扁圆柱体，首端顶面略弧，有一周凹槽，尾端残缺。宽面有一条纵向凹槽。残长7.8、最大径3.6厘米（图六九，7）。

陶纺轮　1件。

T0718④：1，泥质灰陶。圆饼状，中部有1圆孔。素面。直径7、厚1.8、孔径1.6厘米（图六九，4；图版一五，8）。

2. 石器

石刀　2件。

T0603④：1，灰黑色花岗岩，石刀中部残片。通体打磨。扁平体，宽直背，直刃，圆钝。残长6.3、残宽5.6、刃厚0.7厘米（图七〇，2）。

T0702④：1，白色砂岩。石刀前部残片。通体打磨，扁平体，背部残缺，直刃圆钝。残长5.9、残宽6、刃厚0.2厘米（图七〇，1）。

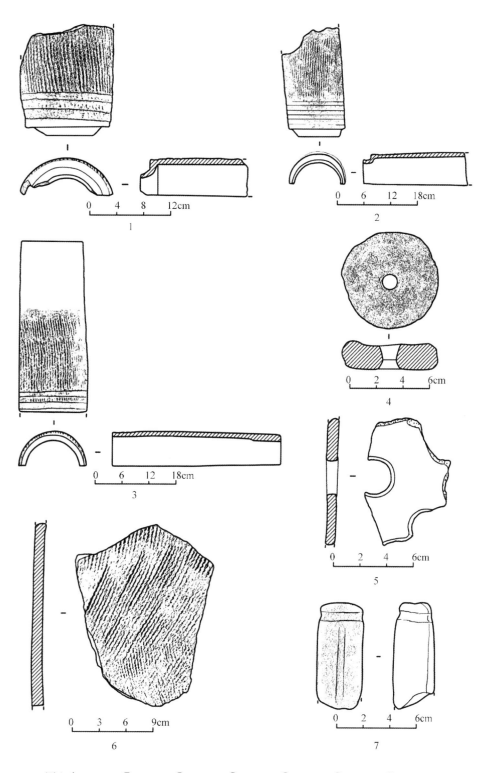

图六九 T0815④、T0618④、T0718④、T0707④、T0607④、T0904④出土器物

1～3. 筒瓦（T0815④:1、T0618④:1、T0815④:2）   4. 陶纺轮（T0718④:1）

5. 陶甑（T0707④:1）   6. 板瓦（T0607④:1）   7. 陶网坠（T0904④:1）

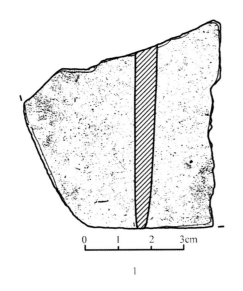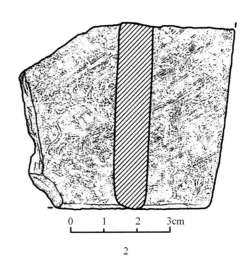

图七〇　T0702④、T0603④出土器物

1、2. 石刀（T0702④：1、T0603④：1）

（四）墓葬

1. M2

（1）位置与形制

M2 位于Ⅰ区南部，T0605 西部，M2 西与 M37 相邻，相距 1.5 米，东与 M5 相邻，相距 1.2 米。M2 为长方形土坑竖穴墓，墓葬方向 5°。墓葬口大底小，墓壁斜直。墓圹上口长 2.6 米，宽 1.95 米，墓底长 2.4 米，宽 1.76 米，深 3.4 米。墓内填土略经夯实(图七一；图版一六，1)。

（2）葬具与人骨

葬具为一木棺，残留白色板灰痕迹，长 1.8 米，北端宽 0.82 米，南端宽 0.9 米，残高 0.22 米。棺内发现一具人骨，仰身屈肢，头北脚南，双手交叉置于下腹部，下肢左曲，男性，年龄在 50±5 岁。

（3）随葬品

出土铁刀 1 件，锈蚀严重，位于棺内人骨双足右侧。

图七一　M2 平、剖面图

1. 铁刀

M2∶1，锈蚀，残损严重。刀身为窄柳叶形，横断面呈楔形，背稍弧，刃略凹，尖略钝，短柄，球形首。通长 17.9 厘米（图七二）。

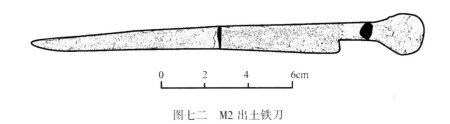

图七二　M2 出土铁刀

2. M4

（1）位置与形制

M4 位于Ⅰ区南部，T0703 西南部，M4 东与 M11 相邻，相距 1.5 米。M4 为长方形土坑竖穴墓，墓葬方向 10°。墓葬口大底小，墓壁斜直，墓圹上口长 3.4 米，宽 2.5 米，墓底长 2.9 米，宽 1.7 米，深 4.85 米。墓圹西壁中偏北部有一拱形壁龛，壁龛距北壁 0.17 米，距墓底 1.04 米，拱形顶，西壁外弧，南北 1.2 米，高 0.6 米，进深 0.46 米（图版一七，1）。墓内填土为花土，略夯打（图七三；图版一六，2）。

（2）葬具与人骨

葬具为一椁一棺，残留白色板灰痕迹；椁长 2.6 米，北宽 1.36 米，南宽 1.1 米，残高 0.6 米，板厚 0.07 米；棺长 2.46 米，北宽 1.2 米，南宽 1 米，残高 0.3 米。棺内发现一具人骨，保存较完整，仰身直肢，头北脚南，男性，年龄在 40±5 岁。

（3）随葬品

出土随葬品 12 件。其中陶器 11 件，自北向南：陶小壶 1 件、陶壶 1 件、陶盘 1 件、陶盖豆 2 件、陶匜 1 件、陶鼎 1 件、陶碗 1 件、陶小壶 1 件、陶鼎 1 件、陶壶 1 件，出土于壁龛内。铜带钩 1 件，位于棺内墓主人右下肢右侧。

陶壶　2 件。

M4:1，泥质灰陶。覆钵形弧顶盖，子口；壶敞口，方唇，长粗颈，下部微束，圆肩，斜腹略内弧，平底。盖面饰 2 周条带状黑色压光带状纹，盖顶中心为黑色圆点，带状纹之间饰 1 周波折纹。通体磨光。盖直径 12.8、高 2.4 厘米；壶口径 12.8、腹径 20.3、底径 10.6、通高 23.3 厘米（图七四，3；图版一七，2）。

M4:10，泥质灰陶。覆钵形弧顶盖，子口；壶敞口，方唇，长粗颈，下部微束，圆肩，斜腹略内弧，平底。盖面饰 3 周条带状黑色压光带状纹，盖顶中心为黑色圆点，肩部饰 1 周压印波折纹。盖直径 14、高 3.2 厘米；壶口径 12.8、腹径 20.8、底径 11、通高 23.7 厘米（图七四，4；图版一七，3）。

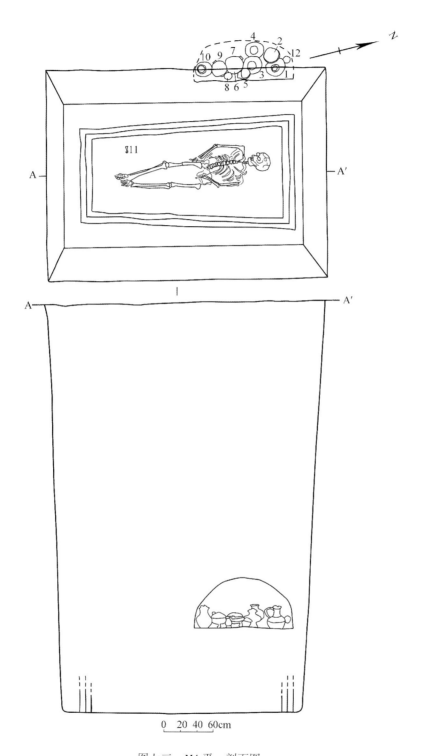

图七三　M4 平、剖面图

1、10. 陶壶　2. 陶盘　3、4. 陶盖豆　5. 陶匜　6. 陶碗　7、9. 陶鼎　8、12. 陶小壶　11. 铜带钩

陶盘　1件。

M4:2，泥质灰陶。敛口，圆唇，浅斜腹，内平底，矮圈足。通体磨光。口径15.7、足径7、通高5.5厘米（图七五，1；图版一七，3）。

陶盖豆　2件。

M4:3，泥质灰陶。覆钵形弧顶盖，柱状短柄上接圆饼状提手，提手顶面稍内凹，母口；豆盘子口，弧腹，柱状柄，喇叭口形底座。豆盘中部饰1周凹弦纹。口径15.8、腹径17.7、底座径11.6、盖高8.5、通高24.1厘米（图七五，3）。

M4:4，泥质灰陶。覆钵形弧顶盖，柱状短柄上接圆饼状提手，提手顶面稍内凹，母口；豆盘子口，弧腹下垂，柱状柄，喇叭口形底座。口径17.2、腹径19.1、底座径12.6、盖高7.2、通高23厘米（图七五，4；图版一八，1）。

陶匜　1件。

M4:5，泥质灰陶。口微侈，圆唇，折腹，上腹较直，稍内弧，下腹斜收，圈足，外缘外撇，口沿一侧有半圆形流。口径16.6、足径8.6、通高7.2厘米；流长3.9、宽3厘米（图七五，8；图版一八，2）。

陶碗　1件。

M4:6，泥质灰陶。侈口，方唇，上腹内折，短下腹略外鼓，内平底，矮圈足。口径13.3、足径6.6、通高5.6厘米（图七五，2；图版一七，4）。

陶鼎　2件。

M4:7，泥质灰陶。覆钵形弧顶盖，盖面中部有三个等距半圆形板状钮，母口；鼎子口，深弧腹，圜底，三蹄形足。口沿下有1对长方形附耳，略外撇，上小长方形穿。盖面饰3周条带状黑色压光纹，盖顶中心为一黑色圆点，间饰3周黑色压光波折纹。口径17、腹径19.1、盖高5.8、通高18.1厘米（图七四，1；图版一八，3）。

M4:9，泥质灰陶。覆钵形弧顶盖，盖面中部有三个等距半圆形板状钮，母口；鼎子口，深弧腹，圜底，三蹄形足。口沿下有1对长方形附耳，略外撇，上长方形穿。盖面饰3周条带状黑色压光带状纹，盖顶中心为黑色圆点，最外的带状纹之间饰2周波折纹。口径16.7、腹径19.1、盖高6、通高18.9厘米（图七四，2；图版一八，4）。

陶小壶　2件。

M4:8，泥质灰陶。圆饼状盖，盖面中心有一圆形凸起，倒圆台形子口；壶直口，方唇，短颈，溜肩，鼓腹，圆饼状底座，底略内凹。盖、壶子母口呈卯榫状。盖径4.8、壶口径4.7、腹径9.2、底座径8.2、通高11.8厘米（图七五，6；图版一八，5）。

M4:12，泥质灰陶。直口，圆唇，短颈，溜肩，鼓腹，圆饼状底座，平底。口径4.5、腹径8.9、底座径7.7、通高10.5厘米（图七五，7；图版一八，6）。

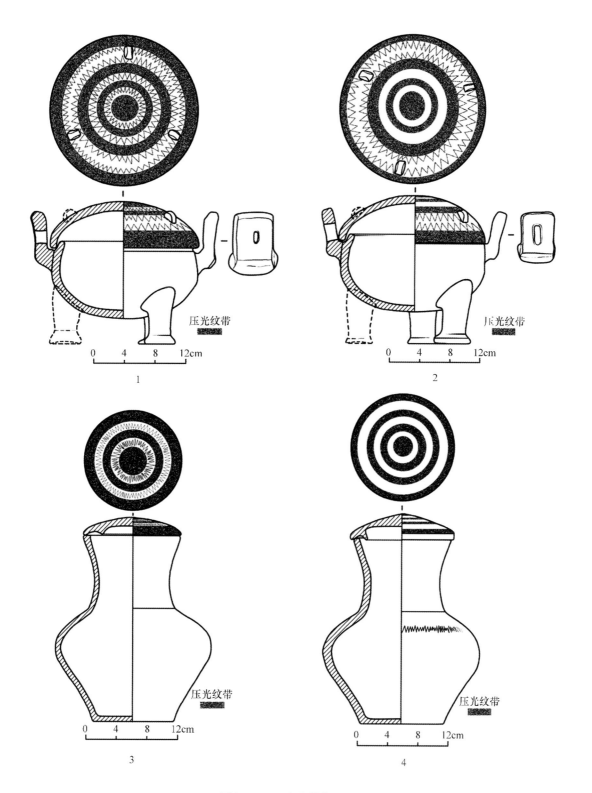

图七四 M4 出土器物（一）

1、2. 陶鼎（M4:7、M4:9） 3、4. 陶壶（M4:1、M4:10）

　　铜带钩　1件。

　　M4：11，青铜质，范铸。整体呈蝌蚪形，蛇首形钩，圆钮。通长7.9厘米（图七五，5；图版一九，1）。

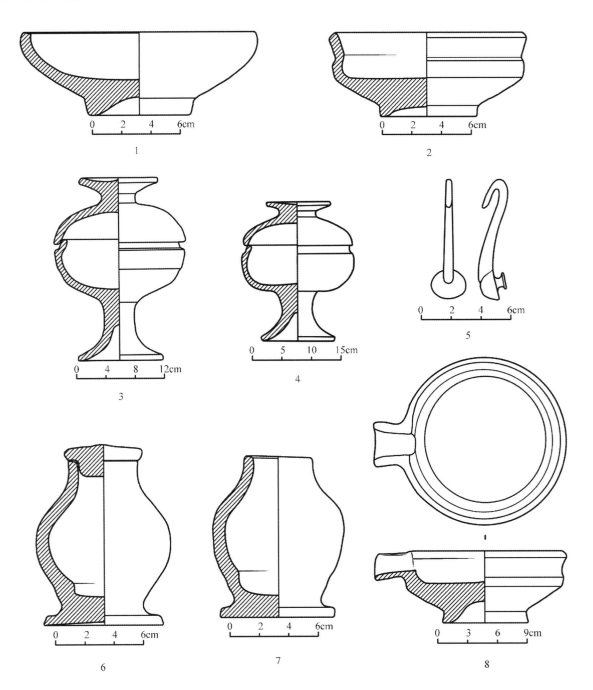

图七五　M4 出土器物（二）

1. 陶盘（M4：2）　2. 陶碗（M4：6）　3、4. 陶盖豆（M4：3、M4：4）

5. 铜带钩（M4：11）　6、7. 陶小壶（M4：8、M4：12）　8. 陶匜（M4：5）

3. M5

（1）位置与形制

M5 位于 I 区南部，T0605 中东部，M5 西与 M2 相邻，相距 1.2 米。M5 为长方形土坑竖穴墓。墓葬方向 97°。墓圹上口长 3.2 米，宽 2.1 米，深 3.45 米，墓壁近直。距开口 2.4 米有一周生土二层台，北台宽 0.24 ~ 0.38 米，东台宽 0.17 米，南台宽 0.23 ~ 0.26 米，西台宽 0.17 米，二层台斜壁内收至墓底，高 0.7 米。墓内填土为花土，略夯打（图七六；图版二○，1）。

（2）葬具与人骨

葬具为一木棺，残留白色板灰痕迹，木棺紧靠生土台放置，东西长 2.2 米、南北宽 0.75 米，残高 0.15 米。棺内发现一具人骨，保存较好，仰身屈肢，头东脚西，双臂及手呈上下叠压放于腹部，双腿右弯曲，女性，年龄在 40 ± 5 岁。

（3）随葬品

无随葬品。

4. M10

（1）位置与形制

M10 位于 I 区西南部，T0907 南部，M10 东与 M15 相邻，相距 3 米。M10 为长方形土坑竖穴墓，墓葬方向为 18°。墓口大底小，墓壁近直。墓圹上口长 2.1 米，宽 0.78 ~ 0.88 米，墓底长 1.98 米、宽 0.7 ~ 0.73 米，深 2.6 米。墓内填土为花土（图七七；图版二○，2）。

（2）葬具与人骨

葬具为一木棺，残留白色板灰痕迹，长 1.8 米，东宽 0.5 米，西宽 0.57 米，残高 0.18 米。棺内发现一具人骨，保存较完整。仰身屈肢，头北脚南，右手翻折置胸，左手置于盆骨上，右下肢左曲，男性，年龄 35 ± 5 岁。

（3）随葬品

出土铜带钩 1 件，位于墓主人盆骨左侧。

M10:1，青铜质，范铸。整体呈窄长琵琶形，蛇首钩，圆形钮。通长 7.5 厘米（图七八，1；图版一九，2）。

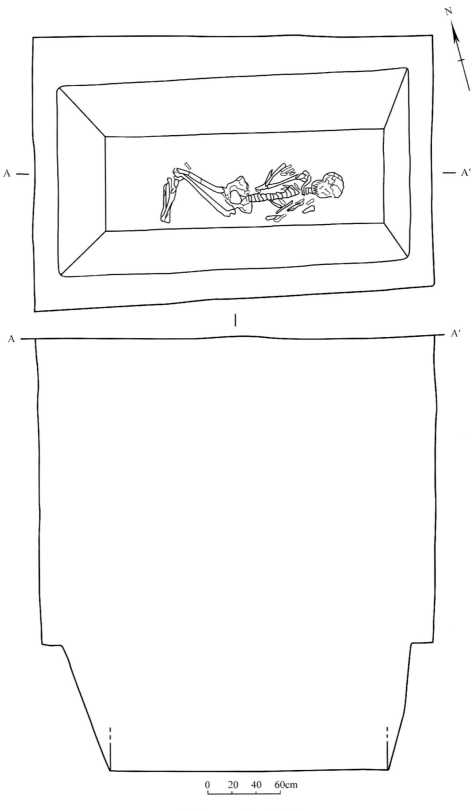

图七六　M5 平、剖面图

图七七　M10 平、剖面图

1. 铜带钩

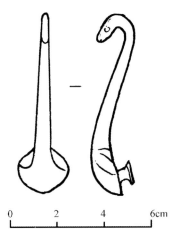

图七八　M10 出土铜带钩

5. M11

（1）位置与形制

M11 位于 I 区南部，T0703 东南部，M11 西与 M4 相邻，相距 1.5 米。M11 为长方形土坑竖穴墓。墓葬方向 14°。墓口大底小，墓壁斜直，墓圹上口长 3.06 米，北宽 1.8 米，南宽 1.9 米，墓底长 2.95 米，北宽 1.6 米，南宽 1.7 米，深 4.22 米。墓内填土为花土，略经夯打（图七九；图版二一，1）。

（2）葬具与人骨

葬具为一椁一棺，残存白色板灰痕迹，椁长 2.4 米，宽 1.3 米，板厚 0.07～0.08 米，残高 0.3 米；棺长 1.85 米，宽 0.95 米，板厚 0.1～0.12 米，残高 0.2 米。棺内发现一具人骨，保存较完整，仰身直肢，头北脚南，女性，年龄 40±5 岁。

（3）随葬品

出土随葬品 5 件（组）。骨簪 1 件，出土于墓主人头骨右侧；铜桥形饰 1 组（6 件），出土于墓主人胫骨之间；玉环 2 件，出土于墓主人右臂肱骨和尺骨内侧；铜带钩 1 件，出土于墓主人右盆骨上缘（图版二一，2）。

骨簪　1 件。

M11：1，兽骨磨制而成。呈扁条锥状，首端横剖面近长方形，尖端残缺。首端径 0.4、残长 23 厘米（图八〇，10；图版一九，3）。

铜桥形饰　6 件（图版一九，4）。

M11：2-1，青铜薄片制成。呈拱桥状，拱顶近边缘处有一小孔。通长 8.9、拱高 3.2 厘米

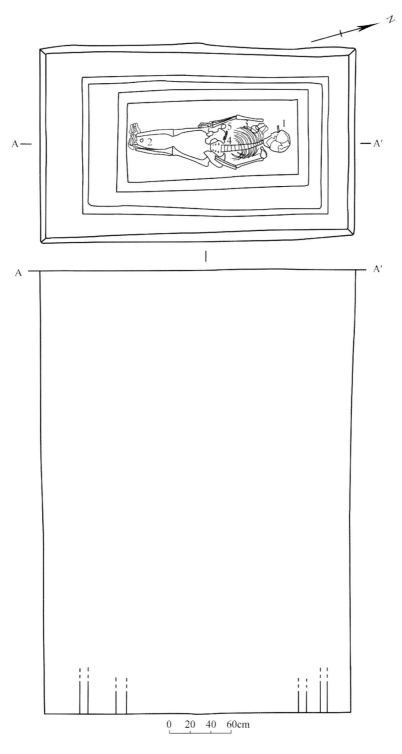

图七九　M11 平、剖面图

1. 骨簪　2. 铜桥形饰　3. 玉环　4. 铜带钩　5. 玉环

（图八〇，1）。

M11:2-2，青铜薄片制成。呈拱桥状，拱顶近边缘处有一小孔，左顶端残缺。通长8.9、拱高3.2厘米（图八〇，2）。

M11:2-3，青铜薄片制成。呈拱桥状，拱顶近边缘处有一小孔。右下端残缺。通长6.8、拱高3.2厘米（图八〇，3）。

M11:2-4，青铜薄片制成。呈拱桥状，拱顶近边缘处有一小孔。通长8.9、拱高3.2厘米（图八〇，4）。

M11:2-5，青铜薄片制成。呈拱桥状，拱顶近边缘处有一小孔。右下端残缺。残长7.5、拱高3.2厘米（图八〇，5）。

M11:2-6，青铜薄片制成。残存顶端，残长3.4厘米（图八〇，6）。

玉环2件。

M11:3，灰白色玉质，磨制。圆环状，横剖面呈五边形，内半部近方形，外半部近三角形。环外径2.9、内径1.6、环体横切面宽0.6厘米（图八〇，7；图版一九，5）。

M11:5，灰白色玉质，磨制。圆环状，横剖面呈五边形，内半部近长方形，外半部近三角形。环外径2.9、内径1.6、环体横切面宽0.7厘米（图八〇，8）。

铜带钩 1件。

M11:4，青铜，范铸。整体呈窄长琵琶形，钩面有两条脊线，钩首残缺，圆钮。残长7.2、钮上最宽处1.2厘米（图八〇，9；图版一九，6）。

6. M14

（1）位置与形制

M14位于Ⅰ区西部，T1208探方东部，M14东邻M22，相距1.5米。M14为长方形土坑竖穴墓。墓葬方向9°。墓口略大于墓底，墓壁近直。墓圹上口长2.82米，北宽1.9米，南宽2米，墓底长2.7米，南宽1.76米，北宽1.86米，深4.8米。墓圹西壁有一壁龛，平面为弧边长方形，拱形顶，北距南壁0.78米，距墓底0.9米，宽0.96米，高0.5米，进深0.42米（图版二二，2）。墓内填土为五花土，略经夯打（图八一；图版二二，1）。

（2）葬具与人骨

葬具为一木棺，残存白色板灰痕迹，长2米，北宽0.78米，南宽0.84米，残高0.2米，板厚度不详。木棺内发现一具人骨，保存较完整，仰身直肢，头北脚南，男性，年龄40±5岁。

（3）随葬品

出土随葬品11件。自北向南：陶鼎2件、陶小壶2件、陶盖豆1件、陶碗1件、陶壶1件、陶匜1件、陶壶1件、陶盖豆1件、陶碗1件，出土壁龛内。

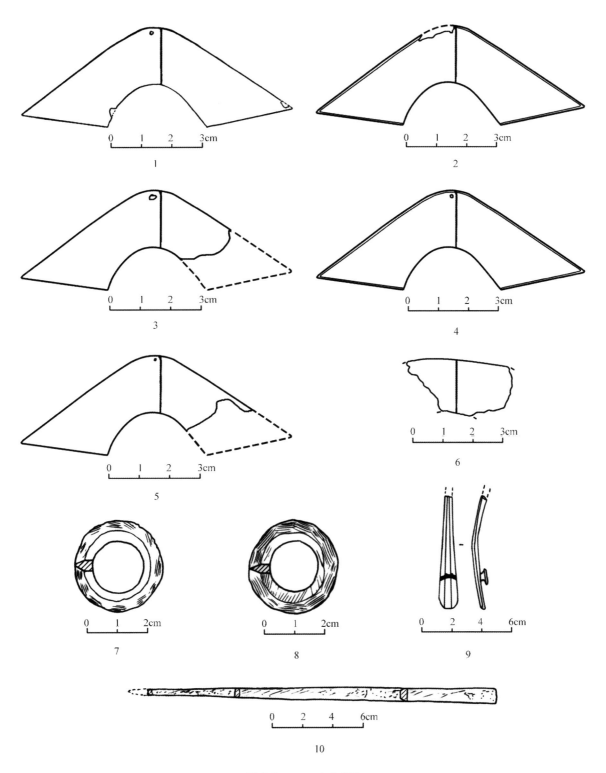

图八〇　M11 出土器物

1~6. 铜桥形饰（M11:2-1、M11:2-2、M11:2-3、M11:2-4、M11:2-5、M11:2-6）

7、8. 玉环（M11:3、M11:5）　9. 铜带钩（M11:4）　10. 骨簪（M11:1）

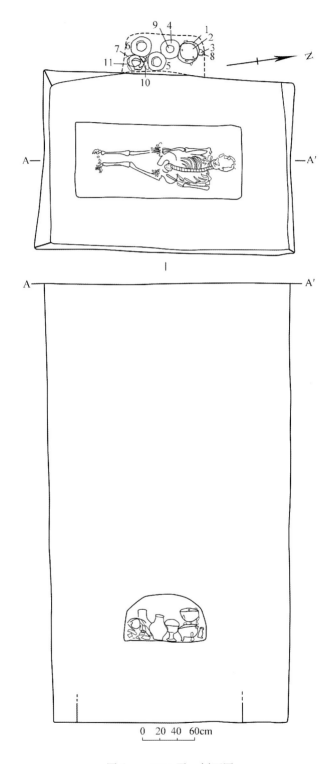

图八一　M14 平、剖面图

1、2. 陶鼎　3、8. 陶小壶　5、6. 陶壶　4、7. 陶盖豆　9、11. 陶碗　10. 陶匜

陶鼎　2件。

M14:1，泥质灰陶。覆钵形弧顶盖，盖面中部有三个等距板状半圆形钮，母口；鼎子口，深弧腹，圜底，三蹄形足，口沿下有1对长方形附耳，略外撇，上长方形穿。盖面饰4周黑色压光带状纹，其中盖面中心为黑色圆点，最外的带状纹之间饰卷云纹。口径16.6、腹径20、盖高6.4、通高20厘米（图八二，1；图版二三，1）。

M14:2，泥质灰陶。覆钵形弧顶盖，盖面中部有三个等距板状半圆形钮，母口；鼎子口，深弧腹，圜底，三蹄形足，口沿下有1对长方形附耳，略外撇，上长方形穿。鼎腹上部饰黑色压光"S"形卷云纹。口径18.3、腹径21.3、盖高6、通高20.8厘米（图八二，2；图版二三，2）。

陶小壶　2件。

M14:3，泥质灰陶。斗笠形盖，倒圆台形子口；壶敞口，圆唇，曲颈，斜肩，鼓腹，圆饼状底座。子母口为卯榫形式。盖直径4、高3.4厘米，壶口径3.8、腹径6.2、底座径5.6、通高13.2厘米（图八三，1；图版二三，3）。

M14:8，泥质灰陶。敞口，圆唇，曲颈，斜肩，鼓腹，圆饼状底座。口径4.1、腹径6.2、底座径5.7、通高11.3厘米（图八三，2；图版二三，4）。

陶盖豆　2件。

M14:4，泥质灰陶。覆钵形弧顶盖身，柱状短柄上接圆饼状捉手，捉手顶面稍内凹，母口；豆盘子口，深弧腹，柱状柄，喇叭口形底座。口径16.2、腹径18.2、底座径10.8、盖高8、通高24.1厘米（图八二，3；图版二三，5）。

M14:7，泥质灰陶。覆钵形弧顶盖身，柱状短柄上接圆饼状捉手，捉手顶面稍内凹，母口；豆盘子口，深弧腹，柱状柄，喇叭口形底座。腹部留有多周轮制痕迹。口径15.7、腹径18.1、底座径11.4、盖高7.5、通高23.2厘米（图八二，4；图版二三，6）。

陶壶　2件。

M14:5，泥质灰陶。覆钵形弧顶盖，子口；壶敞口，圆唇，长曲颈，圆肩，鼓腹，斜下腹内弧收，平底。盖径13.2、高3.1厘米，壶口径13.3、腹径22.2、底径10.2、通高32.2厘米（图八二，5；图版二四，1）。

M14:6，泥质灰陶。覆钵形弧顶盖，子口；壶敞口，圆唇，长曲颈，圆肩，鼓腹，斜下腹内弧收，平底。器身内部有数周凸棱。盖径13、高3厘米，壶口径13.1、腹径22.2、底径10.2、通高32.1厘米（图八二，6；图版二四，2）。

陶碗　2件。

M14:9，泥质灰陶。口微敞，圆唇，折腹，上腹较直，下腹斜收，假圈足，平底。内壁有数周同心圆弦纹。口径13.3、底径6.9、通高4.4厘米（图八三，4；图版二四，3）。

M14:11，泥质灰陶。直口，圆唇，斜弧腹，平底。内壁有数周同心圆弦纹。口径19.9、底径9.1、通高6厘米（图八三，5；图版二四，4）。

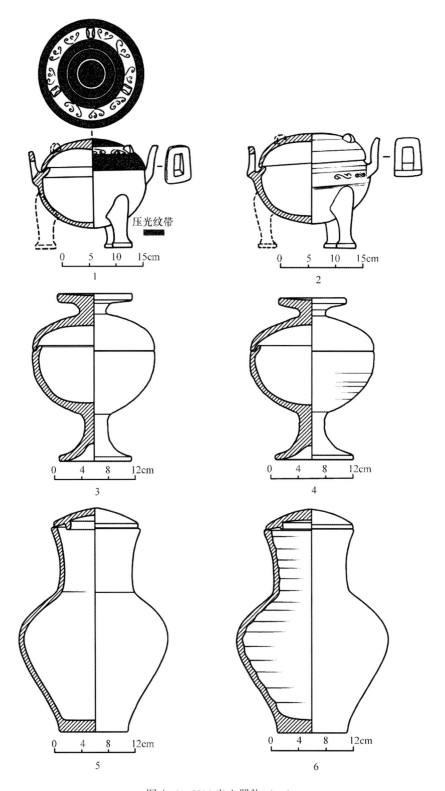

图八二　M14 出土器物（一）

1、2. 陶鼎（M14:1、M14:2）　　3、4. 陶盖豆（M14:4、M14:7）　　5、6. 陶壶（M14:5、M14:6）

陶匜　1件。

M14:10，泥质灰陶。直口，圆唇，折腹，平底，口沿一侧有半圆形流。已残。口径13.8、底径8.4、通高4.6厘米。流残长1.8、宽2.4厘米（图八三，3；图版二四，5）。

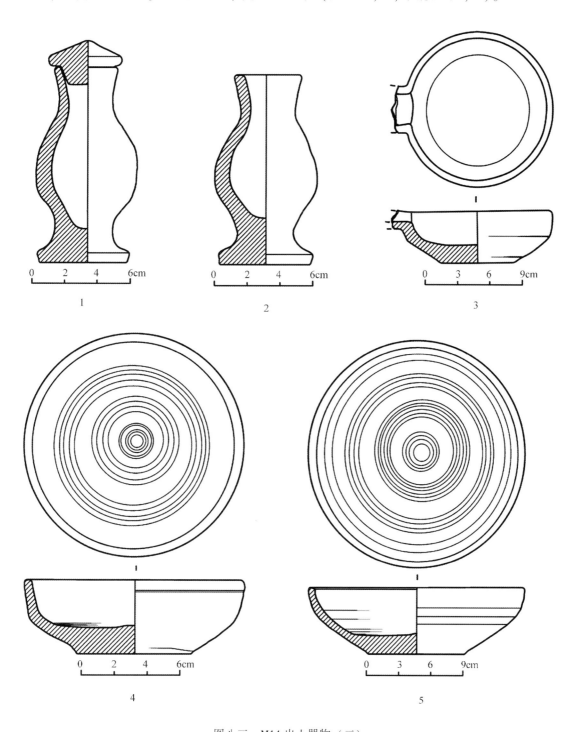

图八三　M14出土器物（二）

1、2. 陶小壶（M14:3、M14:8）　3. 陶匜（M14:10）　4、5. 陶碗（M14:9、M14:11）

7. M15

（1）位置与形制

M15 位于 I 区南部，T0807 西南角，M15 西与 M10 相邻，相距 3 米。M15 为长方形土坑竖穴墓。墓葬方向 12°。墓口大底小，墓壁斜直。墓圹上口长 2.55 米，东宽 1.35 米，西宽 1.4 米，墓底长 2.16 米，宽 1.15 米，深 2 米。距开口 1.5 米有一周生土二层台，北台宽 0.1 米，东台宽 0.13～0.16 米，南台宽 0.15 米，西台宽 0.22～0.24 米，二层台四壁较直，高 0.5 米。墓内填土为花土（图八四；图版二五，1）。

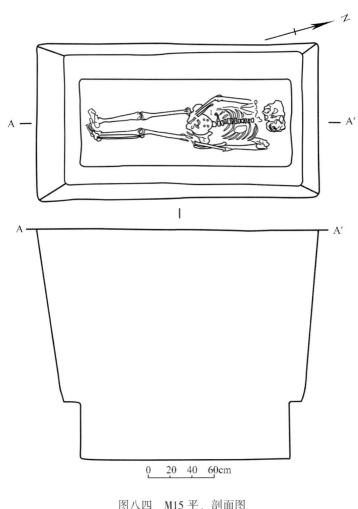

图八四　M15 平、剖面图

1. 铜带钩

（2）葬具与人骨

无葬具。墓内发现一具人骨，保存较好，仰身直肢，右手置于盆骨之上，头北脚南，男性，年龄 35±5 岁。

（3）随葬品

随葬品为铜带钩 1 件，出土于墓主人腰部右侧。

M15:1，青铜质，范铸。整体呈蝌蚪形，蛇首形钩，圆钮。通长 4.5 厘米（图八五；图版二四，6）。

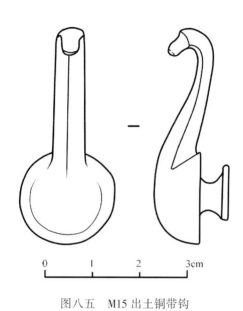

0　1　2　3cm

图八五　M15 出土铜带钩

8. M16

（1）位置与形制

M16 位于 I 区中部，T0807 东北角，M16 西南与 M15 相邻，相距 3 米。M16 为长方形土坑竖穴墓。墓葬方向 90°。墓圹上口长 2 米，东宽 0.72 米，西宽 0.75 米，墓壁直壁，深 2.2 米。墓内填土为五花土（图八六；图版二五，2）。

（2）葬具与人骨

葬具为一木棺，残存板灰痕迹，长 1.86 米，宽 0.52~0.55 米，残高 0.1 米。棺内发现一具人骨，保存较完整。仰身屈肢，头向东，双手置肩部，下肢跪折，女性，年龄 40±5 岁。

（3）随葬品

无随葬品。

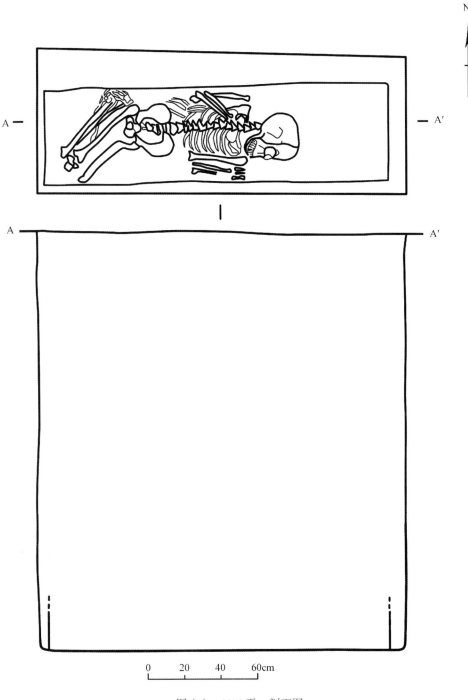

图八六　M16 平、剖面图

9. M17

（1）位置与形制

M17 位于 I 区西部，T1008 东南角。M17 为长方形土坑竖穴墓。墓葬方向 9°。墓圹长 2.64 米，宽 1.74～1.8 米，墓壁直壁，深 3.85 米。墓内填土为花土（图八七；图版二六，1）。

（2）葬具与人骨

葬具为一木棺，残留白色板灰痕迹，长 1.8 米，宽 0.58 米，木棺高度、厚度不详。棺内发现一具人骨，保存较完整，仰身屈肢，头北脚南，右下臂弯曲置于左腹部，左下臂翻折搭置左肩，下肢左曲，女性，年龄 30±5 岁。

（3）随葬品

出土随葬品 10 件。其中陶器 9 件，自北至南：陶壶 2 件、陶匜 1 件、陶盖豆 2 件、陶碗 1 件、陶小壶 1 件、陶鼎 1 件、陶盘 1 件，出土于木棺西侧与墓壁之间。铁带钩 1 件，出土于墓主人右股骨右侧（图版二六，2）。

陶壶　2 件。

M17:1，泥质灰陶。覆钵形弧顶盖，子口；壶敞口，圆唇，长曲颈，溜肩，鼓腹，下腹弧收，平底。盖径 12.4、高 2.6 厘米，壶口径 12.2、腹径 21.1、底径 10、通高 28.1 厘米（图八八，1；图版二七，1）。

M17:2，泥质灰陶。敞口，方唇，唇外缘外侈，唇面内凹，长曲颈，溜肩，鼓腹，下腹斜收，腹下部有一周折棱，平底。口径 14.1、腹径 20、底径 9.8、通高 25.6 厘米（图八八，2；图版二七，2）。

陶匜　1 件。

M17:3，泥质灰陶。敞口，圆唇，折腹，上腹近直，微内折，下腹斜收，底内凹，口沿一侧有半圆形流。口径 13.4、底径 6.1、通高 5.6 厘米；流口宽 3.9、残长 1 厘米（图八九，3；图版二七，6）。

陶盖豆　2 件。

M17:4，泥质灰陶。覆钵形弧顶盖身，亚腰柱状短柄上接圆饼状捉手。豆盘子口，尖圆唇，深弧腹，管状柄，喇叭口形底座。豆盘略倾斜。口径 15.6、腹径 18.1、底径 11.7、盖高 8.7、通高 24.9 厘米（图八九，1；图版二七，3）。

M17:5，泥质灰陶。豆盘子口，尖圆唇，深弧腹，柱状柄，喇叭口形底座；底座有 2 周凹弦纹。口径 15.4、腹径 17.8、底径 10.9、通高 15.9 厘米（图八九，2；图版二七，4）。

陶鼎　1 件。

M17:6，泥质灰陶。覆钵形弧顶盖，盖面中部有三个等距半圆形板状钮；鼎子口，深弧腹，圜底，三蹄形足，口沿下有 1 对长方形附耳，略外撇，上长方形穿。口径 15.7、腹径 18.7、

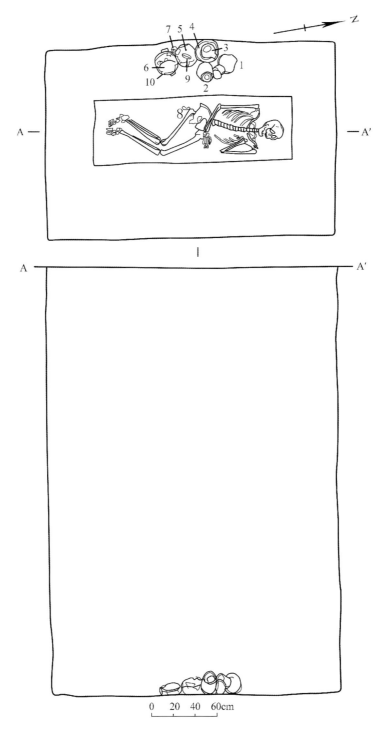

图八七　M17 平、剖面图

1、2. 陶壶　3. 陶匜　4、5. 陶盖豆　6. 陶鼎　7. 小陶壶　8. 铁带钩　9. 陶碗　10. 陶盘

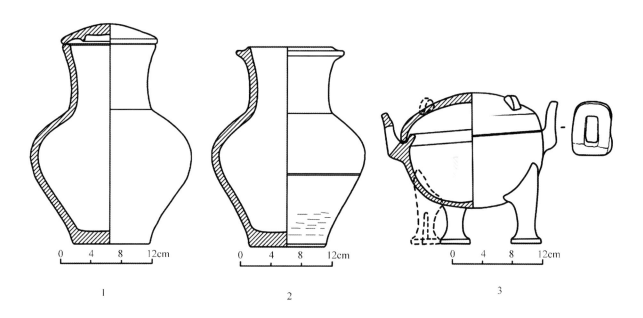

图八八　M17 出土器物（一）

1、2. 陶壶（M17：1、M17：2）　3. 陶鼎（M17：6）

盖高 5.4、通高 19.5 厘米（图八八，3；图版二七，5）。

陶小壶　1 件。

M17：7，泥质灰陶。斗笠形盖，倒圆台形子口；壶敞口，圆唇，长曲颈，斜肩，鼓腹，圆饼状底座。盖、壶子母口呈卯榫状。盖径 4、高 1.9 厘米，口径 4.1、腹径 6.1、底径 5.9、通高 11.9 厘米（图八九，6）。

陶碗　1 件。

M17：9，泥质灰陶。直口，尖圆唇，上腹较直，下腹斜收，内平底，外假圈足。口径 13.3、底径 6.7、通高 4.7 厘米（图八九，4；图版二八，1）。

陶盘　1 件。

M17：10，泥质灰陶。敛口，方唇，浅弧腹，内平底，外矮假圈足。口径 20.1、底径 9.3、通高 6.3 厘米（图八九，5；图版二八，2）。

铁带钩　1 件。

M17：8，锈蚀，残损严重。钩首及钮缺失，仅余钩体。残长 4 厘米（图八九，7）。

10. M18

（1）位置与形制

M18 位于Ⅰ区东部，T0607 西部。M18 为长方形土坑竖穴墓。墓葬方向 92°。墓葬口大底

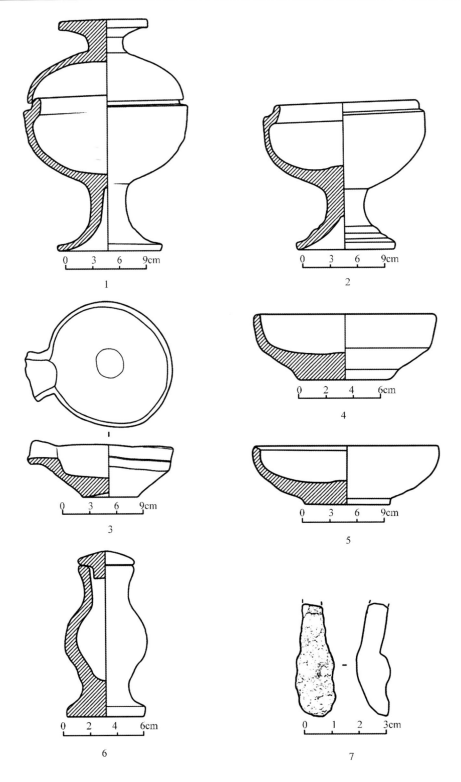

图八九　M17 出土器物（二）

1、2. 陶盖豆（M17:4、M17:5）　3. 陶匜（M17:3）　4. 陶碗（M17:9）

5. 陶盘（M17:10）　6. 陶小壶（M17:7）　7. 铁带钩（M17:8）

小，墓壁斜直。墓圹上口长 2.5 米，东宽 1.3 米，西宽 1.6 米；距开口 2.2 米有 1 周生土二层台，东、西台面宽 0.1 米，南、北台面宽 0.12 ~ 0.26 米，二层台直壁，高 0.56 米；墓底长 1.95 米，宽 0.7 ~ 0.78 米。墓内填土为花土（图九〇；图版二九，1）。

（2）葬具与人骨

葬具为一木棺，残留板灰痕迹，木棺长 1.9 米，东宽 0.68 米，西宽 0.72 米，残高 0.2 米。棺内发现一具人骨，保存较完整，仰身屈肢，下肢跪折，头东脚西，男性，年龄 20 ± 5 岁。

（3）随葬品

无随葬品。

11. M22

（1）位置与形制

M22 位于 I 区西部，T1108 南部，M22 西与 M14 相邻，相距 1.5 米。M22 为长方形土坑竖穴墓。墓葬方向 14°。墓葬口大底小，墓壁斜直。墓圹上口长 2.9 米，北宽 1.8 米，南宽 1.6 米。距墓口 3.75 米处有一周生土二层台，北台面宽 0.2 米，南台面宽 0.13 米，东台面宽 0.15 ~ 0.3 米，西台面 0.2 ~ 0.25 米，二层台直壁，高 0.3 米；墓底长 2.3 米，北宽 1.2 米，南宽 1.15 米，深 4.15 米。墓内填土为花土，略夯打（图九一；图版二九，2）。

（3）葬具与人骨

葬具为一椁一棺，椁长 2.2 米，宽 1.17 ~ 1.09 米，板厚 0.08 米，残高 0.29 米；棺长 1.9 米，宽 0.54 米，板厚 0.05 米，残高 0.15 米。棺内发现一具人骨，保存较完整，仰身直肢，头北脚南，女性，年龄 30 ± 5 岁。

（3）随葬品

随葬品 12 件。其中陶器 11 件，出土于西侧的棺椁之间，由北至南：陶壶 2 件、陶盖豆 2 件、陶鼎 2 件、陶小壶 2 件、陶钵 1 件、陶盘 1 件、陶匜 1 件。骨簪 1 件，出土于棺内墓主人头顶部。

陶壶　2 件。

M22:1，泥质灰陶。斗笠形弧顶盖，子口；壶敞口，斜圆唇，长曲颈，圆肩，鼓腹，下腹弧收，假圈足，平底。通体磨光。顶盖中心饰 1 黑色压光圆点，外饰 3 周黑色压光带状纹；颈、肩及上腹部饰数周宽黑色压光带状纹，肩部带状纹间压印 1 周波折纹纹。盖径 12.5、高 3.3 厘米，壶口径 12.3、腹径 22.5、底径 11.3、通高 31.6 厘米（图九二，1；图版三〇，1）。

M22:2，泥质灰陶。斗笠形弧顶盖，顶中部凸起，子口；壶敞口，方唇，长曲颈，溜肩，鼓腹，下腹弧收，平底。盖径 12.5、高 3.2 厘米，口径 12.4、腹径 22.7、底径 10.8、通高 32.2 厘米（图九二，2；图版三〇，2）。

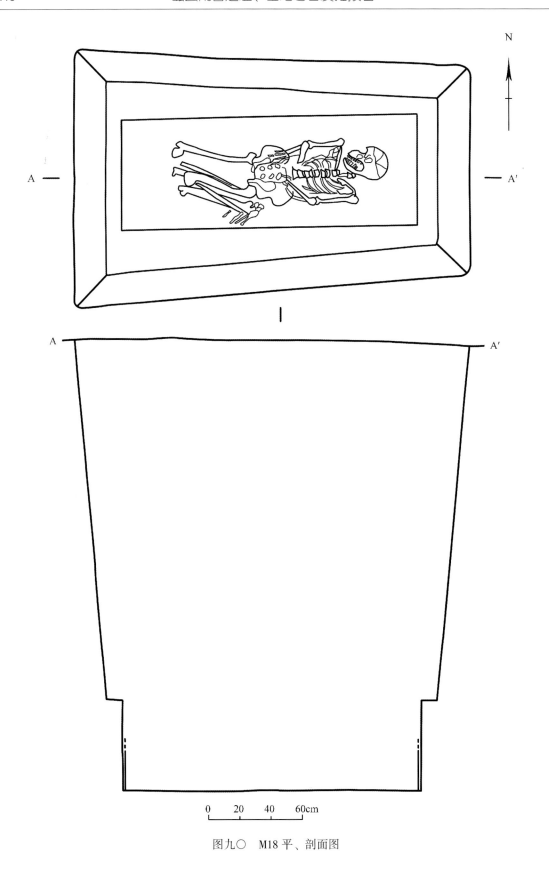

图九〇　M18 平、剖面图

图九一　M22 平、剖面图

1、2. 陶壶　3、4. 陶盖豆　5、6. 陶鼎　7、8. 陶小壶　9. 陶钵

10. 陶盘　11. 骨簪　12. 陶匜（在 6 号陶鼎下）

陶盖豆　2件

M22：3，泥质灰陶。覆钵形弧顶盖身，亚腰柱状短柄上接圆饼状捉手，母口；豆盘子口，深弧腹，腹下垂，柱状柄，喇叭口形底座。捉手顶面饰2周压光弦纹，豆盘腹部饰数周弦纹。口径15.7、腹径18.8、底座径11.3、盖高7.6、通高23.1厘米（图九二，3；图版三〇，3）。

M22：4，泥质黑灰陶。覆钵形弧顶盖身，亚腰柱状短柄上接圆饼状捉手，母口；豆盘子口，深弧腹，柱状柄，喇叭口形底座。捉手顶面中心饰黑色压光圆点，外饰2周黑色压光带状纹。口径17.1、腹径19、底座径13.5、盖高6.5、通高22.4厘米（图九二，4；图版三〇，4）。

陶鼎　2件。

M22：5，泥质灰陶。覆钵形弧顶盖，盖面中部有三个等距半圆形板状钮，母口；鼎子口，折腹，上腹略直，下腹弧收，尖圆底，三蹄形足，口沿下有1对长方形附耳，略外撇，上长方形穿。口径16.8、腹径20.8、盖高5.2、通高19.4厘米（图九二，5；图版三〇，5）。

M22：6，泥质灰陶。覆钵形弧顶盖，顶部近平，盖面中部有三个等距半圆形板状钮，母口；鼎子口，弧腹，圜底，三蹄形足，口沿下有1对长方形附耳，略外撇，上长方形穿。上腹饰一周凹弦纹。口径15.1、腹径20.3、盖高5.2、通高18.6厘米（图九二，6；图版三〇，6）。

陶小壶　2件。

M22：7，泥质灰陶。敞口，圆唇，束颈，斜肩，长鼓腹，圆饼状底座。口径3.9、腹径7.4、底座径6.3、通高14.1厘米（图九三，1；图版三一，1）。

M22：8，泥质灰陶。圆饼状顶盖，盖面中心有一圆锥凸起，倒圆台形子口；敞口，圆唇，短束颈，斜肩，鼓腹，圆饼状底座。盖、壶子母口呈卯榫状。盖径4.6、高2.2厘米，壶口径4.5、腹径7.5、底座径6.2、通高14.4厘米（图九三，2；图版三一，2）。

陶钵　1件。

M22：9，泥质灰陶。侈口，圆唇，弧腹，下腹弧收，假圈足，足底内凹。口径10.7、腹径10.1、底径3.3、通高5厘米（图九三，4；图版三一，3）。

陶盘　1件。

M22：10，泥质灰陶。直口，方唇，浅腹，上腹略弧，下腹斜收，平底，底稍内凹。口径19.1、腹径19、底径7.3、通高4.8厘米（图九三，5；图版三一，4）。

陶匜　1件。

M22：12，泥质灰陶。直口，方唇，浅弧腹，平底，口沿一侧有残半圆形流。口径14.4、底径5.2、通高4.8厘米；流首残长1.6、流口宽2.2厘米（图九三，3；图版三一，6）。

骨簪　1件。

M22：11，兽骨磨制而成。呈细长扁条形，首粗尾尖。首端横断面呈梯形。表面琢磨光滑。通长10.5、首部径0.3厘米（图九三，6；图版三一，5）。

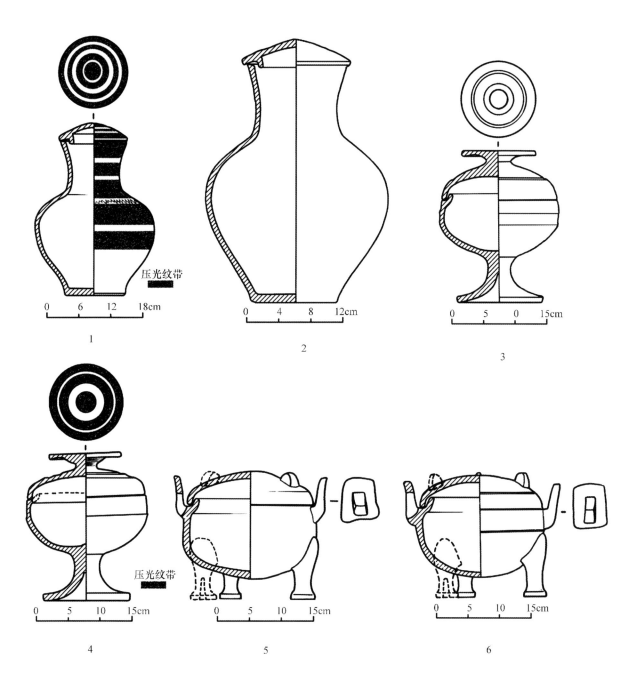

压光纹带

压光纹带

图九二 M22 出土器物（一）

1、2. 陶壶（M22:1、M22:2） 3、4. 陶盖豆（M22:3、M22:4） 5、6. 陶鼎（M22:5、M22:6）

12. M23

（1）位置与形制

M23 位于Ⅰ区西部，T1106 西南部，M23 西北与 M35 相邻，相距 1.5 米。M23 为长方形土

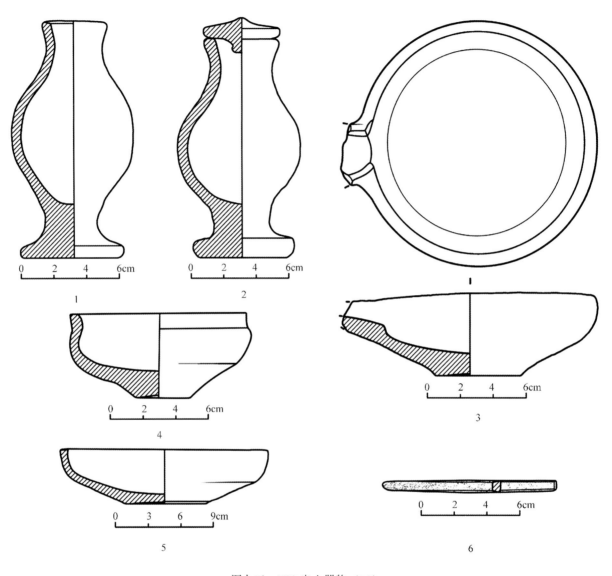

图九三　M22 出土器物（二）

1、2. 陶小壶（M22∶7、M22∶8）　3. 陶匜（M22∶12）　4. 陶钵（M22∶9）

5. 陶盘（M22∶10）　6. 骨簪（M22∶11）

坑竖穴墓。墓葬方向28°。墓圹长1.6米，宽0.72～0.78米，墓壁近直，深1.2米。墓内填土为花土，略经过夯打（图九四；图版三二，1）。

（2）葬具与人骨

葬具为一木棺，长1.4米，宽0.54～0.58米，残高0.2米。棺内发现一具人骨，保存较差，仰身屈肢，头北脚南，左手置于腹部，下肢右曲，女性，年龄15±5岁。

（3）随葬品

无随葬品。

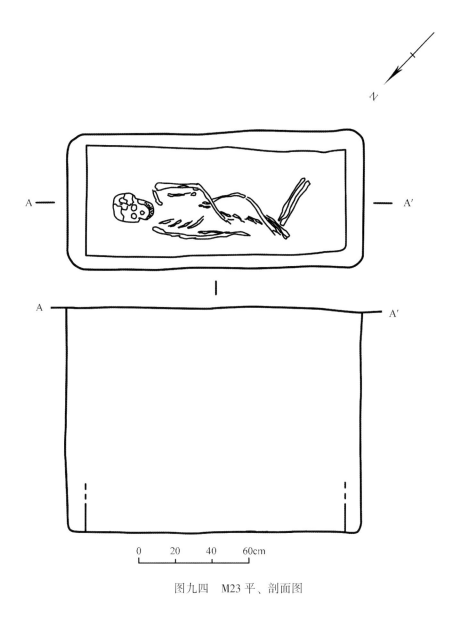

图九四　M23 平、剖面图

13. M28

（1）位置与形制

M28 位于Ⅰ区区北部，T0811 中部。M28 为长方形土坑竖穴墓，墓葬方向 4°。墓圹长 1.5 米，北宽 0.8 米，南宽 0.68 米，墓壁近直，深 2 米。墓内填土为花土，略夯打（图九五；图版三二，2）。

（2）葬具与人骨

无葬具，墓内一具人骨，保存较差，仰身屈肢，头北脚南，面向右侧，头部有砍割痕迹，男性，年龄 30 ± 5 岁。人骨右侧 0.12 米处砌筑 2 段南北向河卵石条，北部长 0.51 米，南部长 0.34 米。

（3）随葬品

无随葬品。

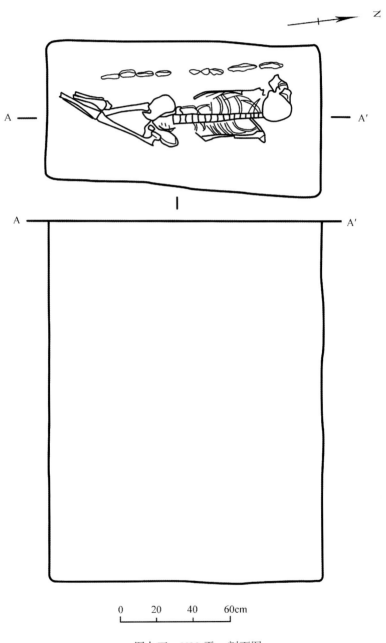

图九五　M28 平、剖面图

14. M34

（1）位置与形制

M34 位于Ⅰ区北部，T0613 西部。M34 为长方形土坑竖井墓道偏洞室墓，墓葬方向 95°。长方形竖穴墓道位于洞室南侧，长 2.2 米，宽 1.2 米，直壁，平底，深 2.9 米。在长方形竖井墓道的北壁掏挖东西向横向洞室，洞室距东壁 0.2 米，距西壁 0.22 米，拱形顶；洞口立面呈圆角长方形，宽 1.96 米，高 1.2 米；洞室底面呈弧边长方形，长 1.96 米，宽 0.72 米，高 1.32 米；洞室底部四周为生土二层台，二层台北台面宽 0.12 ~ 0.15 米，西台面宽 0.18 ~ 0.25 米，南台面宽 0.12 ~ 0.18 米，二层台直壁，高 0.28 米。墓内填土为花土，略夯打（图九六；图版三三，1）。

（2）葬具与人骨

葬具为一木棺，残留白色板灰痕迹，长 1.7 米，北宽 0.46 米，南宽 0.58 米，残高 0.3 米，板厚 0.03 米。棺内发现一具人骨，保存较好，侧身屈肢，左手置于盆骨之上，左下肢右屈置于右下肢之上，头东足西，面向右侧，女性，年龄 25 ± 5 岁。

（3）随葬品

随葬品为铜带钩 1 件，出土于墓主人脚下（图版三三，2）。

M34：1，青铜质，范铸。整体呈窄长琵琶状，钩面有两条脊线，背面圆钮。保存完整。通长 11.7 厘米（图九七，1；图版二八，3）。

15. M35

（1）位置与形制

M35 位于Ⅰ区西部，T1106 西北部，M35 东南与 M23 相邻，相距 1.5 米。M35 为长方形土坑竖穴墓，墓葬方向为 20°。墓圹长 1.66 米，北宽 0.74 米，南宽 0.8 米，墓壁近直，墓坑深 1.34 米。墓内填土为花土，略经夯打（图九八；图版三四，1）。

（2）葬具与人骨

无葬具，墓内一具人骨，保存较完整，侧身屈肢，头北脚南，面向右侧，上肢弯折置于胸部，下肢跪折右屈，男性，年龄 25 ± 5 岁。

（3）随葬品

无随葬品。

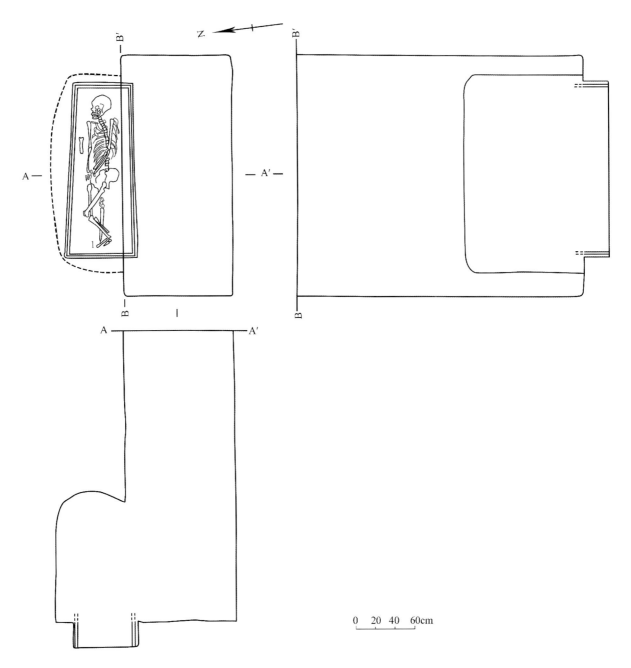

图九六 M34 平、剖面图

1. 铜带钩

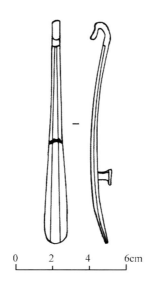

图九七　M34 出土铜带钩

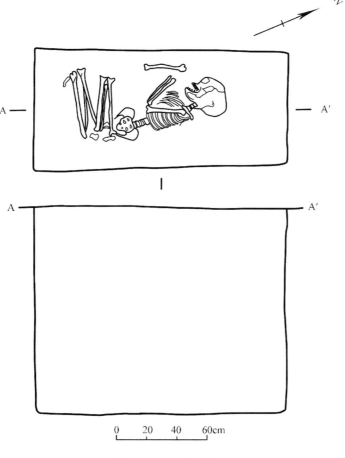

图九八　M35 平、剖面图

16. M37

（1）位置与形制

M37位于Ⅰ区南部，T0705东部，M37东与M2相邻，相距1.5米，M37西与M42相邻，相距0.9米。M37为长方形土坑竖穴墓，被M25和M19打破。墓葬方向13°。墓口略大于墓底，墓壁斜直，墓圹上口长3.22米，北宽1.68米，南宽1.76米，墓底长3.1米，北宽1.54米，南宽1.62米，深3.9米。墓内填土为花土（图九九；图版三四，2）。

（2）葬具与人骨

葬具为一木棺，残留白色板灰痕迹，棺长2.06米，宽0.7~0.75米，残高0.2米。棺内发现一具人骨，保存较完整，仰身屈肢，左下肢右曲置于右下肢之上，头北脚南，面向上，男性，年龄35±5岁。

（3）随葬品

随葬铜饰残件1件，位于棺内墓主人脚骨右侧。

M37:1，青铜，范铸。整体呈U形。残长1.1、最大宽1.2厘米（图一〇〇，1）。

17. M40

（1）位置与形制

M40位于Ⅰ区中部，T0711北部。M40为长方形土坑竖穴墓，东部被M39打破，墓葬方向107°。墓口略大于墓底，墓壁斜直，墓圹长3.38米，宽2.25米，墓底长35米、宽1.98米，墓坑深5.05米。南壁距东壁1.05米处向外掏挖一壁龛，距墓底0.78米，底面呈弧角长方形，拱形顶，宽0.95米，高0.53米，进深0.5米（图版三五，2）。墓底有一周生土二层台，北台面宽0.13~0.25米，东台面宽0.04米，南台面宽0.07~0.19米，西台面宽0.33米，二层台直壁，台高0.57米。墓内填土为花土，略经夯打（图一〇一；图版三五，1）。

（2）葬具与人骨

葬具为一棺一椁，残留白色板灰痕迹。椁长2.7米，宽1.7米，残高0.3米，棺长2.1米，宽0.75米，残高0.25米。棺内发现一具人骨，保存较为完好，仰身直肢，头东脚西，双臂自然下垂，双脚并拢，男性，年龄40±5岁。

（3）随葬品

出土随葬品11件。其中陶器9件，自西至东：陶壶1件、陶小壶1件、陶壶1件、陶盖豆1件、陶小壶1件、陶鼎1件、陶匜1件、陶盖豆1件、陶鼎1件，出土于壁龛内；铜剑1件，出土于棺内墓主人左小腿骨外侧，柄西尖东。铜带钩1件，出土于棺内墓主人左股骨外侧。

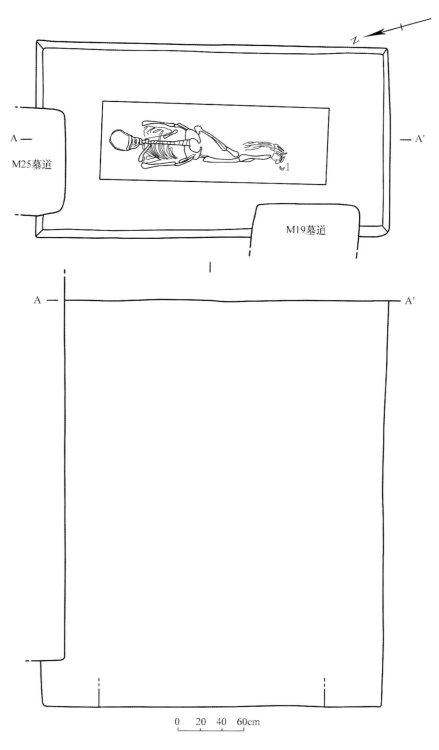

图九九　M37 平、剖面图

1. 铜饰件

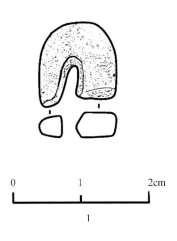

0　　　　1　　　　2cm

1

图一〇〇　M37 出土铜饰件

铜剑　1 件。

M40:1，青铜质。圆首，实圆茎，两箍，宽格，中脊凸起较明显。长 42.8、宽 4.4、脊厚 0.4 厘米（图一〇三，1；图版三六，1）。

铜带钩　1 件。

M40:2，青铜质，范铸。整体呈蝌蚪形，蛇形首，圆饼形钩体，圆钮。通长 7.8 厘米（图一〇三，3；图版三六，2）。

陶鼎　2 件。

M40:3，泥质灰陶。覆钵形弧顶盖，盖面中部有三个等距板状半圆形钮，母口；鼎子口，弧腹，圜底，三矮蹄形足，口沿下有 1 对附耳，略外撇，上长方形穿。口径 16.7、腹径 20.1、盖高 5.1、通高 16 厘米（图一〇二，1；图版三六，3）。

M40:4，泥质灰陶。覆钵形弧顶盖，盖面中部有三个等距板状半圆形钮，母口；鼎子口，弧腹，圜底，三矮蹄形足，口沿下有 1 对附耳，略外撇，上长方形穿。口径 16.7、腹径 20.5、盖高 5.5、通高 16.4 厘米（图一〇二，2；图版三六，4）。

陶盖豆　2 件。

M40:5，泥质灰陶。覆钵形弧顶盖身，亚腰柱状短柄上接圆饼形捉手，捉手顶面略内凹，母口；豆盘子口，斜弧腹，亚腰管状柄，喇叭口形底座。豆盘腹部饰 3 周凹弦纹。口径 16.5、腹径 18.7、底座径 12.1、盖高 4.1、通高 22 厘米（图一〇二，3；图版三六，5）。

M40:6，泥质灰陶。覆钵形弧顶盖身，亚腰柱状短柄上接圆饼形捉手，母口；豆盘子口，斜弧腹，亚腰管状柄，喇叭口形底座。口径 13.1、腹径 15.2、底座径 9.9、盖高 6.6、通高 18.1 厘米（图一〇二，6；图版三六，6）。

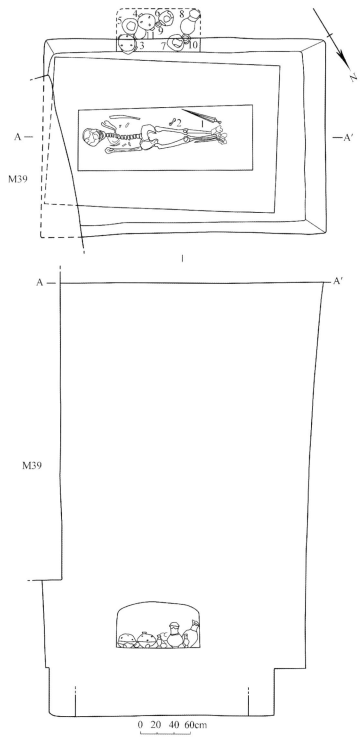

图一〇一 M40 平、剖面图

1. 铜剑 2. 铜带钩 3、4. 陶鼎 5、6. 陶盖豆

7、8. 陶壶 9、10. 陶小壶 11. 陶匜

陶壶　2件。

M40：7，泥质灰陶。斗笠形盖，子口；壶口沿残，长曲颈，圆肩、鼓腹，下腹弧内收，假圈足、平底。盖径12.1、高3.3厘米，壶腹径21.8、底径11.1、残高25.4厘米（图一〇二，4；图版四〇，5）。

M40：8，泥质灰陶。斗笠形盖，子口；壶敞口，方唇，长曲颈，溜肩、鼓腹，下腹斜收，假圈足，平底。盖径11.8、高2.8厘米，壶口径11.7、腹径21.3、底径11.1、通高30.1厘米（图一〇二，5；图版四〇，6）。

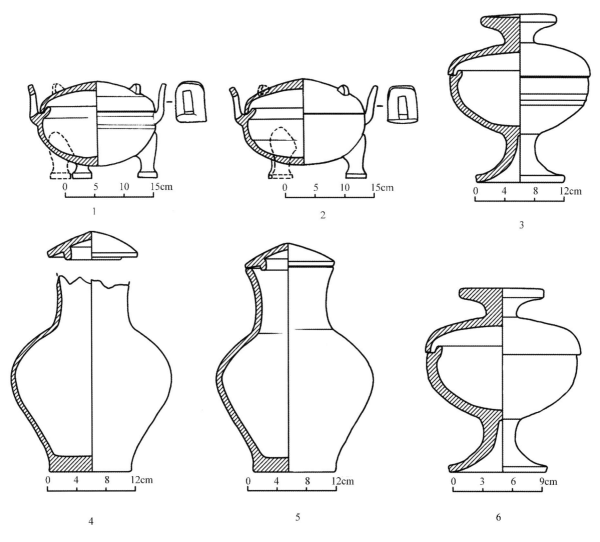

图一〇二　M40 出土器物（一）

1、2.陶鼎（M40：3、M40：4）　3、6.陶盖豆（M40：5、M40：6）　4、5陶壶（M40：7、M40：8）

陶小壶　2件。

M40：9，泥质灰陶。敞口，圆唇，短束颈，斜肩，长鼓腹，圆饼形底座。口径3.9、腹径

5.9、底座径6.1、通高10.9厘米（图一〇三，5；图版二八，4）。

M40:10，泥质灰陶。斗笠形盖，倒圆台形子口；壶敞口，圆唇，束颈，斜肩长鼓腹下垂，圆饼形底座。子母口呈卵榫状。盖径4.2、高1.3厘米，壶口径4.1、腹径6.6、底座径7.1、通高12.2厘米（图一〇三，4；图版二八，5）。

陶匜　1件。

M40:11，泥质灰陶。直口，圆唇，弧腹下折内收，平底，口沿一侧有半圆形流。口径13.6、腹径13.4、底径6.3、通高4.8厘米，流口长3、宽1.8厘米（图一〇三，2；图版二八，6）。

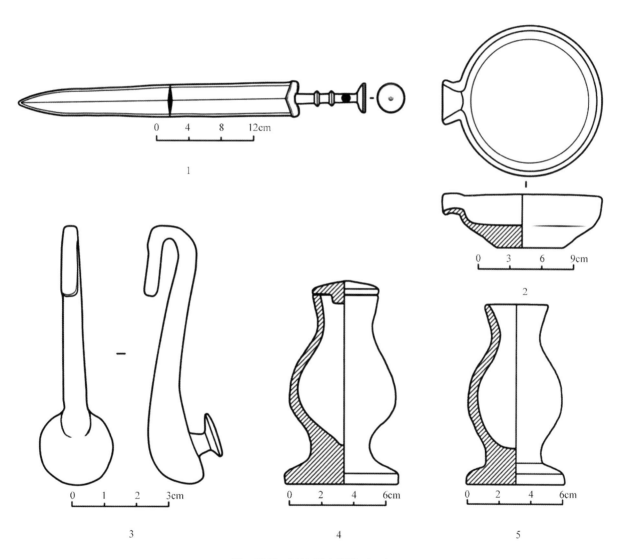

图一〇三　M40 出土器物（二）

1. 铜剑（M40:1）　2. 陶匜（M40:11）　3. 铜带钩（M40:2）　4、5. 陶小壶（M40:10、M40:9）

18. M42

（1）位置与形制

M42 位于 I 区南部，T0705 中部，M42 东与 M37 相邻，相距 0.9 米。M42 为长方形土坑竖穴墓，北侧被 M6 打破，南侧被 M19 打破。墓葬方向 12°。墓圹残长 0.98 米，宽 0.88～0.82 米，深 2.16 米。墓内填土为花土，略经夯打（图一〇四）。

（2）葬具与人骨

无葬具，墓内发现一具人骨，残存腹部脊椎、股骨以及尺骨、桡骨等，推测头北脚南，性别、年龄、葬式不详。

（3）随葬品

无随葬品。

19. M53

（1）位置与形制

M53 位于 I 区中部，T0810 南部。M53 为长方形土坑竖穴墓，被 M31 打破，墓葬方向 16°。墓葬口大底小，墓壁斜直。墓圹上口长 3.1 米，宽 2.4～2.45 米，墓底长 2.64 米，宽 1.76～1.78 米，深 5.7 米。西壁中部距南壁 0.76 米向外掏挖一壁龛，距墓底 0.78 米，拱形顶，底面呈弧角长方形，宽 1.2 米，高 0.62 米，进深 0.48 米（图版三七，2）。墓内填土为花土，略经夯打（图一〇五；图版三七，1）。

（2）葬具与人骨

葬具为一椁一棺，残留白色板灰痕迹，椁长 2.26 米，宽 1.3～1.32 米，残高 0.27 米，残高 0.25 米，板厚 0.15 米；棺长 1.88 米，北宽 0.54 米，南宽 0.6 米，板高度、厚度不详。棺内发现一具人骨，保存较完好，仰身直肢，头北脚南，面向左侧，男性，年龄 40±5 岁。

（3）随葬品

出土随葬品 15 件。其中陶器 14 件，出土于壁龛内，自北至南：陶碗 1 件、陶盘 1 件、陶壶 2 件、陶盖豆 1 件、陶小壶 2 件、陶筒形器 1 件、鸟柱盘 1 件、陶鼎 2 件、陶平盘豆 2 件、陶盖豆 1 件。铜带钩 1 件，出土于棺内墓主人左膝外侧。

陶碗　1 件。

M53：1，泥质灰陶。敞口，圆唇，上腹近直，下腹内弧收，假圈足，内平底。碗内壁饰数周压光黑色带状纹。口径 16.4、底径 8.2、通高 5.1 厘米（图一〇六，1；图版三九，5）。

陶盘　1 件。

M53：2，泥质灰陶。敞口，圆唇，浅弧腹，假圈足，内平底。口径 20.5、底径 8.8、通高

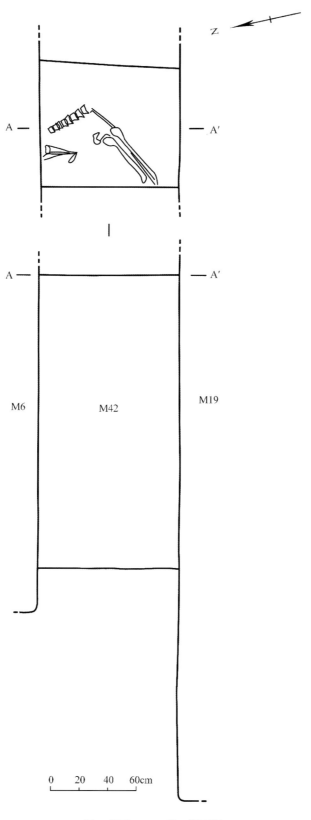

图一〇四　M42 平、剖面图

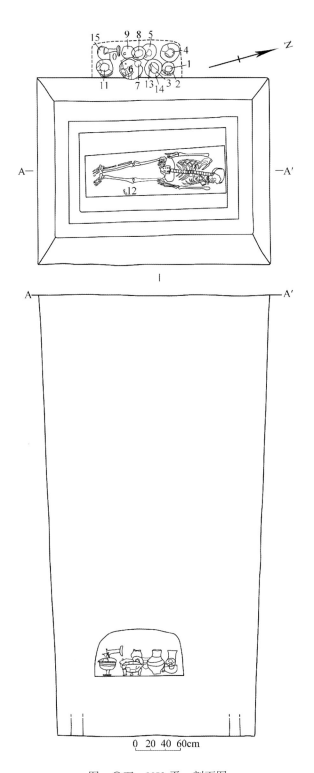

图一〇五　M53 平、剖面图

1. 陶碗　2. 陶盘　3、4. 陶壶　5、11. 陶盖豆　6、9. 陶鼎　7. 陶筒形器

8. 陶鸟柱盘　10、15. 陶平盘豆　12. 铜带钩　13、14. 陶小壶

5.1 厘米（图一〇六，7；图版三九，6）。

陶壶　2 件。

M53：3，泥质灰陶。斗笠形盖，子口；壶敞口，圆唇，长曲颈，圆肩，长鼓腹斜内收，平底。盖面饰多周弦纹，颈部饰 3 周宽黑色压光带纹；肩、腹部饰 2 周宽黑色压光带纹，间饰 2 周黑色波折纹、1 周 S 形卷云纹。盖径 15.2、高 4 厘米，壶口径 14.4、腹径 26.5、底径 13、通高 34.2 厘米（图一〇七，1；图版三八，1）。

M53：4，泥质灰陶。斗笠形盖，子口；壶敞口，方唇，长曲颈，圆肩，鼓腹，下腹弧内收，假圈足，平底。通体磨光；盖面饰 6 周黑色压光同心圆弦纹，间饰 2 周波折纹；壶颈部饰 3 周宽黑色压光带纹；肩、腹部饰 2 周宽黑色压光带纹，间饰 2 周黑色波折纹、1 周 S 形卷云纹。盖径 14.6、高 3.6 厘米，口径 15.1、腹径 27、底径 13.6、盖高 3.6、通高 33.4 厘米（图一〇七，2；图版三八，2）。

陶盖豆　2 件。

M53：5，泥质灰陶。覆钵形弧顶盖身，亚腰柱状短柄上接圆饼状捉手，捉手顶面略内凹，母口；豆盘子口，深弧腹，亚腰形管状柄，喇叭口形底座。盖面中心饰黑色压光圆点，外饰 2 周黑色压光带纹，外饰多周黑色压光弦纹。豆盘腹部饰 2 周黑色压光带纹，中间 1 周黑色波折纹。口径 18.4、腹径 20.5、底座径 14.8、盖高 8.1、通高 24.6 厘米（图一〇七，6；图版三八，3）。

M53：11，泥质灰陶。覆钵形弧顶盖身，亚腰柱状短柄上接圆饼状捉手，母口；豆盘子口，弧腹，亚腰形管状柄，喇叭口形底座；盖面、豆盘腹部饰多周凹弦纹。口径 18.4、腹径 20.5、底座径 14.6、盖高 8.9、通高 23.8 厘米（图一〇七，3；图版三八，4）。

陶鼎　2 件。

M53：6，泥质灰陶。覆钵形弧顶盖，盖面中部有三个等距半圆形板状钮，母口；鼎子口，弧腹，尖圜底，三蹄形足，略外撇，口沿下有 1 对附耳，略外撇，上长方形穿。盖面中心为黑色压光圆点，外饰 4 周条带状黑色压光带纹，外侧条带纹之间饰 2 周黑色压光波折纹。鼎腹部饰 2 周凹弦纹。口径 20.1、腹径 23.7、盖高 5.5、通高 19.4 厘米（图一〇七，4；图版三八，5）。

M53：9，泥质灰陶。覆钵形弧顶盖，盖面中部有三个等距半圆形板状钮，母口；鼎子口，弧腹略下垂，圜底，三蹄形足，口沿下有 1 对附耳，略外撇，上长方形穿。盖面中心为黑色压光圆点，外饰 4 周条带状黑色压光带纹，外侧条带纹之间饰 2 周不连续黑色压光波折纹；鼎腹部饰 2 周凹弦纹。口径 20.2、腹径 24.1、盖高 5.3、通高 21 厘米（图一〇七，5；图版三八，6）。

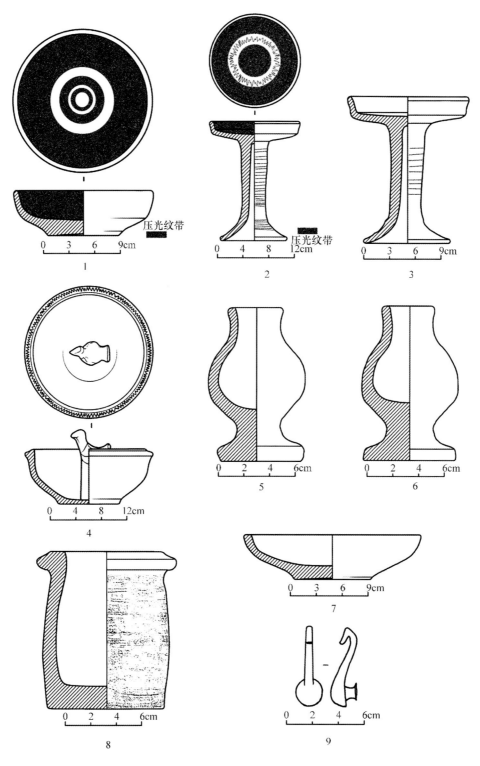

图一〇六　M53 出土器物（一）

1. 陶碗（M53∶1）　　2、3. 陶平盘豆（M53∶10、M53∶15）　　4. 陶鸟柱盘（M53∶8）　　5、6. 陶小壶
（M53∶13、M53∶14）　　7. 陶盘（M53∶2）　　8. 陶筒形器（M53∶7）　　9. 铜带钩（M53∶12）

陶筒形器 1件。

M53:7，泥质灰陶。侈口，圆叠唇，唇外缘外侈，筒形腹，略外鼓，平底。口径8.7、腹径9.9、底径9.1、通高11.8厘米（图一〇六，8；图版三九，1）。

陶鸟柱盘 1件。

M53:8，泥质灰陶。敞口，斜方唇，沿面内凹，深弧腹，下腹内收，假圈足，平底。盘内底中央竖立一柱，柱首一小鸟，呈待飞状；沿面饰一周黑色压光波折纹。口径20.2、底径9.5、通高11.2厘米（图一〇六，4；图版三九，2）。

陶平盘豆 2件。

M53:10，泥质灰陶。浅平盘，圆唇口微侈，管状长柄，内底近平，喇叭口形底座。盘内壁饰黑色压光，间饰1周波折纹带。豆柄、底座有多周弦纹。口径14.1、底座径10.5、柄长15、通高18.1厘米（图一〇六，2；图版三九，4）。

M53:15，泥质灰陶。浅平盘，圆唇口微侈，管状长柄，内底近平，喇叭口形底座。豆柄、底座有多周弦纹。口径14、底座径10.1、柄长12、通高16.8厘米（图一〇六，3；图版三九，3）。

陶小壶 2件。

M53:13，泥质灰陶。侈口，圆唇，束颈，斜肩，鼓腹下垂，圆饼状底座。口径4.2、腹径7.5、底座径6.7、通高11.6厘米（图一〇六，5；图版四〇，1）。

M53:14，泥质灰陶。口微侈，圆唇，束颈，斜肩，垂腹，圆饼状底座。口径4、腹径7.4、底座径7.2、通高11.6厘米（图一〇六，6；图版四〇，2）。

铜带钩 1件。

M53:12，青铜质，范铸。整体呈蝌蚪形，蛇首形钩，圆形钩体，背面有1圆钮。通长6厘米（图一〇六，9；图版四〇，3）。

20. M56

（1）位置与形制

M56位于Ⅰ区北部，T0815南部。M56为长方形土坑竖穴墓，被M51、M52打破。墓葬方向18°。墓葬口大底小，墓壁斜直。墓圹上口长2.95米，宽1.92~1.98米，墓底长2.52米，宽1.5~1.55米，深2.9米。墓内填土为花土，略经夯打（图一〇八）。

（2）葬具与人骨

葬具为一椁一棺，残留白色板灰痕迹，椁长2.26米，宽0.78~0.8米；棺长1.76米，宽0.58~0.6米。棺内发现一具人骨，保存较完整，侧身屈肢，双手交叉置于腹部，下肢左曲，头北脚南，面向左侧，女性，年龄35±5岁。

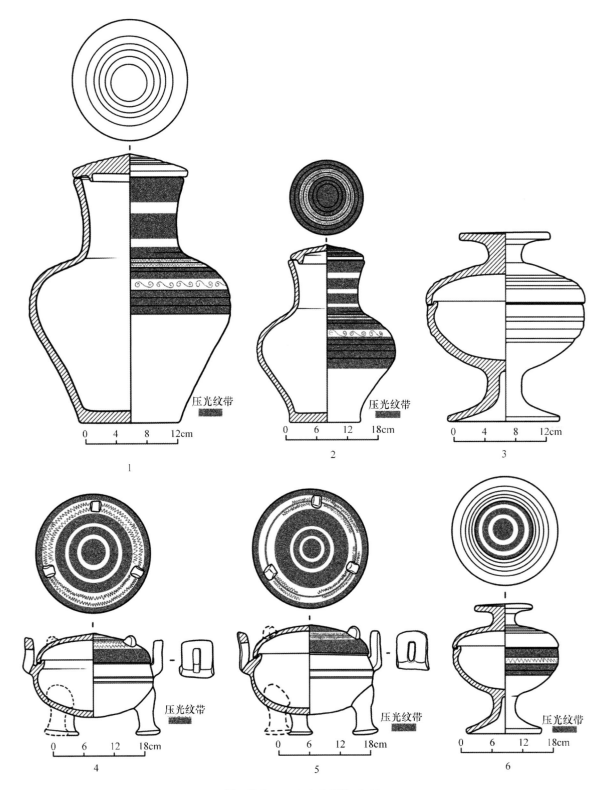

图一〇七　M53 出土器物（二）

1、2. 陶壶（M53∶3、M53∶4）　　3、6. 陶盖豆（M53∶11、M53∶5）　　4、5. 陶鼎（M53∶6、M53∶9）

（3）随葬品

随葬品为1件骨簪，出土于墓主人头顶部。

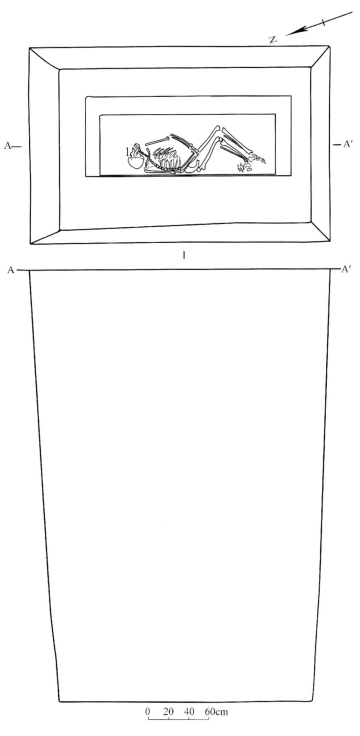

图一〇八　M56 平、剖面图

1. 骨簪

　　M56:1，兽骨磨制而成。扁条形，首部横断面呈半圆形，向下渐扁成楔状，下部圆钝。通长12.8、簪首粗径0.6厘米（图一〇九，1；图版四〇，4）。

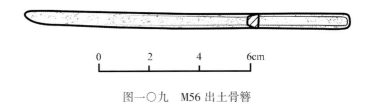

0　　　　2　　　　4　　　　6cm

图一〇九　M56出土骨簪

第六章　汉代遗存

一、概述

汉代遗存非常丰富，是南营遗址、墓地的主要内涵，共清理灰坑 11 个、灰沟 2 条、墓葬 35 座。

灰坑 11 个，主要分布于 I 区南部。编号为 H1、H2、H5、H6、H9、H10、H12、H15、H19、H38、H40。灰坑均开口于 2 层下。坑口形状以不规则形为主，还有有近椭圆形、长条形、椭圆形、三角形等；坑壁以斜壁为主；坑底有平底、圜底等。坑内遗物主要为陶片，以泥质灰陶为主，另有夹砂灰陶、泥质红陶等，纹饰以素面居多，另有绳纹、弦纹、布纹等，可辨器型有筒瓦等。灰沟 2 条，分布于 I 区南端。编号为 G1、G2。均为长条形，斜壁，沟内出土陶片为板瓦、盆残片等。

墓葬 35 座，均叠压于 2 层下，分布于遗址各方。其中 I 区 33 座，编号为 M1、M3、M6、M7、M8、M9、M12、M13、M19、M20、M21、M24、M26、M27、M29、M30、M31、M32、M36、M38、M39、M43、M44、M45、M46、M47、M48、M49、M50、M51、M52、M54、M55；II 区 2 座，编号为 M57、M58。墓葬方向在 5°~20°、100°~120° 和 180°~200° 之间。除 M8 为长方形土坑竖穴墓砖圹墓、M44 为长方形竖穴土坑墓外，其余均为长方形竖井墓道洞室墓，由竖井墓道和洞室组成，个别墓葬带有壁龛。墓道多为长方形竖井斜坡式，仅有 2 座墓道为弓形斜坡式，长 1.9~10.26 米，宽 0.76~1.32 米，深 1.5~5.25 米；个别墓道墓壁留有脚窝；洞室洞口多呈拱形，大部分宽度与墓道基本相当；洞室平面以近长方形为主，另有个别靴形、船形，墓顶多为拱形顶墓顶面略短于底面，洞室大小不一，长 2.1~4.2 米，宽 0.67~1.96 米；少量洞室洞口由泥质灰陶砖块封堵，还有洞口由多根圆柱木条竖立成排封堵，个别洞口两侧开挖竖向凹槽用长条形木板封堵。墓内均葬一具人骨，多数保存较差，葬式以仰身直肢葬为主，另有仰身曲肢葬；以头北脚南为主，还有头南脚北、头东脚西、头西脚东等；墓主以女性为多，年龄在 15~45 岁之间，男性略少，年龄在 30~55 岁之间。葬具为木棺，个别无葬具，木棺多已腐朽，残存白色板灰痕迹。墓内遗物有陶器、铁器、铜器、绿松石、釉陶器等；陶器数量最多，器型有陶壶、陶罐、陶井、陶灶、陶匜、陶釜、陶碗、陶甗等，大多数为生活用具，少量明器；陶壶数量最多，部分壶身上对称贴附模制兽面衔环铺首，陶井、陶灶、陶匜等均为明器；纹饰有篦点纹、凹弦纹、凸弦纹、席纹、柿蒂纹、卷云纹、条带纹、瓦棱形纹、篮纹、刻划纹、网格纹、圆点纹等。铁器数量极少，器型有甬、棺钉等。铜器有镜、钱币、带钩、环、刷柄等。

Ⅱ区2座墓葬编号为M57、M58，均为长斜坡墓道前、后砖室墓，平面呈"串"字形，墓葬方向3°～10°，由墓道、前甬道、前室、后甬道、后室组成。墓道为长方形斜坡式，长8.05～8.62米，宽0.8～0.9米，深0.2～3.1米，坡度15°～19°。前甬道为长方形过洞式，长1.35～1.7米，宽0.85～1米；前室为弧边长方形砖室，长2.4～3.45米，宽2.85～3.5米；后甬道为长方形过洞式，长0.9～1.4米，宽1～1.25米；后室为弧边长方形砖室，长3.05～3.15米，宽2.6～2.9米。墓葬盗扰严重，保存较差；墓内随葬品有陶器、釉陶器、钱币等。纹饰弦纹、斜线纹、乳钉纹等，器型有陶壶、陶井、陶灶、陶匜、陶釜、陶碗、陶耳杯、陶勺、陶盒、釉陶壶、铜钱、铜泡饰等。

第3层主要分布于Ⅰ区中南部，出土小件标本均为陶器残片，以泥质灰陶为主，另有泥质红陶、夹砂红陶等，纹饰有素面、斜向细绳纹、粗绳纹和抹断粗绳纹等，可辨器型有陶纺轮、陶罐、陶盆、筒瓦等。

二、文化遗存

（一）灰坑

1. H1

H1位于Ⅰ区东南部，T0605西南角（图一一〇；图版四一，1）。坑口形状为近椭圆形，坑壁为斜壁，平底。坑口东西1.64米，南北1.38米，坑底东西1.34米，南北1.3米，坑口至坑底0.4米。坑内填土为浅黄褐色土，含少量烧土粒。出土少量泥质灰陶绳纹、素面陶片，器型不辨。

2. H2

H2位于Ⅰ区东南部，T0605东南角（图一一一；图版四一，2）。坑口形状为不规则形，坑壁为斜壁，平底。坑口东西1.56米，南北1.34米，坑底东西1.36米，南北1.26米，坑口至坑底0.3米。坑内填土为浅红褐色砂质土，土质稍松软，含少量烧土粒。出土少量泥质灰陶绳纹、素面陶片，器型不辨。

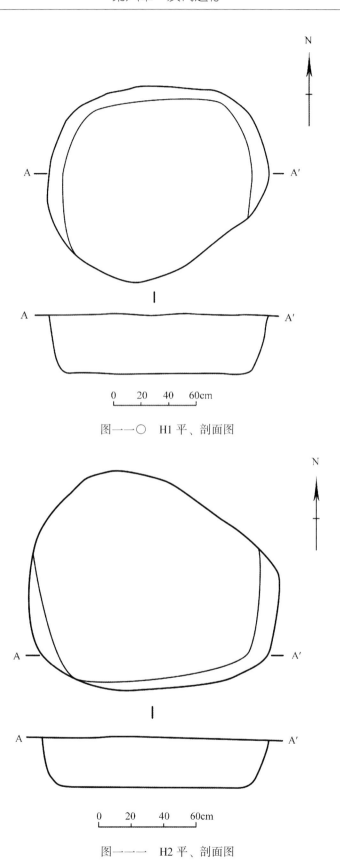

图一一〇 H1 平、剖面图

图一一一 H2 平、剖面图

3. H5

H5 位于 I 区东南部，T0603 东南角，打破 H6 和 G2（图一一二）。坑口形状椭圆形，坑壁近直，壁面略粗糙，坑底较平。坑口东西 1.25 米，南北 0.9 米，坑口至坑底 0.85 米。坑内填土黄褐色砂质土，土质松散。出土少量泥质灰陶绳纹、素面陶片，器型不辨。

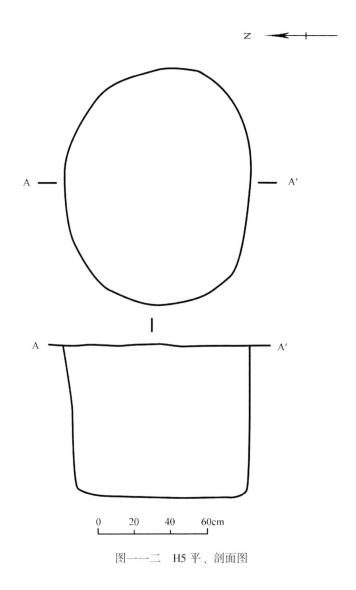

图一一二　H5 平、剖面图

4. H6

H6 位于 I 区东南部，T0603 东部，被 H5 和 G2 打破（图一一三）。坑口形状为不规则形，坑壁为斜壁，壁面略粗糙，圜底。坑口南北 2.4 米，东西 1.5 米，坑底南北 1.5 米，东西 1.3

米，坑口至坑底 0.62 米。坑内填土为灰褐色黏土，土质较硬。包含物有烧土块；出土少量泥质灰陶绳纹、素面陶片，器型不辨。

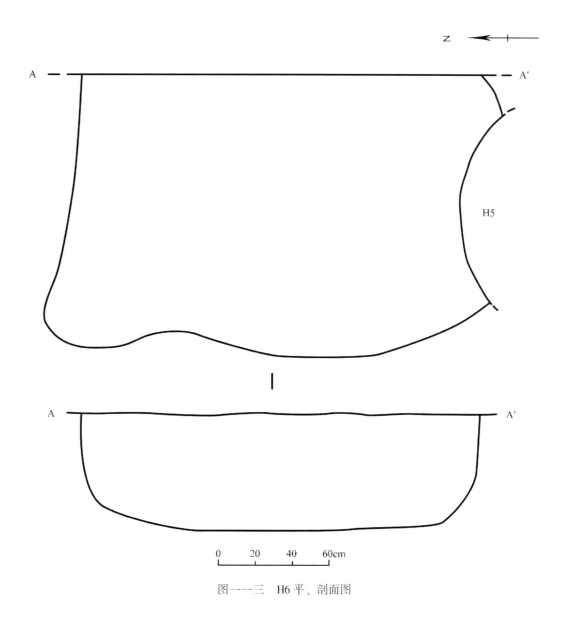

图一一三　H6 平、剖面图

5. H9

H9 位于 I 区东南部，T0606 东南部，被 M1 打破（图一一四）。坑口形状为不规则形，坑壁为斜壁，平底。坑口南北 2.75 米，东西 2.85 米，坑底南北 2.65 米，东西 2.46 米，坑口至坑底 0.75 米。坑内填土为黄褐色砂质土，土质较软，含少量烧土粒。出土陶片多为泥质灰陶，纹饰为素面、绳纹、布纹，可辨器型为筒瓦。

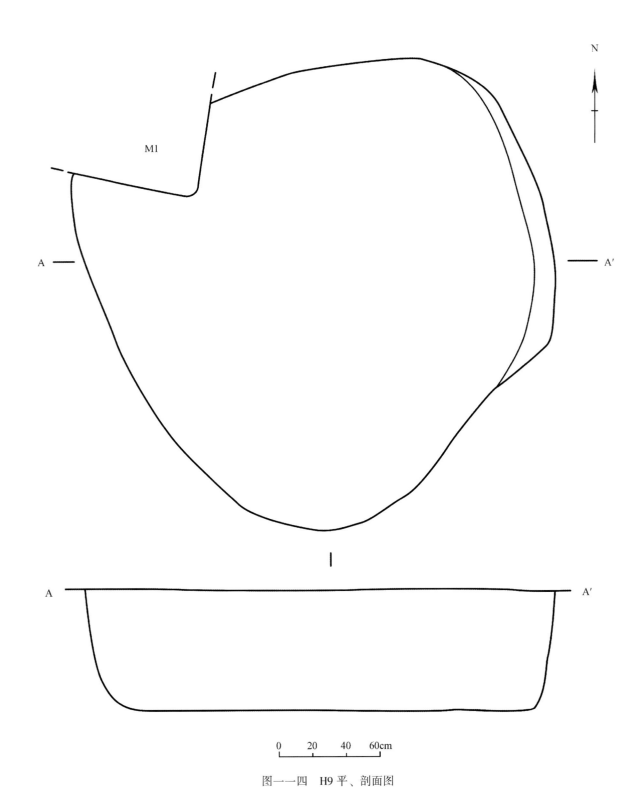

N

M1

A

A′

A

A′

0　　20　　40　　60cm

图一一四　H9 平、剖面图

筒瓦　1件。

H9:1，泥质灰陶。筒瓦子口及瓦身残片。子口圆唇，瓦舌厚且略长，微上翘，瓦身前端略内凹。瓦面饰绳纹，内部饰布纹。残长14.4、残宽11.3、瓦舌长3.2、壁厚1.4厘米（图一一五，1）。

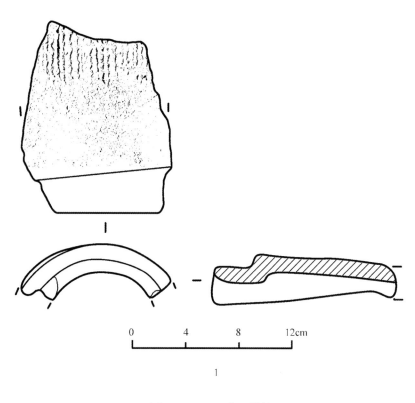

图一一五　H9出土器物
1. 筒瓦（H9:1）

6. H10

H10位于Ⅰ区东南部，T0702北部（图一一六）。坑口形状近椭圆形，坑壁为内收斜壁，坑底较平。坑口东西0.86米，南北0.8米，坑底东西0.5米，南北0.54米，坑口至坑底0.5米。坑内填土为灰褐色砂质土，填土较松，包含大量烧土块。出土少量泥质灰陶绳纹、素面陶片，器型不辨。

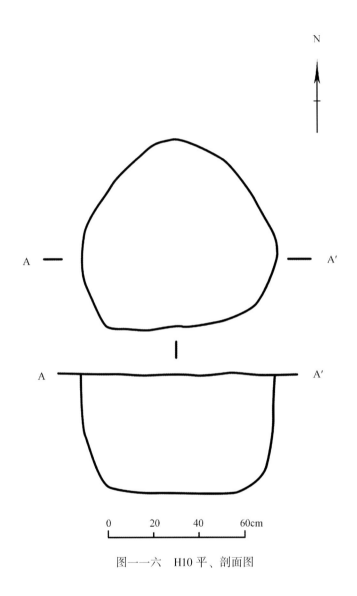

图一一六　H10 平、剖面图

7. H12

H12 位于 I 区东南部，T0702 南部，延伸到 T0701 北隔梁下，打破 H13（图一一七）。坑口形状为近椭圆形，坑壁为内收斜壁，圜底。坑口东西 2.36 米、南北 1.82 米，坑口至坑底 0.65米。坑内填土为黄褐色黏土，土质稍硬，内含少量炭屑。无出土遗物。

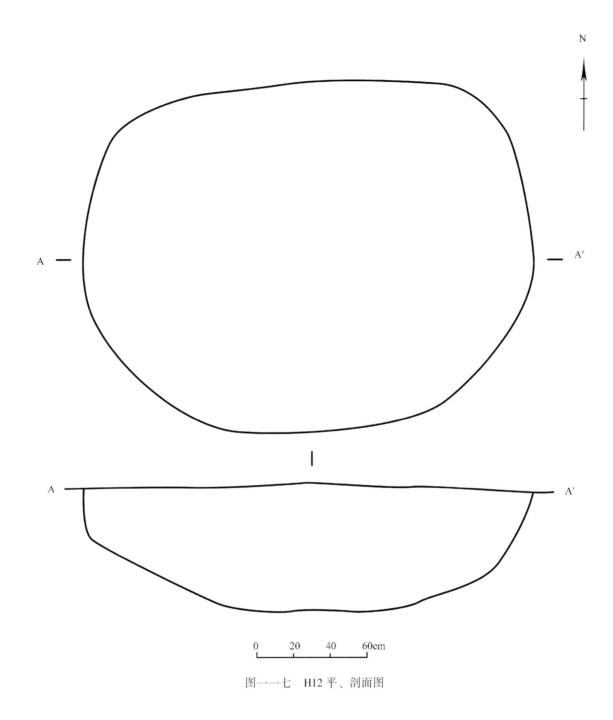

图一一七 H12 平、剖面图

8. H15

H15 位于 I 区东南部，T0607 南部（图一一八）。坑口形状近三角形，坑壁近直，壁面略粗糙，坑底近平。坑口东西 1. 84 米，南北 0. 56 米，坑口至坑底 0. 6 米。坑内填土为浅灰色砂质土，内含少量草木灰。无出土遗物。

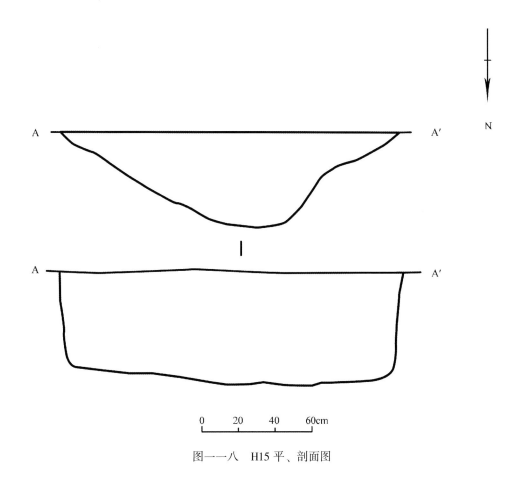

图一一八　H15 平、剖面图

9. H19

H19 位于 I 区中部，跨 T0908、T0808、T0907、T0807、T0806、T0906（图一一九）。坑口形状为不规则形，口大底略小，坑壁为斜壁，坑底不平。坑口南北 12.6 米，东西 7.7 米，坑底南北 11.92 米，东西 7.1 米，坑口至坑底 1 米。坑内填土为黄褐色砂质土，土质松软，包含炭屑、红色胶泥块等。出土少量泥质灰陶绳纹、弦纹陶片，器型不辨。

10. H38

H38 位于 I 区中部偏西，T0907 北部，被 H19 打破（图一二〇；图版四二，1）。坑口形状为长条形，坑壁近直壁，坑底近平。坑口南北 2.05 米，东西 1.06 米，坑口至坑底 0.85 米。坑内填土为黄褐色砂质土，土质较松，内含炭屑、烧土颗粒。出土少量泥质灰陶绳纹陶片，器型不辨。

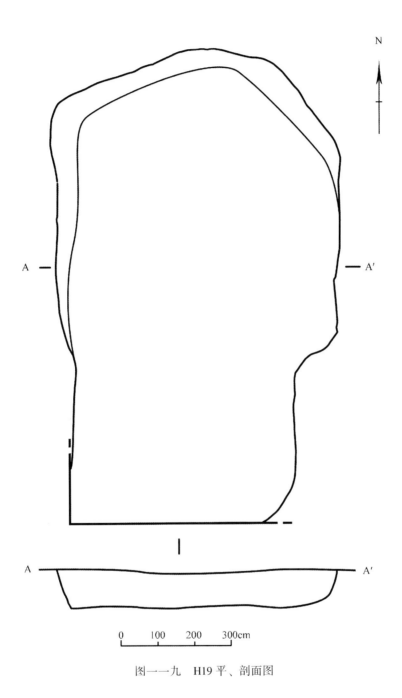

图一一九　H19 平、剖面图

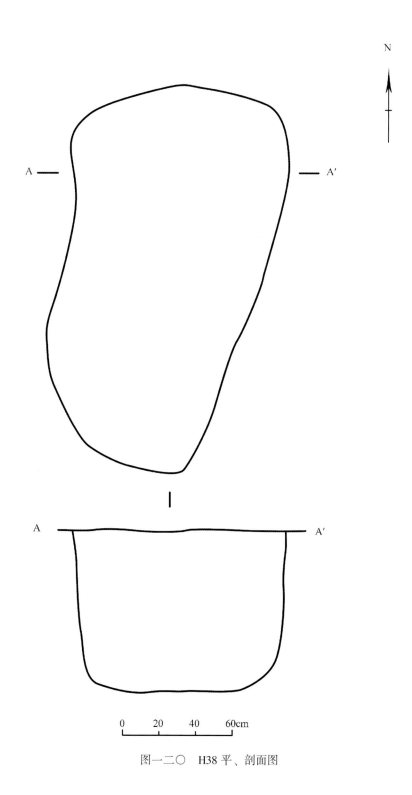

图一二〇　H38 平、剖面图

11. H40

　　H40 位于 I 区西南部，T1206 东南部（图一二一）。坑口形状为长条形，坑壁为直壁，圜底。坑口南北 2.2 米，东西 0.55 米，坑口至坑底 0.74 米。坑内填土为黄褐色黏土，土质略硬，包含少量炭屑。出土少量泥质灰陶绳纹、弦纹陶片，器型不辨。

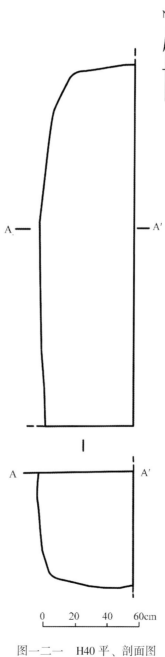

图一二一　H40 平、剖面图

（二）灰沟

1. G1

G1 位于 I 区东南部，T0605 中部（图一二二）。沟口形状为不规则长条形，沟壁为斜壁，平底。沟口东西长 5.2 米，南北宽 1.34 米，沟口至沟底 0.2 米。沟内填土为浅红褐色，土质较硬，内含少量烧土粒与陶片。出土少量绳纹、素面泥质灰陶片，器型不辨。

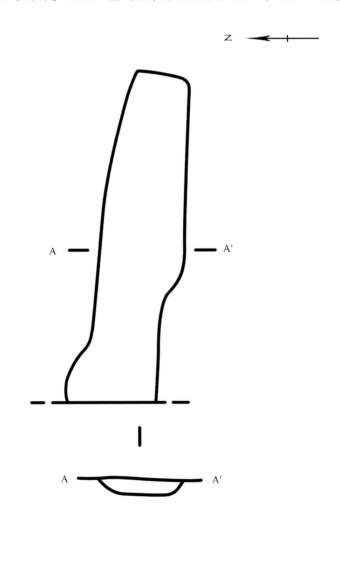

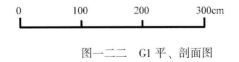

图一二二　G1 平、剖面图

2. G2

G2 位于 I 区东南角，T0602 东部，北侧延伸到 T0603（图一二三）。沟口形状为长条形，口大底小，沟壁为斜壁，壁面不规整，未发现加痕迹，圜底。沟口南北长 5.28 米、东西宽 1.96 米，沟口至沟底 0.78 米。沟内填土为深黑褐色黏土，土质较硬，内含少量烧土粒与陶片。出土少量绳纹、弦纹泥质灰陶片，器型不辨。

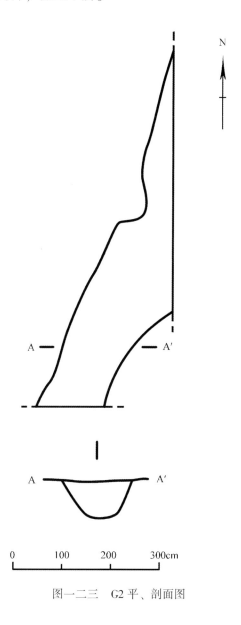

图一二三　G2 平、剖面图

（三）地层所出遗物

第3层出土遗物较少，皆为陶器残片，陶质为泥质灰陶、泥质红陶、夹砂红陶等；纹饰有绳纹、波浪纹、素面、菱格纹等；可辨器型有纺轮、筒瓦、陶盆等。

陶纺轮　1件。

T1107③：1，泥质灰陶。近圆台状，上窄下宽，底缘圆弧，中间纵穿一孔。素面。底径6.2、高2.6、最大孔径1.9厘米（图一二四，1；图版四二，2）。

陶罐　1件。

T0609③：1，夹砂红陶。陶罐腹部残片。压印4周波浪纹。残高8.6、残宽11.4、壁厚0.8厘米（图一二四，3）。

陶盆　2件。

T0611③：1，泥质红陶。陶盆口沿及上腹残片。口微敞，厚圆唇，平折沿，斜腹微弧。腹饰斜向细绳纹。残高8.5、残宽15.3、壁厚1厘米（图一二四，2；图版四二，3）。

T0710③：1，泥质红陶。陶盆口沿及上腹残片。敞口，圆唇，平折沿，沿面微内凹，斜腹微弧。腹饰斜向绳纹。残高18.1、残宽17.6、壁厚1厘米（图一二四，4；图版四二，4）。

筒瓦　2件。

T0418③：1，泥质灰陶。筒瓦瓦身残片。瓦面饰粗绳纹，前端抹平，瓦身内压印菱格形纹。残长21.1、残宽13.1、壁厚1厘米（图一二四，5；图版四二，5）。

T0908③：1，泥质灰陶。筒瓦瓦身残片。瓦面饰竖向粗绳纹。残长19.2、残宽10.5、壁厚1厘米（图一二四，6）。

（四）墓葬

1. 2006CNI区

1. M1

（1）位置与形制

M1位于I区中部偏东，T0606东部，M1东与M20相邻，相距1米。M1为长方形竖井墓道洞室墓，墓葬方向8°。由竖井墓道和洞室组成。墓道位于洞室北侧，竖井式，土圹平面呈长方形，长2.45米，宽0.9~1米，四壁较直，墓道底部南深北浅呈斜坡式，深3.4~3.85米，靠近北壁有高0.34米、宽0.17~0.25米生土台。洞室为墓道南壁向南掏挖生土而成。洞室口长方形，拱形顶，高1.5米，宽0.9米，底部与墓道底部持平，由1排长方体砖块错缝叠砌封堵，底部为2排砖块铺砌，其上为单层砖块垒砌，共计19层。泥质灰陶砖长0.32米，宽0.14米，厚0.07米（图版四三，2）。洞室拱形顶，直壁平底，底面为"舟"形，长3米，北宽南窄，宽0.67~1.7米，高1.5米，墓内填土为花土（图一二五；图版四三，1）。

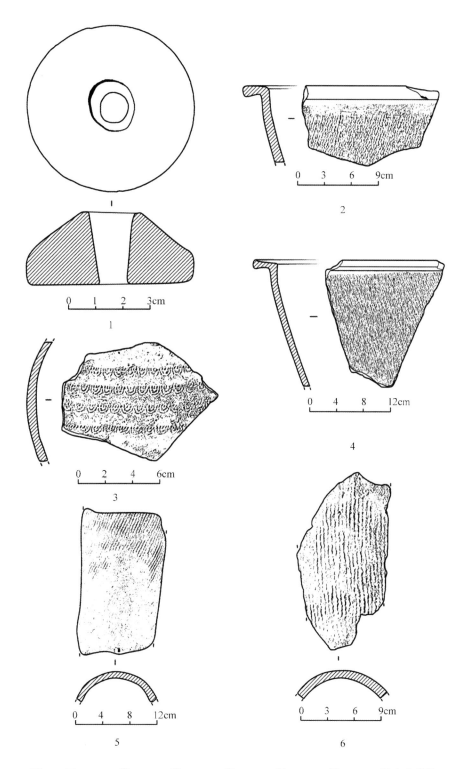

图一二四　T1107③、T0611③、T0710③、T0609③、T0418③、T0908③出土器物

1. 陶纺轮（T1107③：1）　　2、4. 陶盆（T0611③：1、T0710③：1）

3. 陶罐（T0609③：1）5、6 筒瓦（T0418③：1、T0908③：1）

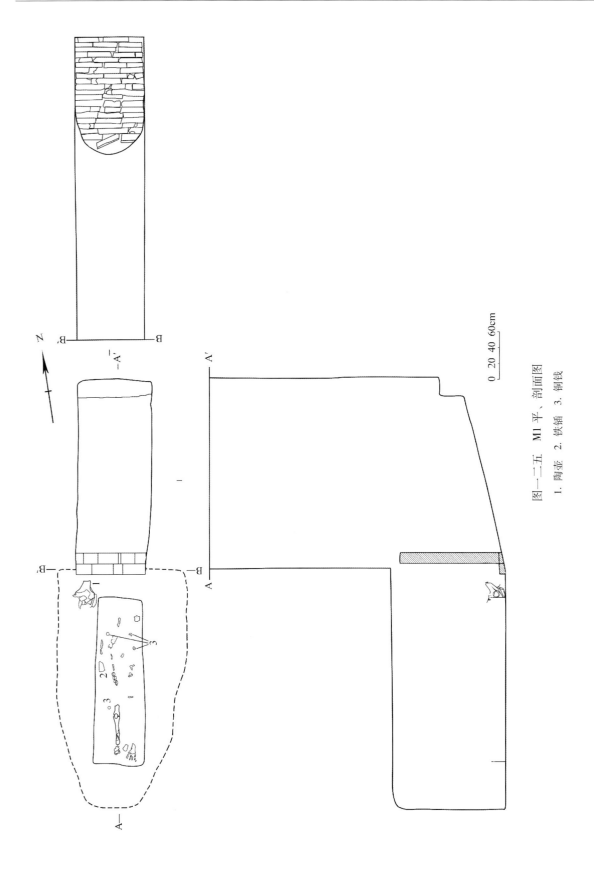

图一二五　M1 平、剖面图

1. 陶壶　2. 铁锸　3. 铜钱

（2）葬具与人骨

葬具为一木棺，位于洞室中部，残留白色板灰痕迹，长 2.1 米，宽 0.58～0.7 米。棺内发现一具人骨，保存较差，残存腿骨和脚骨，推测头北脚南，葬式、性别与年龄不详。

（3）随葬品

出土随葬品 3 件。其中陶壶 1 件，出土于棺外西北角，紧靠洞室口。铁器 1 件，出土于棺内西部。铜钱 1 组（3 枚），散落棺内北部和东西两侧。

陶壶　1 件。

M1:1，泥质灰陶，口微侈，方唇，唇内缘略内勾，唇面略内凹，长颈，溜肩，腹微鼓近直，圈足略外撇。肩部对称贴附 1 对模制兽面衔环铺首；铺首下的腹部压印 1 周箆点纹；腹部中部饰 1 周凹弦纹。口径 15、腹径 26.5、底径 16.5、通高 33 厘米（图一二六，1；图版四四，1）。

铁锸　1 件。

M1:2，锈蚀。平面近舌形，纵剖面呈楔形，弧刃；銎口长方形，长 6.2、宽 3.6 厘米；残长 7.6、厚 0.9 厘米（图一二六，2；图版四四，2）。

五铢铜钱　3 枚。其中 2 枚字迹清晰。

M1:3-1，正方形穿，正面无郭，反面有郭；穿之左右两侧篆文"五铢"两字，"五"中间两笔弯曲，"铢"金字头呈箭镞状，四点为圆点，朱字头圆折。钱径 2.5、穿宽 1.1 厘米（图一二六，3）。

M1:3-2，正方形穿，正面无郭，反面有郭；穿之左右两侧篆文"五铢"两字，"五"中间两笔弯曲，"铢"朱字头圆折，字体瘦长。钱径 2.6、穿宽 1.1 厘米（图一二六，4）。

2. M3

（1）位置与形制

M3 位于 I 区南部，T0701 北部，M3 北与 M13 相邻，相距 3.76 米。M3 为长方形竖井墓道洞室墓，墓葬方向 190°，由竖井墓道和洞室组成。墓道位于洞室南侧，竖井式，土圹平面呈长方形，长 2.8 米，宽 1.1～1.14 米，四壁较直，墓道底部南浅北深呈斜坡式，深 2.7～2.82 米，墓道东壁靠近北壁距开口 0.4 米，上下分布 2 个长条形脚窝，间距 0.48 米，长 0.17～0.2 米，高 0.12～0.14 米，进深 0.07～0.1 米。洞室为墓道北壁向北掏挖生土而成。洞室口长方形，拱形顶，高 1.54 米，宽 1.1 米，底部与墓道底部持平。洞室拱形顶，直壁平底，顶面略短于底面，南高北低，平面长方形，长 4.2 米，宽 1.1～1.26 米，高 1.54 米。墓内填土为花土（图一二七；图版四五，1）。

（2）葬具与人骨

洞室墓底北部有高 0.18 米生土台，南北长 2.2 米，上放置一具木棺，残留白色板灰痕迹，

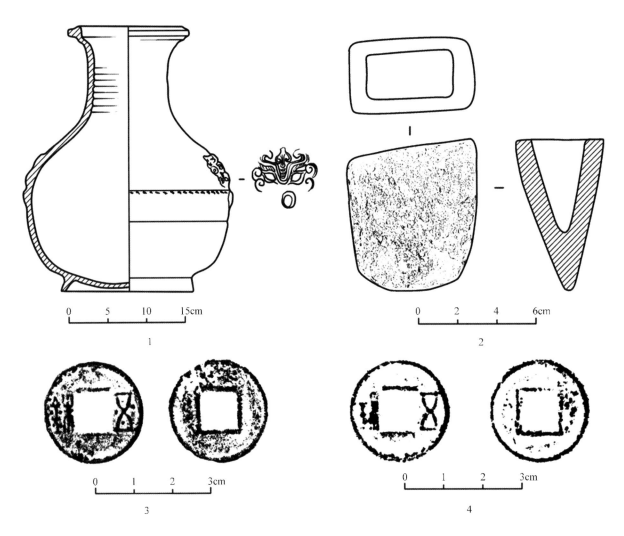

图一二六　M1 出土器物

1. 陶壶（M1:1）　2. 铁锸（M1:2）　　3、4. 五铢铜钱（M1:3-1、M1:3-2）

长 2 米，宽 0.8~0.87 米，残高 0.16 米，板厚 0.1 米。棺内发现一具人骨，保存较差，残存腿骨，推测头南脚北，葬式、性别与年龄不详。

（3）随葬品

出土随葬品 12 件。其中陶器 11 件，陶井 1 件、陶灶 1 件、陶罐 1 件、陶壶 5 件、陶釜 1 件、陶甑 1 件、陶碗 1 件，出土于洞室南半部的靠近洞室东壁一侧；铜镜（残）1 件，出土于棺内西南角（图版四五，2）。

陶井　1 件。

M3:1，泥质灰陶。井身为圆筒形，圆形井台，上腹束腰，下直腹大平底；拱形井栏，其上立井架，井架上立亭，亭顶为模制四阿式。井身折腹饰多周凹弦纹。井内放有一斗，敛口，

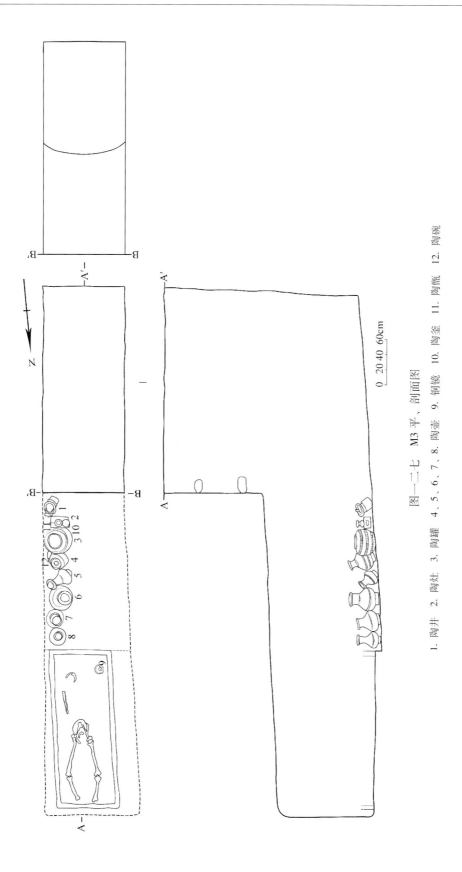

图一二七 M3 平、剖面图

1. 陶井 2. 陶灶 3. 陶罐 4、5、6、7、8. 陶壶 9. 铜镜 10. 陶釜 11. 陶甑 12. 陶碗

0 20 40 60cm

深弧腹，圜底。井台外径12、通高22厘米（图一二八，6；图版四四，3）。

陶灶 1件。

M3：2，泥质灰陶。灶平面呈圆角长方形，底部略宽，灶面中部有一圆形火眼，后端有1个圆形烟道孔，灶门半圆形。灶面四周边缘饰压印短线纹，灶平面中部压印1行横向短线纹。长25.2、宽18、高8.2厘米；灶眼直径6.3、灶门宽4.8、通高2.4厘米（图一二九，1；图版四四，4）。

陶罐 1件。

M3：3，泥质灰陶。口微敛，斜方唇，唇外缘外凸，束颈，折肩，长鼓腹，底内凹。肩部、上腹各饰1周宽竖向压印绳纹带，间饰多周弦纹，下腹及底饰交错篮纹。口径22.2、腹径38.4、底径15、通高31.5厘米（图一二九，4；图版四四，5）。

陶壶 5件。

M3：4，泥质灰陶。覆钵形浅弧顶盖；壶深盘口，宽方唇，唇外缘略外凸，长束颈，长斜肩，扁鼓腹，假高圈足略外撇，平底。上腹部对称贴附1对模制兽面衔环铺首。盖面模印2周凸棱分隔3个区域，中心模印四叶柿蒂纹，间填卷云纹，外侧2个区域模印卷云纹。壶颈部饰2周凸棱，两侧饰3周条带纹肩部；肩部饰2周凸弦纹，上饰1周条带纹；鼓腹部饰2周条带纹，下腹部、圈足下部各饰1周条带纹。盖径11.5、高1.8厘米；壶口径17、腹径26.5、底径11.5、通高42.5厘米（图一二八，1；图版四六，1）。

M3：5，泥质灰陶。覆钵形弧顶盖；壶盘口，方唇，唇外缘略外凸，长束颈，斜肩，鼓腹，假圈足略外撇，平底。盖面模印1周凸棱分隔2个区域，中心模印四叶柿蒂纹，间填卷云纹，外侧区域模印卷云纹。壶颈部、肩部、下腹部各饰1周条带纹，圈足下部饰1周略宽条带纹，肩部饰1周凹弦纹。盖径10、高2.5厘米；壶口径12.5、腹径18.5、底径11.5、通高29.5厘米（图一二八，3；图版四六，2）。

M3：6，泥质灰陶。覆钵形浅弧顶盖；壶深盘口，宽方唇，唇外缘略外凸，长束颈，长斜肩，鼓腹略下垂，假高圈足略外撇，平底。鼓腹部对称贴附1对模制兽面衔环铺首。盖面模印2周凸棱分隔3个区域，中心模印四叶柿蒂纹，间填卷云纹，外侧2个区域模印卷云纹。壶颈部饰2周凸棱，上压印条带纹，两侧饰3周条带纹；肩部饰2周凸棱，上压印条带纹；鼓腹部饰2周凸棱，下压印1周条带纹；下腹部饰2周凸棱，间饰条带纹；圈足下部压印1周条带纹。盖径12、高2.5厘米，壶口径18.6、腹径30、底径14.4、通高46.2厘米（图一二八，4；图版四六，3）。

M3：7，泥质灰陶。覆钵形浅弧顶盖；壶深盘口，宽方唇，唇外缘略外凸，长束颈，长斜肩，鼓腹，假圈足略外撇，平底。盖面模印2周凸棱分隔3个区域，中心模印四叶柿蒂纹，间填卷云纹，外侧2个区域模印卷云纹。壶颈部压印2周条带纹；肩部、鼓腹部各饰2周凸棱，上压印条带纹；下腹部、圈足下部各压印1周条带纹。盖径12、高2.4厘米，口径16.2、腹径24、底径12、通高34.2厘米（图一二八，5；图版四六，4）。

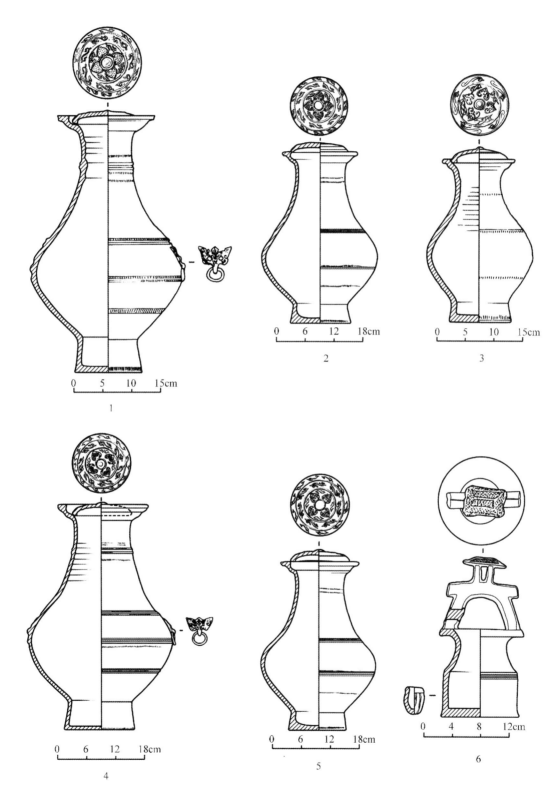

图一二八　M3 出土器物（一）

1～5. 陶壶（M3：4、M3：8、M3：5、M3：6、M3：7）　　6. 陶井（M3：1）

M3：8，泥质灰陶。覆钵形浅弧顶盖；壶深盘口，宽方唇，唇外缘略外凸，长束颈，长斜肩，鼓腹，假圈足略外撇，平底。盖面模印2周凸棱分隔3个区域，中心模印四叶柿蒂纹，间填卷云纹，外侧2个区域模印卷云纹。壶颈部饰2周条带纹；肩部饰2周凸棱，上压印条带纹；鼓腹部饰2周凸弦纹，上压印1周条带纹；下腹部、圈足下部各压印1周条带纹。盖径12、高1.8厘米，壶口径15.6、腹径24、底径12.6、通高36.6厘米（图一二八，2；图版四六，5）。

陶釜　1件。

M3：10，泥质灰陶。方唇，敛口，溜肩。弧折腹，圜底。口径4.8、腹径8.2、高4.6厘米（图一二九，2；图版四六，6）。

陶甑　1件。

M3：11，泥质灰陶。厚圆唇，侈沿，斜深腹，方唇，平底，底有5个小圆孔。口径10、通高4.2厘米（图一二九，5；图版四八，5）。

陶碗　1件。

M3：12，泥质灰陶。圆唇，敞口，口沿内侧有凹槽，斜直壁，平底。口径9.2、底径4.7、通高2.6厘米（图一二九，3；图版四八，6）。

铜镜　1件。

M3：9，残缺。圆形，圆形钮，钮座外为凸弦纹和内向十二连弧纹，在2周短斜线纹为铭文带"内而清而……以而昭而明而，光象日而月"，宽素缘。直径9.6厘米（图一二九，6；图版四四，6）。

3. M6

（1）位置与形制

M6位于Ⅰ区东南部，T0705西部，M6南与M19相邻，相距0.8米。M6为长方形竖井墓道洞室墓，墓葬方向100°，由竖井墓道和洞室组成。墓道位于洞室东侧，竖井式，土圹平面呈长方形，长2.4米，东窄西宽，宽0.96～1.06米，四壁较直，墓道底部西深东浅呈斜坡式，深2.1～2.45米，墓道北壁东端距开口0.9米，上下分布3个脚窝，立面形状半圆形、长条形，间距0.3～0.35米，长0.16～0.32米，高0.11～0.19米，进深0.07～0.1米。洞室为墓道西壁向西掏挖生土而成。洞室口长方形，拱形顶，宽1.06米，高0.96米，底部与墓道底部持平。洞室拱形顶，直壁平底，顶面略短于底面，平面近长方形，长2.4米，东宽西略窄，宽0.96～1.06米，高0.96米。墓内填土为花土（图一三〇；图版四七，1）。

（2）葬具与人骨

葬具为一木棺，位于洞室中部，残留白色板灰痕迹，长2米，宽0.6～0.66米，残高0.16米，板厚度不详。棺内发现一具人骨，保存较完整，为仰身直肢葬，头东脚西，男性，年龄30±5岁。

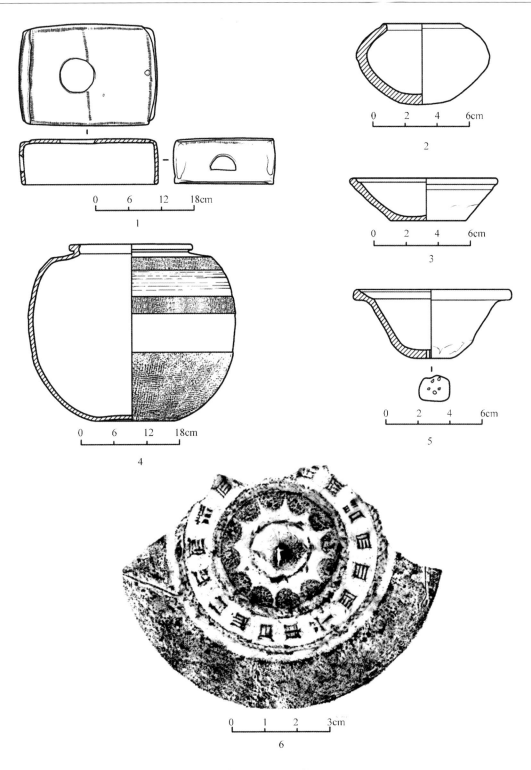

图一二九　M3 出土器物（二）

1. 陶灶（M3:2）　　2. 陶釜（M3:10）　　3. 陶碗（M3:12）

4. 陶罐（M3:3）　　5. 陶甑（M3:11）　　6. 铜镜（M3:9）

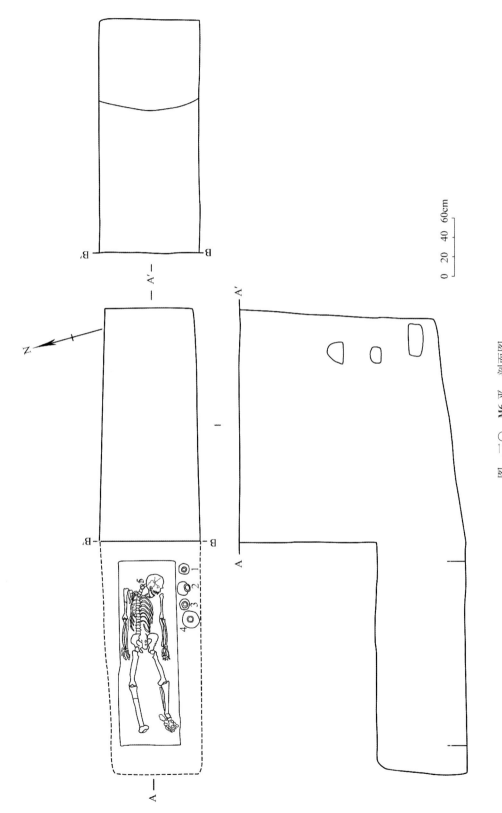

图一三〇　M6 平、剖面图

1、2、3、4. 陶壶　5. 铜钱

（3）随葬品

出土随葬品5件（组）。其中陶壶4件，出土于墓主人上身左侧棺外与土圹之间；五铢铜钱1组（2枚），位于墓主人头部（图版四七，2）。

陶壶　4件。

M6:1，泥质灰陶。敞口，圆唇，外折平沿，沿面有一周凹槽，短颈微束，斜肩，鼓腹，下腹斜收，小平底。肩部压印5周条带纹。口径7.8、腹径11.7、底径4.7、通高12.7厘米（图一三一，1；图版四八，1）。

M6:2，泥质灰陶。大敞口，圆唇，斜折平沿，沿面有一周凹槽，短束颈，溜肩，鼓腹，下腹斜收，小平底。下腹部饰3周凹弦纹。口径8.2、腹径12.2、底径4.2、通高13.2厘米（图一三一，2；图版四八，2）。

M6:3，泥质灰陶。敞口，圆唇，平折沿，短束颈，溜肩，鼓腹，下腹斜收，小平底。肩部压印4周条带纹，下腹部饰3周凹弦纹。口径8、腹径11.8、底径4.4、通高12厘米（图一三一，4；图版四八，3）。

M6:4，泥质灰陶。口残，束颈，溜肩，鼓腹，下腹斜收，平底。腹径17.6、底径7.7、通高17.2厘米（图一三一，3；图版四八，4）。

五铢铜钱 M6:5，共2枚。

M6:5-1，正方形穿，正面无郭，反面有郭；穿之左右两侧篆文"五铢"两字，"五"中间两笔较直，"铢"金字头呈三角形，四点为长圆点，朱字头圆折。钱径2.4、穿宽1厘米（图一三一，5）。

M6:5-2，正方形穿，正面无郭，反面有郭；穿之左右两侧篆文"五铢"两字，"五"中间两笔较直，"铢"金字头呈箭镞形，四点为圆点，朱字头圆折。钱径2.4、穿宽1厘米（图一三一，6）。

4. M7

（1）位置与形制

M7位于Ⅰ区南端，T0704西部，M7南与M9相邻，相距0.3米。M7为长方形竖井墓道洞室墓，墓葬方向12°，由竖井墓道和洞室组成。墓道位于洞室北侧，竖井式，土圹平面呈长方形，长2.3米，北窄南宽，宽0.9~1.04米，四壁较直，墓道底部南深北浅呈斜坡式，深4.6~4.8米，墓道东壁北端距开口1.75米，上下分布4个脚窝，立面形状为三角形，间距0.34~0.5米，宽0.17~0.24米，高0.16~0.28米，进深0.07~0.1米。洞室为墓道南壁向南掏挖生土而成。洞室口长方形，拱形顶，宽1.04米，高1.44米，底部高出墓道底部0.3米。洞室拱形顶，直壁平底，顶面略短于底面，平面近长方形，长2.5米，宽0.96~1.04米，高1.42米。墓内填土为花土（图一三二；图版四九，1）。

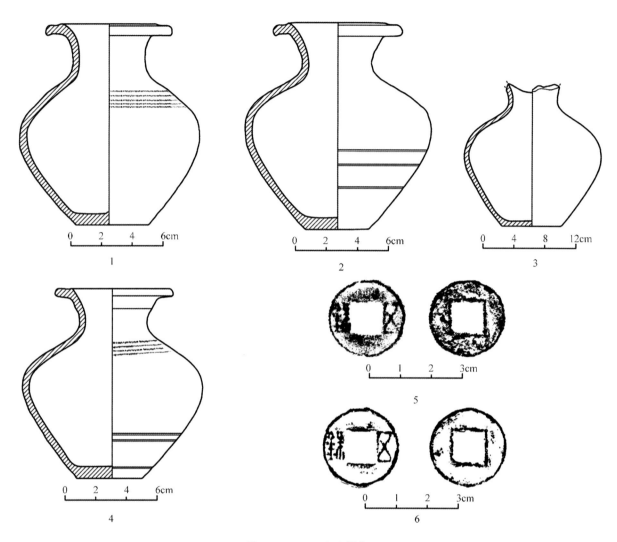

图一三一　M6 出土器物

1～4. 陶壶（M6:1、M6:2、M6:4、M6:3）　5、6 五铢铜钱（M6:5-1、M6:5-2）

（2）葬具与人骨

没有发现葬具，洞室南部发现一具人骨，保存较差，残存下肢，推测头朝北，葬式、性别、年龄不详。

（3）随葬品

出土随葬品 6 件。其中陶器 4 件，陶壶 3 件、陶罐 1 件，出土于洞口内侧北部；墓道南距墓门 0.2 米处出土 1 枚"五铢"铜钱；墓道东南角出土 1 件铁锸（图版四九，2）。

陶壶　3 件。

M7:1，泥质灰陶。敞口，方唇，长束颈，溜肩，球腹，圈足外撇。腹部戳印 2 周篦点纹，器底留有席纹。口径 11.2、腹径 17.6、足径 12.4、通高 25.4 厘米（图一三三，3；图版五〇，1）。

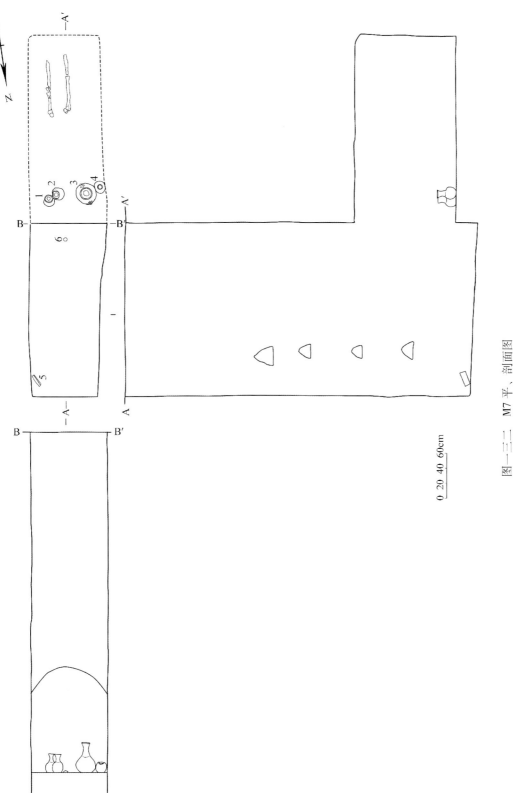

图一三二　M7 平、剖面图

1、2、3. 陶壶　4. 陶罐　5. 铁镢　6. 铜钱

M7：2，泥质灰陶。敞口，方唇，长束颈，溜肩，球腹，圈足外撇。腹部戳印 2 周篦点纹，下腹部饰 4 周凹弦纹，器底留有席纹。口径 11.2、腹径 16.8、足径 12.4、通高 26 厘米（图一三三，2；图版五〇，2）。

M7：3，泥质灰陶。敞口，外折平沿，方唇，唇面内凹，长束颈，圆肩，鼓微腹，矮圈足外撇，肩部对称贴附 1 对模制兽面衔环铺首。肩部、腹部各一周宽凸棱，肩下压印 1 周篦点纹。器底留有席纹。口径 16、腹径 26.8、足径 18.4、通高 33.6 厘米（图一三三，1；图版五〇，3）。

陶罐　1 件。

M7：4，口微敛，圆唇，束颈，圆折肩，鼓腹，底内凹。肩部饰 2 周凹槽；腹部饰 5 周凹弦纹；下腹及底排印交错篮纹。口径 10.4、腹径 14.8、底径 7.6、通高 9.6 厘米（图一三三，4；图版五〇，4）。

铁锸　1 件。

M7：5，锈蚀。长方形銎口，长 17.6、宽 1.8 厘米；扁长方体，纵剖面呈楔形，长直刃，已残。宽 17.6、高 6、厚 0.4 厘米（图一三三，5；图版五〇，5）。

五铢铜钱　1 枚。

M7：6，正方形穿，正面无郭，反面有郭；穿之左右两侧篆文"五铢"两字，"五"中间两笔弯曲，"铢"金字头呈三角形，四点为长圆点，朱字头近圆折。钱径 2.4、穿宽 1 厘米（图一三三，6）。

5. M8

（1）位置与形制

M8 位于 I 区中部偏东，T0707 东部。M8 为长方形土坑竖穴砖圹墓，墓葬方向 7°。墓圹平面呈长方形，袋状竖穴，口小底大，墓圹上口长 5.16 米，宽 1 ~ 1.1 米，墓底长 5.5 米、宽 1.4 ~ 1.5 米，墓坑深 3.6 米。墓室四壁砌筑砖壁形成砖圹，砖圹四壁为长方形砖块平砖错缝平铺砌成，共 18 层，高 1.08 米；墓室北半部保存较好，南半部坍塌较为严重；泥质灰陶砖块长 0.32 米，宽 0.16 米，厚 0.06 米；墓室北半部墓底"人"字形砖块铺砌，铺地砖长 2.15 米，宽 1.08 ~ 1.11 米。墓内填土为花土（图一三四；图版五一，1）。

（2）葬具与人骨

葬具为一木棺，位于墓室的南半部，残留白色板灰痕迹。棺长 2 米，北宽南窄，宽 0.68 ~ 0.77 米，残高 0.35 米，板厚 0.04 米。棺内发现一具人骨，保存较差，残存右侧下肢骨和左侧胫骨，推测头朝北，葬式、性别和年龄不详。

（3）随葬品

出土随葬品 6 件。其中陶壶 5 件，出土于墓室的北半部铺地砖上；铜带钩 1 件，出土于棺内墓主人腰部（图版五一，2）。

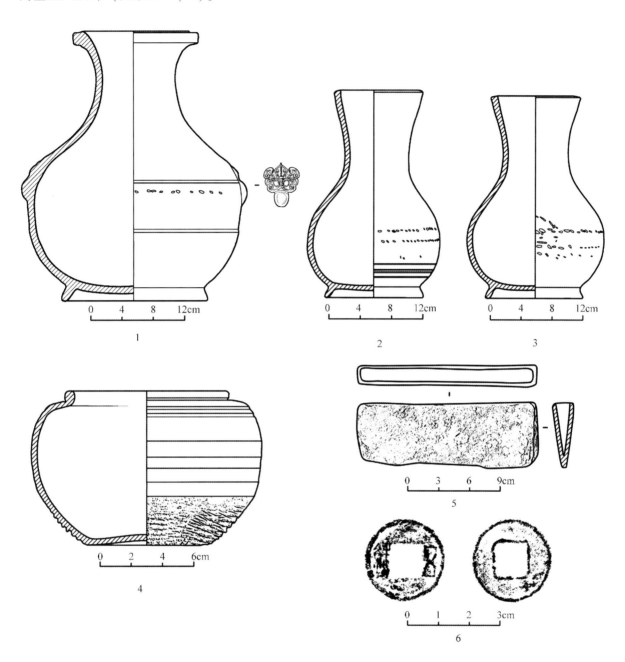

图一三三　M7 出土器物

1~3. 陶壶（M7∶3、M7∶2、M7∶1）　4. 陶罐（M7∶4）　5. 铁锸（M7∶5）　6. 五铢铜钱（M7∶6）

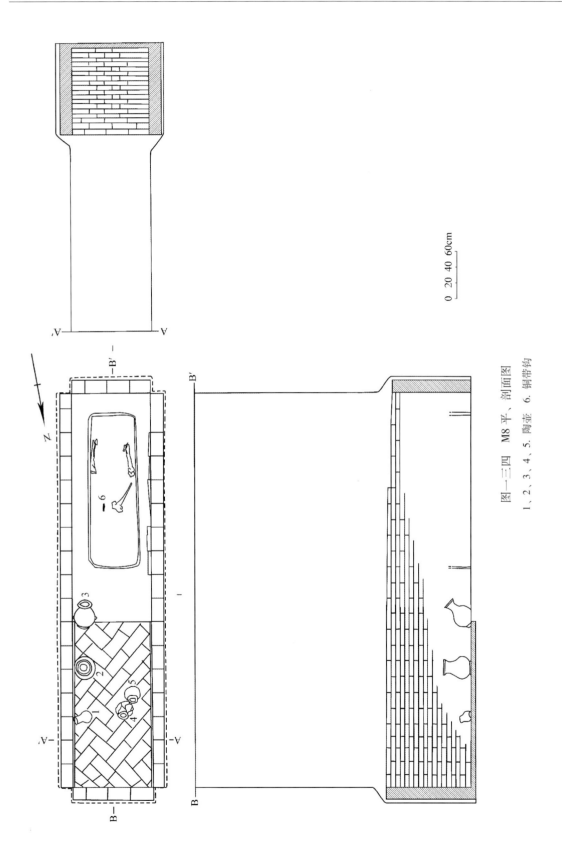

图一三四　M8 平、剖面图

1、2、3、4、5. 陶壶　6. 铜带钩

陶壶　5件。

M8:1，泥质灰陶。直口，方唇，长束颈，溜肩，鼓腹，平底。下腹部留有轮制切削痕迹。口径9、腹径12.9、底径6.3、通高19.2厘米（图一三五，1；图版五二，1）。

M8:2，泥质灰陶。喇叭口，宽方唇，唇内缘内勾，长束颈，溜肩，大鼓腹，圜底，圈足外撇。肩部对称贴附1对模制兽面衔环铺首；腹部饰1周凸棱、凹弦纹；下腹部留有轮制痕迹。口径19.8、腹径29.4、足径18.6、通高36.6厘米（图一三五，4；图版五二，2）。

M8:3，泥质灰陶。深盘口，宽方唇，唇内缘略内勾，束颈，溜肩，大鼓腹，圈足外撇。肩部对称贴附1对模制兽面衔环铺首；腹部饰1周凸棱、2周凹弦纹；下腹部留有轮制痕迹，器底留有席纹。口径18.6、腹径27.6、底足径19.2、通高30.5厘米（图一三五，2；图版五二，3）。

M8:4，泥质灰陶。直口，方唇，长束颈，溜肩，球腹下垂，圜底，圈足外撇。壶颈部内壁留有多周凸棱；器底留有席纹。口径12.5、腹径18、足径14.5、通高32厘米（图一三五，5；图版五二，4）。

M8:5，泥质灰陶。喇叭口，方唇，长束颈，斜肩，鼓腹下垂，圜底，圈足外撇。壶颈部内壁留有多周凸棱；器底留有席纹，边缘有刮抹痕迹。口径11.6、腹径17.6、足径12.4、高28厘米（图一三五，3；图版五二，5）。

铜带钩　1件。

M8:6，通体呈窄长琵琶形，蛇首钩，圆形钮。通长10.4厘米（图一三五，6；图版五二，6）。

6. M9

（1）位置与形制

M9位于Ⅰ区南端，T0704西部，M9北与M7相邻，相距0.3米。M9为长方形竖井墓道洞室墓，墓葬方向12°，由竖井墓道、洞室、壁龛组成。墓道位于洞室北侧，竖井式，土圹平面呈长方形，北宽南窄，长2.3米，宽0.95～1.04米，四壁较直，墓道底部南深北浅呈斜坡式，深4.62～4.8米，墓道西壁北端距开口2.35米，上下分布3个脚窝，立面形状三角形，间距0.42～0.64米，宽0.19～0.25米，高0.15～0.25米，进深0.07～0.1米。洞室为墓道南壁向南掏挖生土而成。洞室口长方形，拱形顶，宽0.96米，高1.45米。洞室拱形顶，顶部北高南低，直壁平底，顶面略短于底面，平面近长方形，长2.7米，北宽南窄，宽0.96～1.04米，高1.05～1.45米，底部与墓道底部持平，北距洞口0.46米，为一长2.26米，高0.34米生土台。壁龛位于洞室西壁北端，拱形顶，直壁平底，底面近长方形，西壁略外弧，宽1.05米，进深1.1米，高1.7米，壁龛底部与洞室北侧底部持平。墓内填土为花土（图一三六；图版五三，1）。

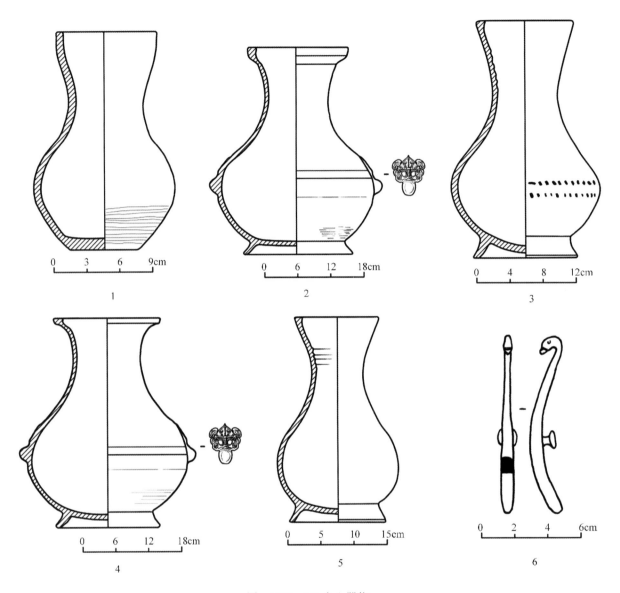

图一三五　M8 出土器物

1~5. 陶壶（M8:1、M8:3、M8:5、M8:2、M8:4）　6. 铜带钩（M8:6）

（2）葬具与人骨

葬具为一木棺，位于洞室南部生土台，残留白色板灰痕迹，保存较差。棺长 2.02 米，北宽南窄，宽 0.5~0.62 米，板高度、厚度不详。棺内发现一具人骨，保存较差，残存下肢骨，推测头朝北，葬式、性别及年龄不详。

（3）随葬品

出土随葬品 6 件（组）。其中陶壶 5 件，出土于壁龛东部，靠近洞室北部；五铢铜钱 1 组（5 枚），出土于棺内墓主人腰部右侧（图版五三，2）。

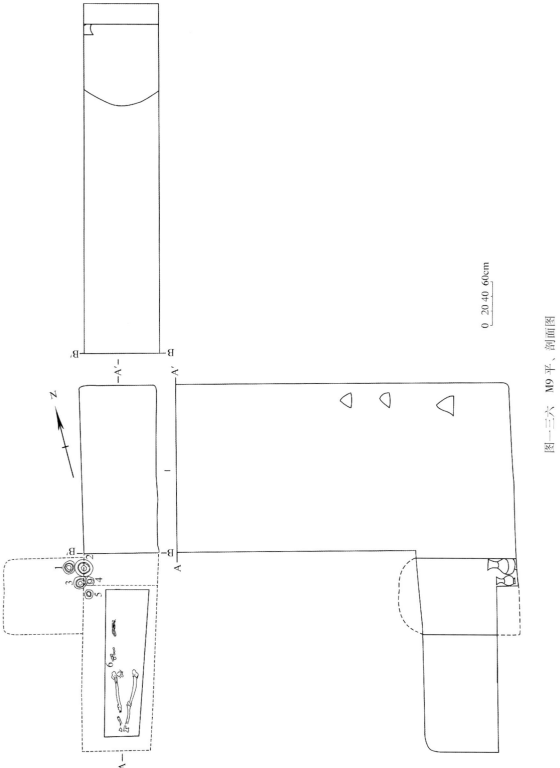

图一三六　M9 平、剖面图

1、2、3、4、5. 陶壶　6. 铜钱

陶壶　5件。

M9:1，泥质灰陶。直口，方唇，长束颈，斜肩，球腹，圈足外撇。口径12.8、腹径19.2、足径13.6、通高28.8厘米（图一三七，1；图版五四，1）。

M9:2，泥质灰陶。敞口，方唇，唇内缘内勾，唇面微内凹，束颈，斜肩，球腹，圈足外撇。腹上部饰1周凹槽。口径15.6、腹径26.4、足径16.8、通高36厘米（图一三七，2；图版五四，3）。

M9:3，泥质灰陶。口近直，方唇，唇面微内凹，长束颈，斜肩，球腹，圈足外撇。口径12、腹径19.2、足径13.6、通高30厘米（图一三七，3；图版五四，2）。

M9:4，泥质灰陶。敞口，圆唇，唇外缘外凸，束颈，溜肩，鼓腹，大平底。下腹部留有切削痕迹。口径9、腹径11.6、底径7.6、通高15厘米（图一三七，4；图版五四，4）。

M9:5，泥质灰陶。口微敛，方唇，唇内缘略内敛，短束颈，斜肩，鼓腹下垂，大平底。下腹部留有切削痕迹。口径8.2、腹径12、底径6.8、通高13厘米（图一三七，5；图版五四，5）。

五铢铜钱 M9:6，共　5枚。

M9:6-1，正方形穿，正面无郭，反面有郭；穿之左右两侧篆文"五铢"两字；"五"中间两笔近直，"铢"朱字头圆折。钱径2.5、穿宽1厘米（图一三七，6）。

M9:6-2，正方形穿，正面无郭，反面有郭；穿之左右两侧篆文"五铢"两字；"五"中间两笔略曲，"铢"金字头呈三角形，朱字头近圆折。钱径2.5、穿宽1厘米（图一三七，7）。

M9:6-3，正方形穿，正面无郭，反面有郭；穿之左右两侧篆文"五铢"两字；"五"中间两笔略曲，"铢"朱字头方折。钱径2.5、穿宽1厘米（图一三七，8）。

M9:6-4，正方形穿，正面无郭，反面有郭；穿之左右两侧篆文"五铢"两字；"五"中间两笔近直，"铢"金字头呈箭镞状，朱字头方折。钱径2.4、穿宽1厘米（图一三七，9）。

M9:6-5，正方形穿，正面无郭，反面有郭；穿之左右两侧篆文"五铢"两字；"五"中间两笔近直，"铢"金字头呈三角形，四点为长圆点，朱字头圆折。钱径2.4、穿宽0.9厘米（图一三七，10）。

7. M12

（1）位置与形制

M12位于Ⅰ区中部偏西，T0910北部，墓道被M31打破。M12为长方形竖井墓道洞室墓，墓葬方向194°，由竖井墓道和洞室组成。墓道位于洞室南侧，竖井式，土圹平面呈长方形，北宽南窄，长2.6米，宽0.96～1.05米，四壁较直，平底，深2.74米。洞室为墓道北壁向北掏挖生土而成。洞室口长方形，拱形顶，宽1.05米，高1.2米。洞室拱形顶，直壁平底，顶面略短于底面，底面近长方形，底部长2.57米，北宽南窄，宽1.05～1.12米，高1.2米，洞室底

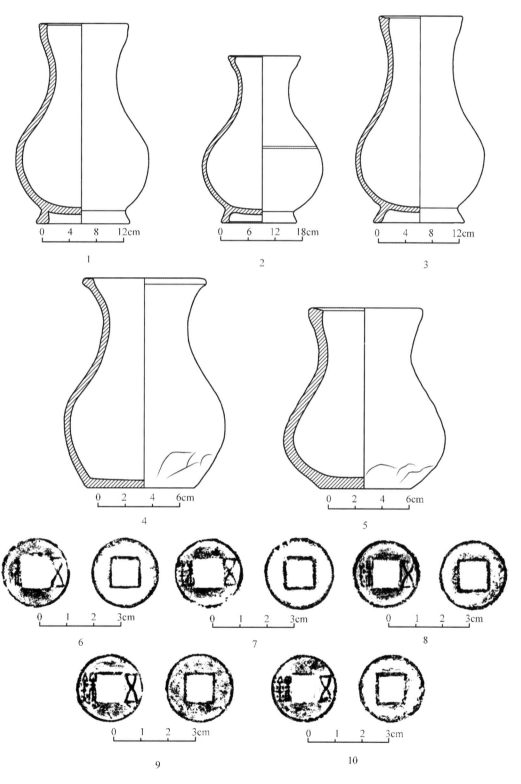

图一三七　M9 出土器物

1～5. 陶壶（M9：1、M9：2、M9：3、M9：4、M9：5）　　6～10. 五铢铜钱

（M9：6－1、M9：6－2、M9：6－3、M9：6－4、M9：6－5）

部与墓道底部持平。墓内填土为花土（图一三八；图版五五，1）。

（2）葬具与人骨

葬具为一木棺，位于洞室北部，残留白色板灰痕迹，棺长1.8米，北宽南窄，宽0.44～0.62米，木板高度、厚度不详。棺内人骨腐朽严重，葬式、性别、年龄不详。

（3）随葬品

无随葬品。

8. M13

（1）位置与形制

M13位于 I 区南端，T0704西南部，M13西与M7为邻，相距2.3米。M13为长方形竖井墓道洞室墓，墓葬方向12°，由竖井墓道和洞室组成。墓道位于洞室北侧，竖井式，土圹平面呈长方形，北窄南宽，长2.4米，宽0.98～1.06米，四壁较直，墓道底部南深北浅呈斜坡式，深3.56～3.76米，墓道东壁北端距开口1.75米，上下分布3个脚窝，立面形状三角形，间距0.36～0.41米，宽0.2～0.24米，高0.14～0.19米，进深0.07～0.1米。洞室为墓道南壁向南掏挖生土而成。洞室口长方形，拱形顶，宽1.06米，高1.4米。洞室拱形顶，直壁平底，顶面略短于底面，底面近长方形，长3.3米，南宽北窄，宽0.93～1.06米，高1.4米，洞室底面与墓道底面持平。墓内填土为花土（图一三九；图版五五，2）。

（2）葬具与人骨

葬具为一木棺，位于洞室南部，残留白色板灰痕迹。棺长2.1米，宽0.72～0.8米，残高0.21米，木板厚度不详。棺内发现一具人骨，仰身直肢，头北足南，女性，年龄20±5岁。

（3）随葬品

出土随葬品5件（组）。其中陶壶4件，出土于棺北端外侧的洞室东壁一侧；五铢铜钱1组（8枚），散落于棺内墓主人右肩外侧（图版五六，1）。

陶壶　4件。

M13:1，泥质灰陶。喇叭口，外折平沿，方唇，束颈，溜肩，鼓腹，下腹弧收，平底。口沿下饰2周折棱；颈、肩、下腹部饰多周弦纹。口径11.2、腹径19.2、底径8、通高23.4厘米（图一四〇，1；图版五六，2）。

M13:2，泥质灰陶。喇叭口，方唇，外折平沿，沿面略内凹，束颈，溜肩，圆腹，平底。颈、肩部饰多周弦纹。口径12、腹径19.5、底径6.6、通高30厘米（图一四〇，3；图版五六，3）。

M13:3，泥质灰陶。喇叭口，方唇，外折平沿，沿面略内凹，束颈，溜肩，鼓腹，下腹斜收，平底。颈、肩部饰多周弦纹。口径11.4、腹径20.1、底径7、高22.8厘米（图一四〇，4；图版五六，4）。

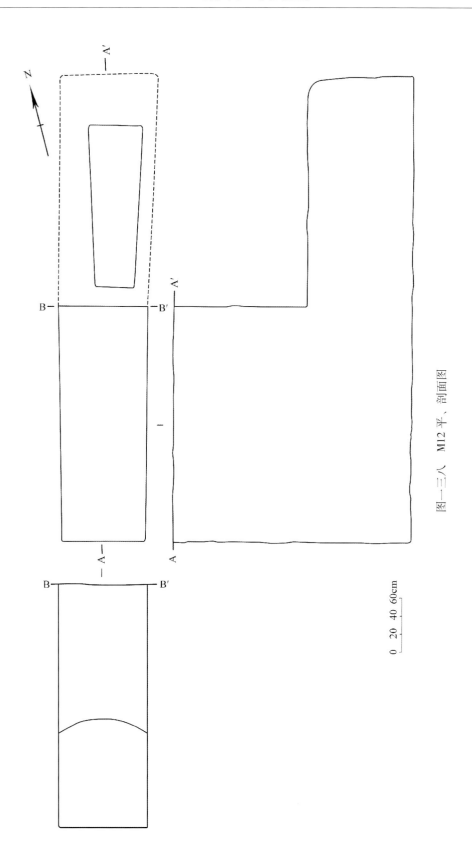

图一三八 M12 平、剖面图

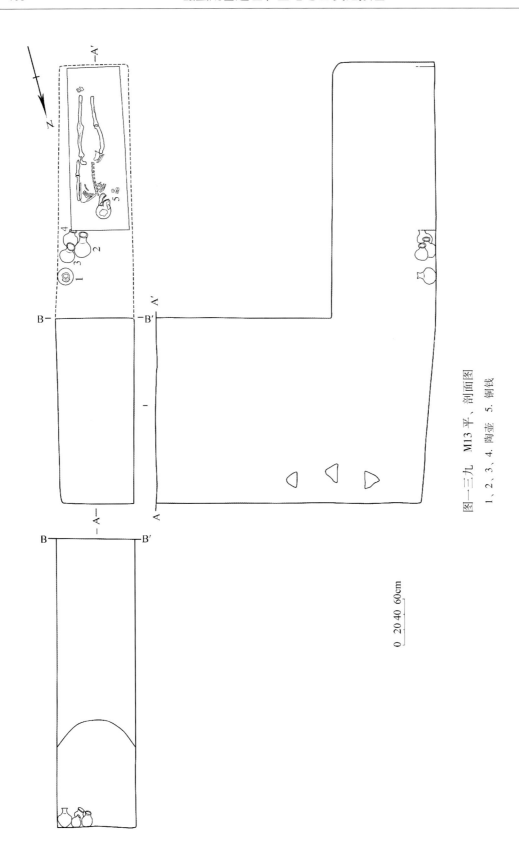

图一三九　M13 平、剖面图
1、2、3、4. 陶壶　5. 铜钱

M13:4，泥质灰陶。喇叭口，方唇，外折平沿，沿面略内凹，束颈，斜肩，鼓腹，小平底。颈、肩部饰多周弦纹；下腹有明显轮制痕迹。口径10.8、腹径19.2、底径6.4、高24厘米（图一四〇，2；图版五六，5）。

图一四〇 M13出土器物（一）

1~4. 陶壶（M13:1、M13:4、M13:2、M13:3）

五铢铜钱 M13:5，共 8 枚。

M13:5-1，正方形穿，正面无郭，反面有郭；穿之左右两侧篆文"五铢"两字；"五"中间两笔近直，"铢"金字头呈等腰三角形，朱字头圆折。钱径 2.5、穿宽 1 厘米（图一四一，1）。

M13:5-2，正方形穿，正面无郭，反面有郭；穿之左右两侧篆文"五铢"两字；"五"中间两笔近直，"铢"金字头呈等腰三角形，朱字头圆折，字体瘦长。钱径 2.5、穿宽 1 厘米（图一四一，2）。

M13:5-3，正方形穿，正面无郭，反面有郭；穿之左右两侧篆文"五铢"两字；"五"中间两笔近直，"铢"金字头呈三角形，四点为圆点，朱字头圆折。钱径 2.5、穿宽 1 厘米（图一四一，3）。

M13:5-4，正方形穿，正面无郭，反面有郭；穿之左右两侧篆文"五铢"两字；"五"中间两笔弯曲，"铢"金字头呈箭镞状，四点为长圆点，朱字头方折。钱径 2.5、穿宽 1 厘米（图一四一，4）。

M13:5-5，正方形穿，正面无郭，反面有郭；穿之左右两侧篆文"五铢"两字；"五"中间两笔弯曲，"铢"金字头呈等边三角形，四点为长圆点，朱字头圆折。钱径 2.5、穿宽 1 厘米（图一四一，5）。

M13:5-6，正方形穿，正面无郭，反面有郭；穿之左右两侧篆文"五铢"两字；"五"中间两笔弯曲，"铢"金字头呈等边三角形，四点为长圆点，朱字头圆折。钱径 2.4、穿宽 1 厘米（图一四一，6）。

M13:5-7，正方形穿，正面无郭，反面有郭；穿之左右两侧篆文"五铢"两字；"五"中间两笔弯曲，"铢"金字头呈箭镞状。钱径 2.5、穿宽 1 厘米（图一四一，7）。

M13:5-8，正方形穿，正面无郭，反面有郭；穿之左右两侧篆文"五铢"两字；"五"中间两笔近直，"铢"金字头呈等扁三角形，朱字头圆折。钱径 2.5、穿宽 1 厘米（图一四一，8）。

9. M19

（1）位置与形制

M19 位于 I 区南部，T0705 西南部，M19 北与 M6 相邻，相距 0.67 米。M19 为长方形竖井墓道洞室墓，墓葬方向 102°，由竖井墓道和洞室组成。墓道位于洞室东侧，竖井式，土圹平面呈长方形，长 2.72 米，宽 1.06~1.14 米，四壁较直，墓道底部西深东浅呈斜坡式，深 3.6~4.05 米，墓道南壁东端距开口 1.15 米，上下分布 4 个脚窝，立面形状近三角形，间距 0.33~0.38 米，宽 0.12~0.22 米，高 0.1~0.24 米，进深 0.07~0.1 米。洞室为墓道西壁向西掏挖生土而成。洞室口长方形，拱形顶，宽 1.06 米，高 1.2 米。洞室拱形顶，直壁平底，顶面略短于

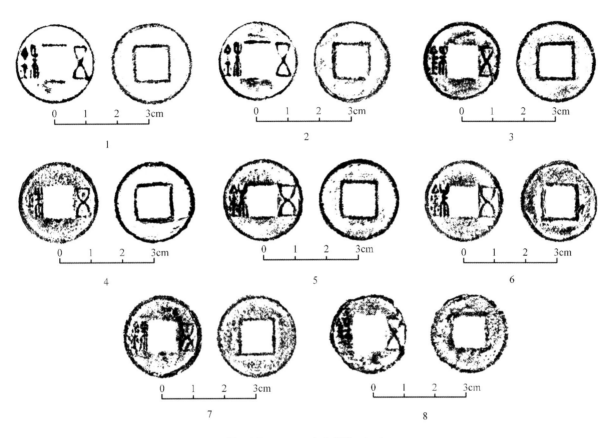

图一四一　M13 出土器物（二）

1~8. 五铢铜钱（M13:5-1、M13:5-2、M13:5-3、M13:5-4、M13:5-5、M13:5-6、M13:5-7、M13:5-8）

底面，底面近长方形，南北两壁中部略内弧，西壁外弧，长 3.08 米，东宽西窄，宽 0.82~
1.06 米，高 1.2 米，洞室底面与墓道底面持平。墓内填土为花土（图一四二；图版五七，1）。

（2）葬具与人骨

葬具为一木棺，位于洞室西部，残留白色板灰痕迹。棺长 1.82 米，宽 0.62~0.72 米，残
高 0.14 米，木板厚度不详。棺内发现一具人骨，保存较完整，仰身直肢，头东足西，女性，年
龄 30±5 岁。

（3）随葬品

随葬品为 3 件陶壶，位于棺北侧，靠近洞室南壁一侧 2 件，北壁一侧 1 件（图版五
七，2）。

陶壶　3 件。

M19:1，泥质灰陶。敞口，方唇，外折平沿，沿面略内凹，束颈，溜肩，鼓腹，下腹弧收，
平底。肩部饰三周凹槽；下腹部有多周弦纹。口径 12、腹径 21、底径 7.5、通高 22.5 厘米
（图一四三，1；图版五八，1）。

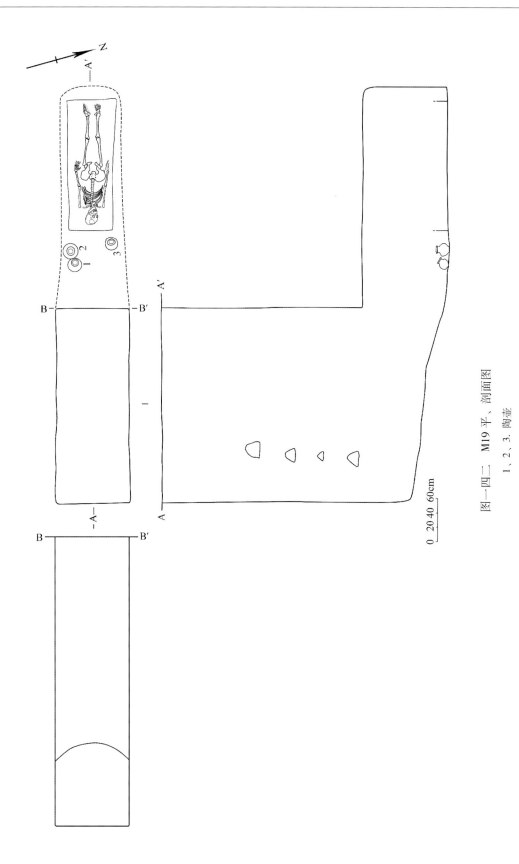

图一四二　M19 平、剖面图

1、2、3. 陶壶

0 20 40 60cm

M19:2，泥质灰陶。敞口，方唇，外折平沿，沿面略内凹，束颈，溜肩，鼓腹，平底。口径11.2、腹径19.2、底径8、通高22.8厘米（图一四三，2；图版五八，2）。

M19:3，泥质灰陶。喇叭口，方唇，外折平沿，沿面略内凹，短束颈，长斜肩，鼓腹，平底。腹部戳印2周篦点纹，下腹部有多周轮制痕迹。口径13、腹径22.8、底径9.2、通高26.4厘米（图一四三，3；图版五八，3）。

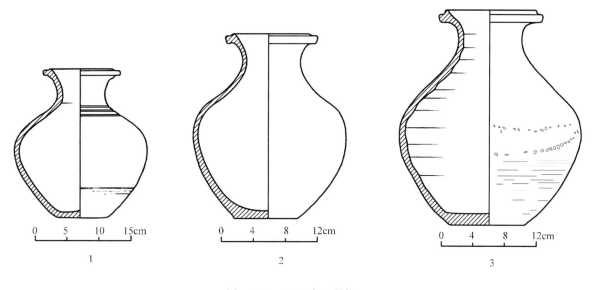

图一四三 M19出土器物

1~3. 陶壶（M19:1、M19:2、M19:3）

10. M20

（1）位置与形制

M20位于Ⅰ中部东端，T0606东部扩方，M20西与M1为邻，相距1米。M20位长方形竖井墓道洞室墓，墓葬方向9°，由竖井墓道和洞室组成。墓道位于洞室北侧，竖井式，土圹平面呈长方形，长3.1米，宽0.9~0.96米，四壁较直，墓道底部南深北浅大致呈斜坡式，距北壁1.56米处墓道倾斜较甚，南部墓道底部较为平缓，深2.15~2.8米。洞室为墓道南壁向南掏挖生土而成。洞室口长方形，拱形顶，宽0.96米，高1.6米。洞室拱形顶，直壁平底，顶面略短于底面，底面近长方形，长2.6米，宽0.9~0.96米，高1.6米，洞室底面与墓道底面持平。墓内填土为花土（图一四四；图版五九，1）。

（2）葬具与人骨

葬具为一木棺，位于洞室南部，残存白色板灰痕迹，棺长1.76米，北宽南窄，宽0.45~0.66米，木板高度、厚度不详。棺内残存头骨，葬式、性别、年龄不详。

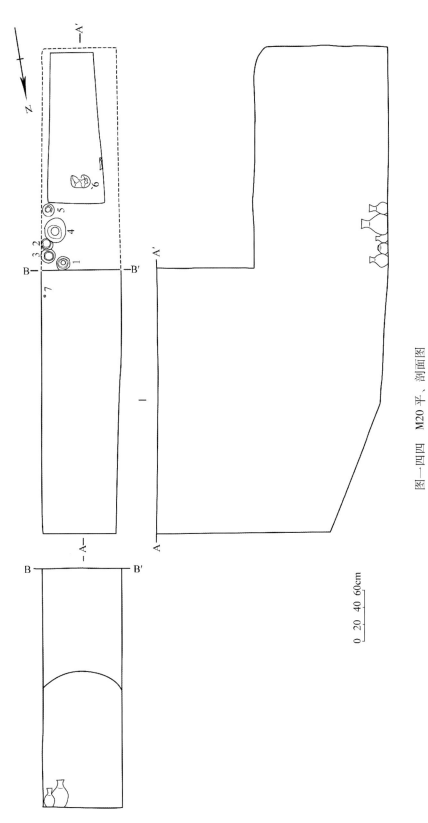

图一四四　M20 平、剖面图

1、2、4、5. 陶壶　3. 陶罐　6. 绿松石耳坠　7. 铜钱

0 20 40 60cm

（3）随葬品

出土随葬品 7 件。其中陶器 5 件，陶壶 4 件、陶罐 1 件，出土于棺北侧，靠近洞室东壁一侧；绿松石耳坠 1 组（2 件），出土于头骨东侧；墓道东北角内出土 1 枚五铢铜钱（图版五九，2）。

陶壶　4 件。

M20:1，泥质灰陶。敞口，方唇，长束颈，溜肩，球腹下垂，圜底，矮圈足略外撇。下腹部留有轮制痕迹。颈部内壁有多周凹槽。口径 11.2、腹径 12、底径 11.2、通高 24 厘米（图一四五，1）。

M20:2，泥质灰陶。敞口，方唇，粗束颈，溜肩，鼓微腹，平底。颈部内壁有多周凹槽；下腹部留有工具刮抹痕迹。口径 7.5、腹径 9.6、底径 5、通高 13.2 厘米（图一四五，4；图版六〇，2）。

M20:4，泥质灰陶。敞口，外折平沿，方唇，长束颈，圆肩，腹近直，圜底，圈足外撇。肩部对称贴附 1 对模制兽面衔环铺首；腹部饰 2 周凸棱，间戳印 1 周篦点纹；下腹部多周弦纹。口径 15、腹径 27.5、足径 18.5、通高 33.5 厘米（图一四五，3；图版六〇，3）。

M20:5，泥质灰陶。口微敞，方唇，长束颈，溜肩，球腹下垂，圜底，圈足外撇。颈部内壁有多周凹槽。口径 11.6、腹径 16、足径 11.2、通高 24.9 厘米（图一四五，2；图版六〇，1）。

陶罐　1 件。

M20:3，泥质灰陶。直口，方唇，矮领，折肩，鼓腹，下腹斜收，大平底；肩部饰 2 周凹弦纹，下腹及底饰横向篮纹。口径 10.8、腹径 15.1、底径 83.6、高 9.3 厘米（图一四五，5；图版六〇，4）。

绿松石耳坠　2 枚。（图版六〇，5）

M20:6-1，首端呈高圆顶形，横穿一小孔，中部为细圆柱体，尾部呈圆锥形，通长 1.6 厘米（图一四五，6）。

M20:6-2，首端呈圆锥形，中部为细圆柱体，尾部残缺，残长 1 厘米（图一四五，7）。

五铢铜钱　1 枚。

M20:7，正方形穿，正面、反面无郭；穿之左右两侧篆文"五铢"两字；"五"中间两笔近直。钱径 2.5、穿宽 1 厘米（图一四五，8）。

11. M21

（1）位置与形制

M21 位于 I 区东部，T0510 西部，M21 墓道被 M27 打破。M21 为长方形竖井墓道洞室墓，墓葬方向 10°，由竖井墓道和洞室组成。墓道位于洞室北侧，竖井式，土圹平面呈长方形，残

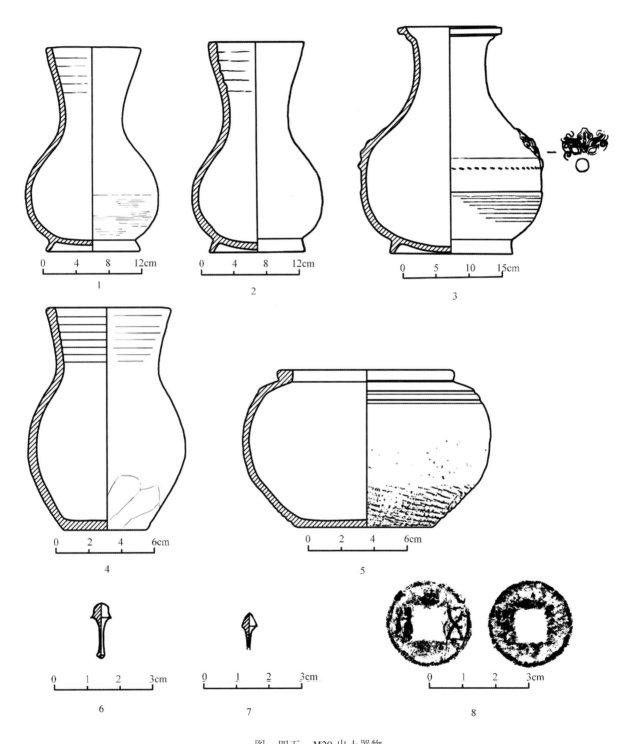

图一四五　M20 出土器物

1~4. 陶壶（M20:1、M20:5、M20:4、M20:2）　5. 陶罐（M20:3）

6、7. 绿松石耳坠（M20:6-1、M20:6-2）　8. 五铢铜钱（M20:7）

长1.98米，宽0.91～0.96米，四壁较直，平底，深2.9米。洞室为墓道南壁向南掏挖生土而成。洞室口长方形，拱形顶，宽0.96米，高0.9米，高出墓道底部0.3米。洞室拱形顶，直壁平底，顶面略短于底面，底面近长方形，南壁略外弧，长2.76米，宽0.9～0.95米，高0.9米，洞室底部高出墓道底部0.3米。墓内填土为花土（图一四六；图版六一，1）。

（2）葬具与人骨

葬具为一木棺，位于洞室南部，残存白色板灰痕迹。棺长1.9米，宽0.56～0.6米，残高0.3米，木板厚度不详。棺内发现一具人骨，仰身直肢，头北足南，男性，年龄30±5岁。

（3）随葬品

出土随葬品4件。其中陶壶3件、陶罐1件，出土于棺北侧，靠近洞室西壁一侧。

陶壶　3件。

M21:1，泥质灰陶，口微敞，深盘口，方唇，束颈，溜肩，鼓腹，假圈足。肩部饰2周凸棱；下腹部有多周弦纹。口径11.2、腹径19.6、底径11.2、通高26厘米（图一四七，1；图版六一，2）。

M21:3，泥质灰陶。覆钵形顶盖，顶近平，壶深盘口，方唇，束颈，溜肩，鼓腹，假圈足较矮，平底。肩部饰2周凸棱；壶颈部内壁多周凹槽。盖径12、高2.8厘米，壶口径12、腹径20、底径11.2、高28.8厘米（图一四七，2；图版六一，4）。

M21:4，泥质灰陶。覆钵形顶盖，顶近平，壶深盘口，方唇，唇内缘略内勾，长束颈，溜肩，鼓腹，假圈足，平底。肩部饰2周凸棱；壶颈部内壁有多周凹槽。盖径12.4、高3.2厘米，壶口径11.2、腹径18.8、底径12、通高28.4厘米（图一四七，3；图版六一，5）。

陶罐　1件。

M21:2，泥质灰陶。侈口，斜方唇，唇面内凹。唇外缘外侈，折肩，长腹微鼓，大平底。肩部饰1周凹槽；下腹部有轮制痕迹。口径8.6、腹径13.5、底径8.4、通高8.4厘米（图一四七，4；图版六一，3）。

12. M24

（1）位置与形制

M24位于Ⅰ区中部偏西，T0908西部。M24为长方形竖井墓道偏洞室墓，墓葬方向12°，由竖井墓道和洞室组成。墓道位于洞室东侧，竖井式，土圹平面呈圆角长方形，长2.2米，宽1.28～1.32米，四壁较直，平底，深2.2米。洞室为墓道西壁掏挖生土而形成南北纵向洞室。洞室口长方形，宽1.84米，高0.82米。洞室拱形顶，直壁平底，顶部东高西低，底面呈圆角长方形，底部进深0.68米，长1.9米，高0.68～0.82米，洞室底部与墓道底部持平。墓内填土为黄褐色（图一四八；图版六二，1）。

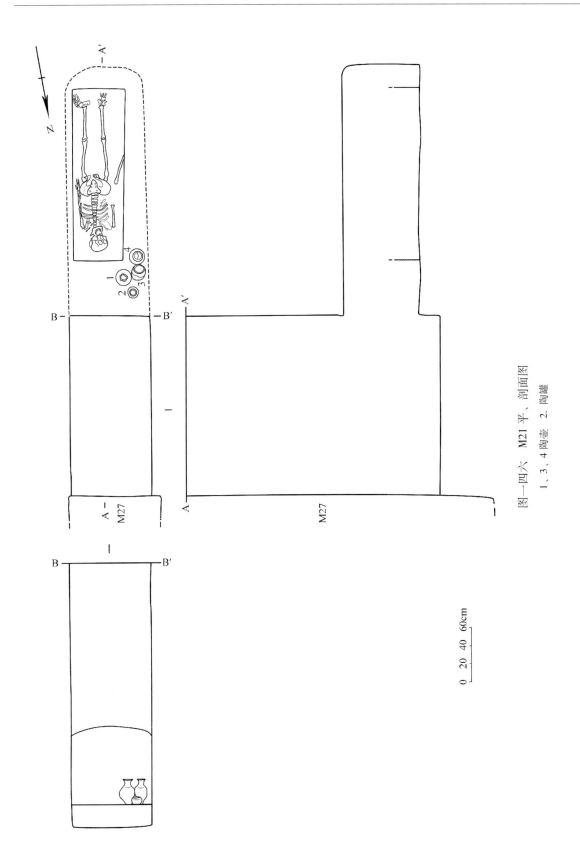

图一四六　M21 平、剖面图
1、3、4 陶壶　2. 陶罐

0　20　40　60cm

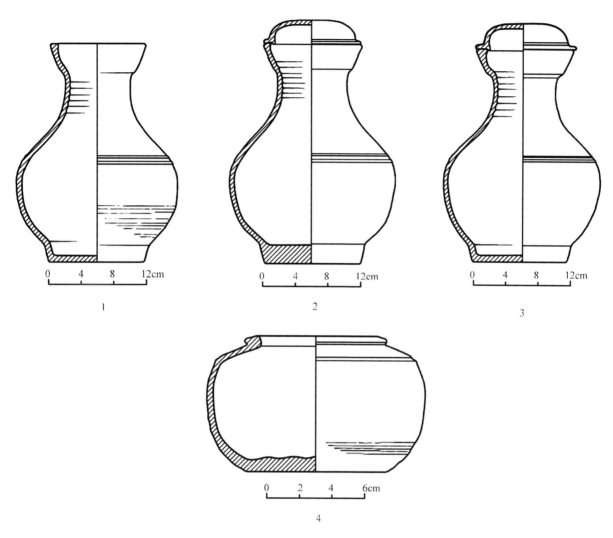

图一四七 M21 出土器物

1 ~ 3. 陶壶（M21:1、M21:3、M21:4） 4. 陶罐（M21:2）

（2）葬具与人骨

葬具为一木棺，位于洞室东部，残存白色板灰痕迹。棺长 1.7 米，宽 0.56 ~ 0.6 米，残高 0.22 米，木板厚度不详。棺内发现一具人骨，头北足南，下肢右屈，男性，年龄 40 ± 5 岁。

（3）随葬品

出土铁器残片 1 件，位于墓道底部东北角。

铁器 1 件。

M24:1，锈蚀。平面不规则形，长 14、宽 10.8、厚 0.4 厘米（图一四九，1）。

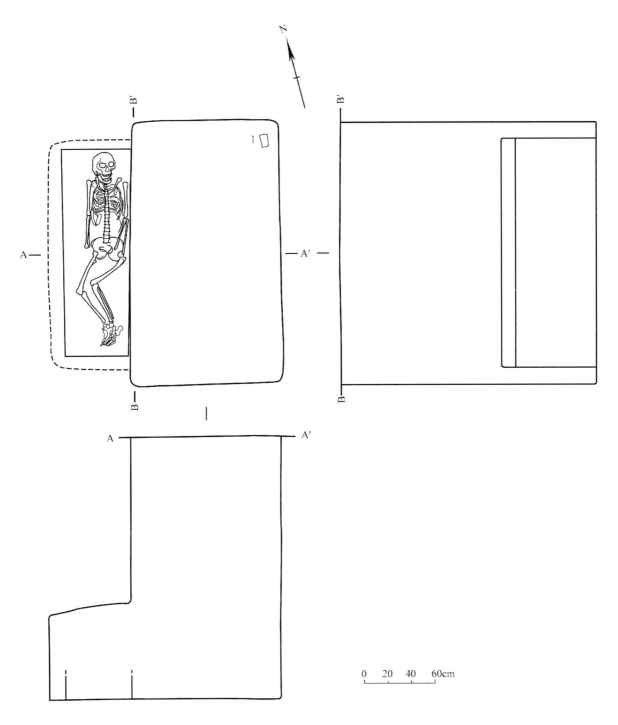

图一四八　M24 平、剖面图

1. 铁器

图一四九　M24 出土器物

13. M26

（1）位置与形制

M26 位于 I 区西部，T1107 东部，M26 西与 M29 为邻，相距 0.7 米，M26 墓道打破 M45。M26 为长方形竖井墓道洞室墓，墓葬方向 196°，由竖井墓道和洞室组成。墓道位于洞室南侧，竖井式，土圹平面呈长方形，长 2.1 米，宽 0.9 ~ 0.95 米，四壁较直；距南壁 0.9 米，墓道底部为平底，深 2.35 米，北部墓道直壁台阶，深 0.12 米，底部北深南浅呈斜坡式，深 2.45 ~ 2.52 米，墓道东壁南端距开口 1.26 米，发现 1 个脚窝，立面形状近三角形，宽 0.21 米，高 0.22 米，进深 0.1 米。洞室为墓道北壁向北掏挖生土而成。洞室口长方形，拱形顶，宽 0.9 米，高 0.92 米。洞室拱形顶，直壁，顶面略短于底面，底面近长方形，长 2.1 米，宽 0.9 ~ 0.97 米，高 0.8 ~ 1.16 米，距洞室口 1 米处，洞室北部为长 1.1 米、高 0.18 米生土台，洞室南部底部为斜坡式，南浅北深。墓内填土为花土（图一五〇；图版六三，1）。

（2）葬具与人骨

葬具为一木棺，位于墓道北部、洞室南部，残存白色板灰痕迹。棺长 2.18 米，宽 0.62 ~ 0.68 米，残高 0.18 米，木板厚度不详。棺内发现一具人骨，仰身直肢，下肢呈 "O" 形，头南足北，男性，年龄 30 ± 5 岁。

（3）随葬品

出土随葬品 4 件，其中陶壶 2 件分别出土于墓主人股骨两侧，双脚下出土 1 件陶壶，右脚踝外侧出土 1 件陶罐（图版六三，2）。

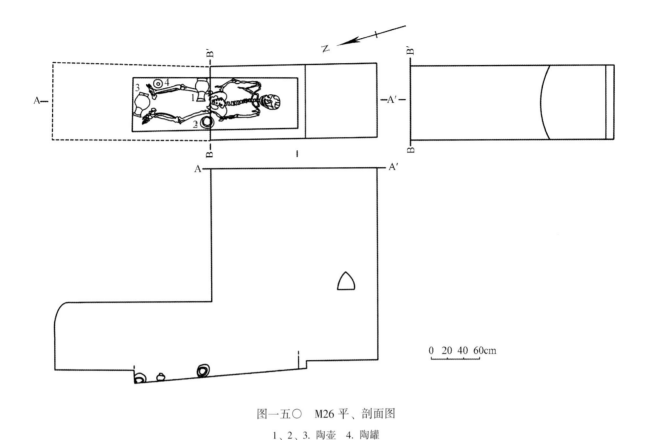

图一五○　M26 平、剖面图

1、2、3. 陶壶　4. 陶罐

陶壶　3 件。

M26：1，泥质灰陶。盘口，方唇，唇内缘内勾，束颈，斜肩，鼓腹，假圈足略外撇，底略内凹。颈、腹、圈足压印 2 周条带纹；肩部饰 2 周凹槽，内压印条带纹。口径 11.5、腹径 18、底径 11.5、通高 28.5 厘米（图一五一，1；图版六四，1）。

M26：2，泥质灰陶。喇叭口，宽方唇，唇内缘内勾，束颈，长斜肩，鼓腹，假圈足略外撇。肩部饰 2 周凹弦纹。口径 12.5、腹径 20、足径 11.5、通高 29 厘米（图一五一，2；图版六四，2）。

M26：3，泥质灰陶。深盘口，宽方唇，唇外缘外凸，束颈，溜肩，鼓腹，假圈足。肩部饰 2 周凸棱，间压印 1 周条带纹；下腹部留有多周轮制痕迹。口径 11.2、腹径 18.4、足径 9.6、通高 27.2 厘米（图一五一，3；图版六四，3）。

陶罐　1 件。

M26：4，泥质灰陶。侈口，外卷圆唇，鼓腹，下腹弧收，平底。肩部饰 1 周凹槽。口径 7.6、腹径 10.6、底径 4、通高 8.4 厘米（图一五一，4；图版六四，4）。

图一五一　M26 出土器物

1 ~ 3. 陶壶（M26∶1、M26∶2、M26∶3）　4. 陶罐（M26∶4）

14. M27

（1）位置与形制

M27 位于Ⅰ区东部，T0511 中部，M27 打破 M21 墓道。M27 为长方形竖井墓道洞室墓，墓葬方向195°，由竖井墓道和洞室组成。墓道位于洞室南侧，竖井式，土圹平面呈长方形，长 2.04 米，宽0.96 ~ 1.04 米，四壁较直，墓道底部南浅北深呈斜坡式，深 3.5 ~ 3.6 米。在东壁北端距开口深 2.65米，发现 1 个脚窝，立面平面呈三角形，宽 0.2 米，高 0.21 米，进深 0.12 米。洞室为墓道北壁向北掏挖生土而成。洞室口长方形，拱形顶，宽 1.04 米，高 1.5 米。洞室口南侧 0.1 米，放置封门立柱 5

根，东西向一线排列，立柱已腐朽，残存白色灰痕，残高 0.36～0.4 米，间距 0.07～0.18 米，柱径 0.14～0.18 米（图版六五，2）。洞室拱形顶，直壁平底，顶面略短于底面，底面近长方形，北壁外弧，长 2.8 米，北宽南窄，宽 0.94～1.06 米，高 1.5 米，洞室底面与墓道底面持平。墓内填土为花土（图一五二；图版六五，1）。

（2）葬具与人骨

葬具为一木棺，位于洞室北部，残存白色存板灰痕迹，棺长 2 米，宽 0.6～0.68 米，残高 0.4 米，板厚 0.04 米。棺内发现一具人骨，仰身直肢，头南脚北，面向上，两脚重叠交叉，女性，年龄 30±5 岁。

（3）随葬品

出土随葬品 4 件，陶壶 3 件、陶罐 1 件，出土于木棺南侧、洞口北侧之间。

陶壶　3 件。

M27：1，泥质灰陶。浅盘口，方唇，束颈，溜肩，鼓腹，平底。肩部饰 2 周凸弦纹。口径 10.5、腹径 19、底径 8.5、通高 27 厘米（图一五三，1；图版五八，4）。

M27：2，泥质灰陶。覆钵形浅弧顶盖；壶盘口，方唇，束颈，溜肩，鼓腹，假圈足，平底。盖面模印 2 周凸棱分隔 3 个区域，中心模印四叶柿蒂纹，间填卷云纹，外侧 2 个区域模印卷云纹。壶肩部饰 2 周凹槽。盖直径 13、高 3 厘米，壶口径 12.7、腹径 21、足径 14.5、通高 30.5 厘米（图一五三，3；图版五八，5）。

M27：3，泥质灰陶。深盘口，方唇，束颈，溜肩，弧腹，矮假圈足，略内收，平底。肩部饰 2 周凹弦纹；下腹留有轮制痕迹。口径 10、腹径 18.8、底径 8.8、通高 27.2 厘米（图一五三，2；图版五八，6）。

陶罐　1 件。

M27：4，泥质灰陶。侈口，外卷圆唇，圆肩，深腹微弧，大平底。肩部饰 2 周凹槽，下腹留有轮制痕迹。口径 8、腹径 12.2、底径 6、高 8.6 厘米（图一五三，4；图版六四，5）。

15. M29

（1）位置与形制

M29 位于 I 区西部，T1107 西部，M29 东与 M26 相邻，相距 0.82 米。M29 为长方形竖井墓道洞室墓，墓葬方向 200°，由竖井墓道和洞室组成。墓道位于洞室南侧，竖井式，土圹平面呈长方形，长 2.5 米，宽 1.04～1.1 米，四壁较直，墓道底部南浅北深呈斜坡式，深 2.55～2.65 米，墓道西壁南端距开口 1.1 米，上下分布 2 个脚窝，立面形状近三角形，间距 0.62 米，宽 0.14～0.16 米，高 0.18～0.22 米，进深 0.07～0.1 米。洞室为墓道北壁向北掏挖生土而成。洞室口长方形，拱形顶，宽 1.1 米，高 1.16 米。洞室拱形顶，直壁，底部南浅北深，北部略凹，顶面略短于底面，底面近长方形，北壁外弧，长 3.16 米，北窄南宽，宽 0.92～1.1 米，高 1.1～

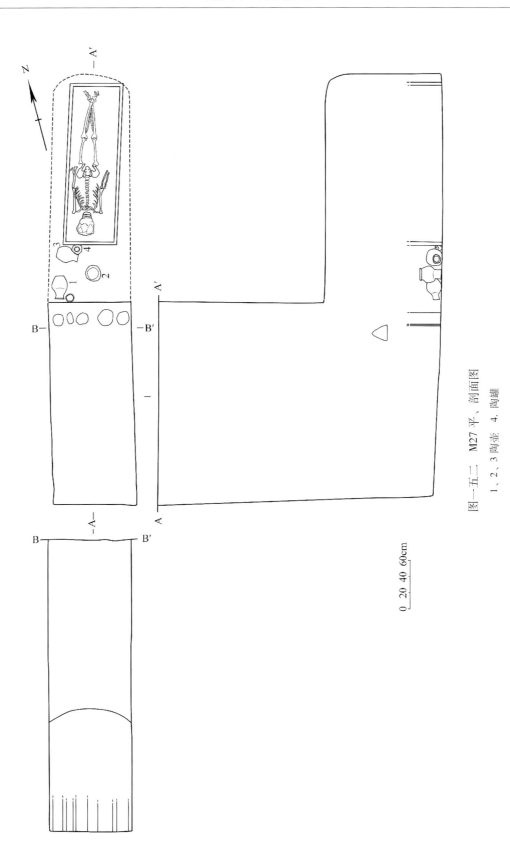

图一五二　M27 平、剖面图
1、2、3.陶壶　4.陶罐

0 20 40 60cm

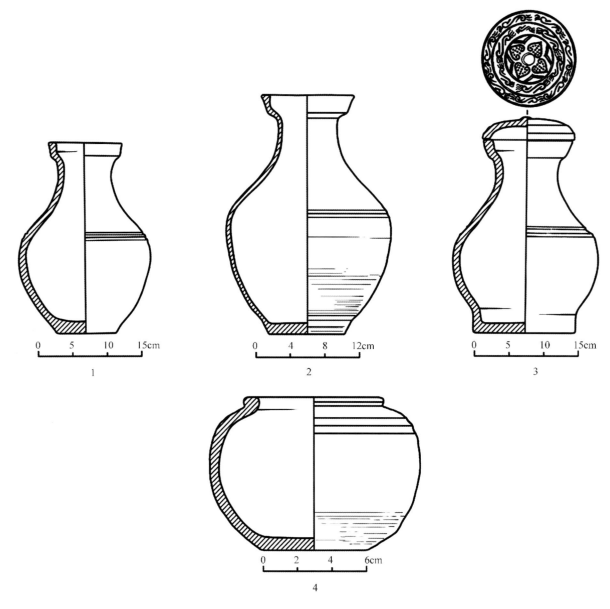

图一五三　M27 出土器物

1～3. 陶壶（M27：1、M27：3、M27：2）　4. 陶罐（M27：4）

1.25 米。墓内填土为花土（图一五四；图版六六，1）。

（2）葬具与人骨

葬具为一木棺，位于洞室北部，残存白色板灰痕迹。棺长 1.88 米，宽 0.65～0.7 米，残高 0.42 米，木板厚度不详。棺内发现一具人骨，保存较好，仰身直肢，头南脚北，女性，年龄 25±5 岁。

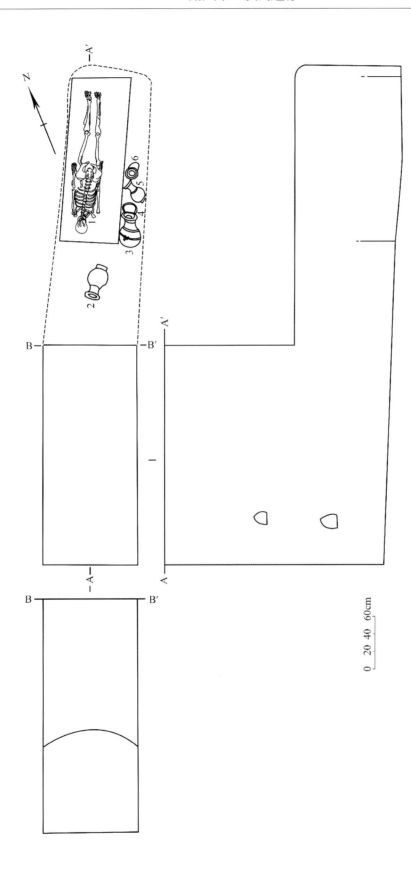

图一五四 M29 平、剖面图
1. 铜钱 2、3、4、5、6. 陶壶

（3）随葬品

出土随葬品6件。其中陶壶5件，1件位于棺外南侧，4件位于棺东侧，靠近洞室东壁一侧；五铢铜钱1枚，含于墓主人口内（图版六六，2）。

陶壶　5件。

M29:2，泥质灰陶。浅盘口，斜方唇，唇内缘内勾，长束颈，斜肩，鼓腹，假圈足外撇，平底。颈部压印2周条带纹；肩、腹部饰各1周凸棱，其下压印1周条带纹；下腹部、圈足下部各压印1周条带纹。口径14.5、腹径23.5、足径14、通高37.5厘米（图一五五，1；图版六七，1）。

M29:3，泥质灰陶。浅盘口，圆唇，唇内缘略内勾，长束颈，溜肩，大鼓腹，下腹斜收，假圈足略外撇，平底。肩部对称贴附1对模制兽面衔环铺首。颈、肩、腹部各饰2周凸棱，上压印条带纹；圈足压印2周条带纹；腹部有轮制痕迹。口径18、腹径29.4、足径15、通高42.6厘米（图一五五，4；图版六七，3）。

M29:4，泥质灰陶。浅盘口，宽方唇，唇外缘外凸，长束颈，圆肩，鼓腹，下腹斜收，假圈足略外撇，平底。颈部压印2周条带纹；肩部饰1周凹弦纹，下压印条带纹。口径13.5、腹径20、足径11.5、通高29厘米（图一五五，5；图版六七，2）。

M29:5，泥质灰陶。浅盘口，圆角方唇，唇内缘内勾，长束颈，溜肩，鼓腹，下腹斜收，假圈足略外撇，平底。口沿下、颈部压印3周条带纹；肩部饰2周凹弦纹，下腹留有轮制痕迹。口径14、腹径20.4、足径12、通高30.4厘米（图一五五，2；图版六七，4）。

M29:6，泥质灰陶。深盘口，圆角方唇，唇内缘内勾，长束颈，溜肩，鼓腹，假圈足外撇，平底。颈部压印2周条带纹；肩、上腹部各饰1周凸棱，下压印条带纹；下腹及圈足各压印1周条带纹。口径14.4、腹径24、足径13.8、通高37.2厘米（图一五五，3；图版六七，5）。

五铢铜钱　1枚。

M29:1，正方形穿，正面无郭，反面有郭；穿之左右两侧篆文"五铢"两字；"五"中间两笔弯曲，"铢"金字头呈箭镞状，四点较长，朱字头方折。钱径2.5、穿宽1厘米（图一五五，6）。

16. M30

（1）位置与形制

M30位于Ⅰ区西部，T1107西部，M30打破M26墓道。M30为长方形竖井偏洞室墓，墓葬方向187°，由竖井墓道和横洞室组成，平面呈靴形。墓道位于洞室南侧，竖井式，土圹平面呈长方形，长1.9米，北宽南窄，宽0.76～0.95米，口大底小，南壁为斜壁，底部长1.75米，南浅北深呈斜坡式，深1.56～2.48米。墓道西壁南端距开口0.97米，有一长方形脚窝，长0.15

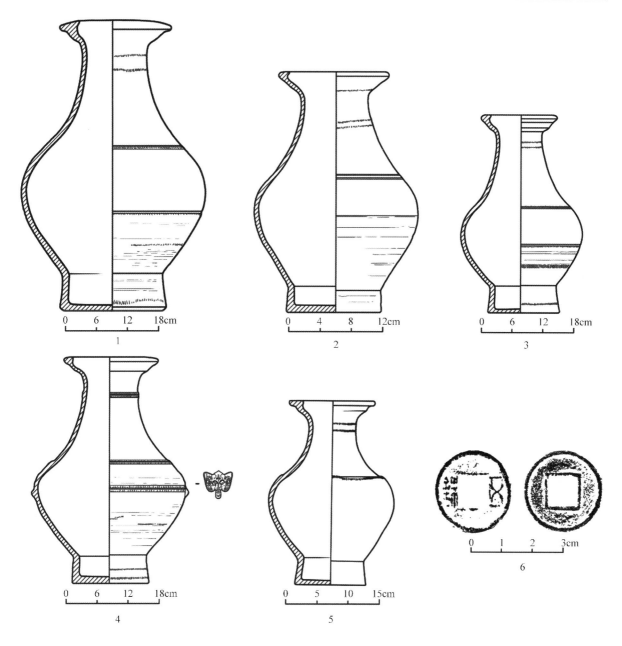

图一五五　M29 出土器物

1～5. 陶壶（M29:2、M29:5、M29:6、M29:3、M29:4）　6. 五铢铜钱（M29:1）

米，宽 0.11 米，进深 0.09 米。洞室为墓道北壁掏挖生土而形成西南—东北向北横向洞室。洞室口长方形，宽 0.95 米，平顶，高 0.92 米。洞室拱形顶，直壁平底，底面弧边长方形，底部长 2.32 米，进深 0.85～1.15 米，高 1.12 米，洞室底部与洞口底部持平。墓内填土为五花土（图一五六；图版六二，2）。

　　（2）葬具与人骨

　　葬具腐朽不存，人骨周围有若干棺钉，推测葬具为木棺。墓内发现一具人骨，保存较好，仰身直肢，头西足东，女性，年龄 25 ± 5 岁。

（3）随葬品

无随葬品。

17. M31

（1）位置与形制

M31 位于 I 区中部，T0910 西部扩方，M31 南与 M38 相邻，相距 0.1 米。M31 为长弧形竖井墓道洞室墓，墓葬方向 100°，由长弧形竖井墓道和洞室组成。墓道位于洞室东侧，竖井式，土圹平面呈长弧形，弧长 9.3 米，距洞室洞口 4.1 处，东西向墓道左曲弧向东北，宽 0.95 ~ 1.2 米，四壁较直，墓道底部东浅西深呈斜坡式，深 1.5 ~ 4.45 米。洞室为墓道西壁向西掏挖生土而成。洞室口长方形，拱形顶，宽 1.2 米，高 2.77 米。洞室口外侧被一排平砖错缝叠砌封堵，共计 20 层，高 1.27 米；泥质灰陶砖块长 0.32 米，宽 0.15 米，厚 0.06 米（图版六八，1）。洞室拱形顶，直壁平底，顶面略短于底面，平面呈舟形，西、南壁外弧，长 4.1 米，宽 1.3 ~ 1.6 米，高 2.7 米。墓内填土为花土（图一五七；图版六八，2）。

（2）葬具与人骨

葬具为一木棺，位于洞室西部，残存白色板灰痕迹。棺长 2.1 米，东宽西窄，宽 0.65 ~ 0.75 米，残高 0.25 米，木板厚度不详。棺内发现一具人骨，保存较差，仰身直肢，头东足西，女性，年龄 35 ± 5 岁。

（3）随葬品

随葬品为 10 件（组）。陶器 6 件，其中陶壶 5 件、陶罐 1 件出土于棺东侧与洞室口之间；铜镜 1 件，出土于棺内东南角；铜钱 3 组（8 枚），散落于棺内北侧。

五铢铜钱　8 枚。

M31：1，5 枚。

M31：1 - 1，正方形穿，正面无郭，反面有郭；穿之左右两侧篆文"五铢"两字；"五"中间两笔弯曲，"铢"金字头呈等边三角形，四点为圆点，朱字头方折。字文清晰。钱径 2.4、穿宽 1 厘米（图一五八，1）。

M31：1 - 2，正方形穿，正面无郭，反面有郭；穿之左右两侧篆文"五铢"两字；"五"中间两笔近直，"铢"金字头等边呈三角形，四点为圆点，朱字头近方折。字文清晰。钱径 2.4、穿宽 1 厘米（图一五八，2）。

M31：1 - 3，正方形穿，正面无郭，反面有郭；穿之左右两侧篆文"五铢"两字；"五"中间两笔弯曲，"铢"金字头呈等边三角形，朱字头方折。钱径 2.5、穿宽 1 厘米（图一五八，3）。

M31：1 - 4，正方形穿，正面无郭，反面有郭；穿之左右两侧篆文"五铢"两字；"五"

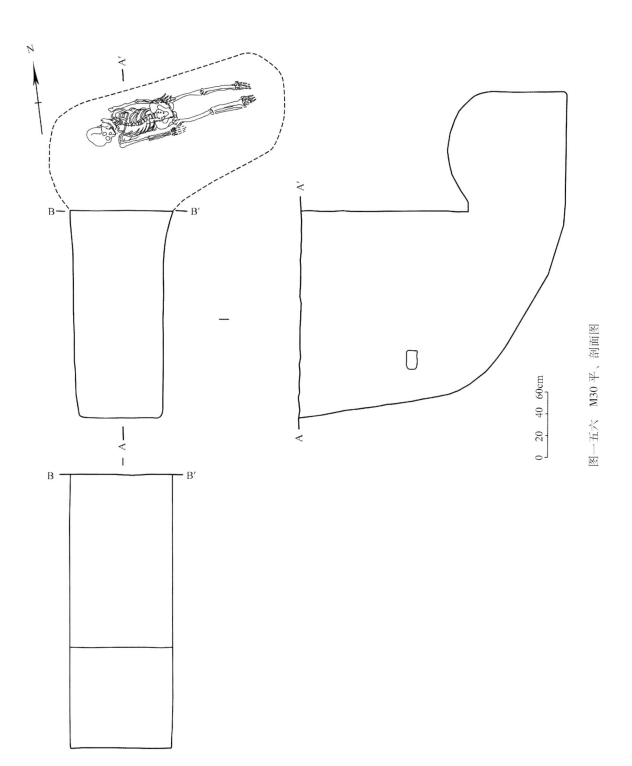

图一五六　M30 平、剖面图

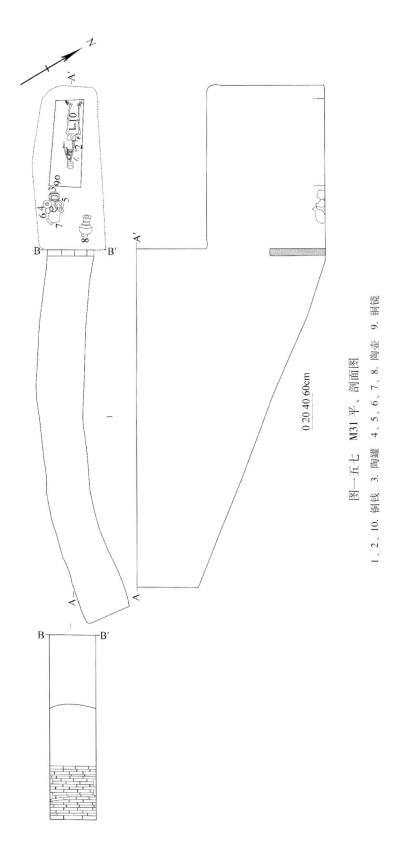

图一五七　M31 平、剖面图

1、2、10. 铜钱　3. 陶罐　4、5、6、7、8. 陶壶　9. 铜镜

中间两笔弯曲，"铢"金字头呈等边三角形，四点为长圆点，朱字头方折。字文清晰。钱径
2.5、穿宽1厘米（图一五八，4）。

M31:1-5，正方形穿，正面无郭，反面有郭；字迹模糊，穿之左右左侧篆文"铢"字；
"铢"朱字头方折。钱径2.4、穿宽1厘米（图一五八，5）。

M31:2，1枚。

正方形穿，正面无郭，反面有郭；穿之左右两侧篆文"五铢"两字；"五"中间两笔弯曲，
"铢"金字头呈带翼箭镞状，四点为圆点，朱字头方折。字文清晰。字文清晰。钱径2.5、穿宽
1厘米（图一五八，6）。

M31:10，2枚。

M31:10-1，正方形穿，正面无郭，反面有郭；穿之左右两侧篆文"五铢"两字；"五"
中间两笔弯曲，"铢"金字头呈箭镞状，四点为圆点，朱字头方折。钱径2.5、穿宽1厘米（图
一五八，7）。

M31:10-2，正方形穿，正面无郭，反面有郭；穿之左右两侧篆文"五铢"两字；"五"
中间两笔弯曲，"铢"金字头呈箭镞状，四点为圆点，朱字头近方折。钱径2.5、穿宽1厘米
（图一五八，8）。

陶罐 1件。

M31:3，泥质灰陶。厚卷圆唇，口微敛，束颈，折肩，长弧腹，小平底，底略内凹。肩、
腹部各压印宽斜绳纹带，两侧饰凸弦纹；下腹排印交错篮纹。口径20.4、腹径32.4、底径12、
通高30厘米（图一五八，9；图版六九，6）。

陶壶 5件。

M31:4，泥质灰陶。覆钵形弧顶盖；壶喇叭口，圆唇，唇内缘内勾，束颈，溜肩，鼓腹，
下腹斜收，假圈足，平底。盖面模印2周凸棱分隔3个区域，凸棱压印条带纹，中心模印四叶
柿蒂纹，间填卷云纹，外侧2个区域模印卷云纹。颈、圈足压印2周条带纹；肩部饰2周凸弦
纹，下压印条带纹；腹部饰3周凹弦纹，上压印条带纹。盖径12.4、高3.2厘米，壶口径
12.4、腹径21.4、足径10.4、通高34.2厘米（图一五九，4；图版六九，1）。

M31:5，泥质灰陶。覆钵形弧顶盖；壶喇叭口，圆唇，唇内缘略内勾，细长颈，溜肩，鼓
腹，下腹弧收，假圈足略外撇，平底。盖面模印3周凸棱分隔4个区域，中心模印四叶柿蒂纹，
外饰1周联珠纹，外侧3个区域模印卷云纹。肩部对称贴附1对模制兽面铺首。颈部饰2周凸
棱，上压印条带纹，下各压印1周圆圈花蕊点纹、条带纹；肩、腹部饰2周凸棱，上压印条带
纹；下腹及圈足压印2周条带纹，假圈足饰1周立菱格纹。盖径14.4、高4厘米，壶口径
13.6、腹径24、足径12.8、通高38厘米（图一五九，1；图版六九，2）。

M31:6，泥质灰陶。喇叭口，圆角方唇，唇内缘略内勾，束颈，溜肩，鼓腹，下腹弧收，
假圈足略外撇，平底。颈部压印2周条带纹；肩、下腹饰2周凸棱，上压印条带纹；下腹饰2
周弦纹；圈足下部压印1周宽条带纹。口径11.1、腹径18.3、足径9.9、通高24厘米（图一五

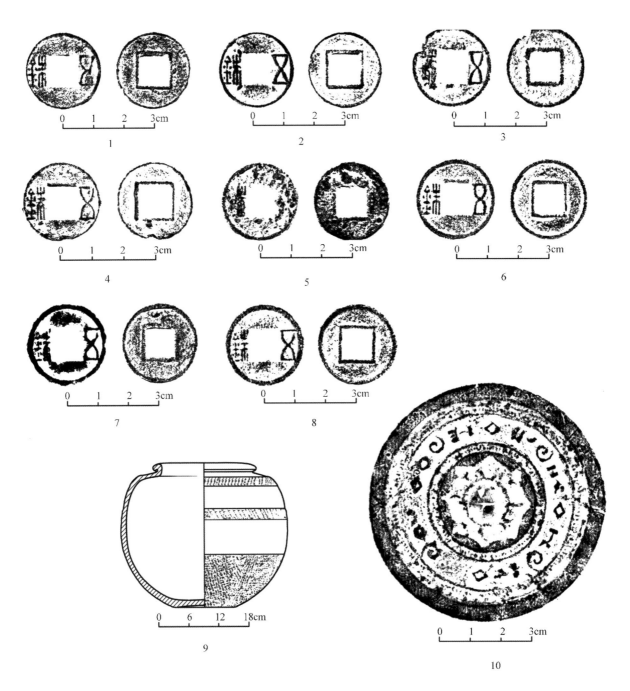

图一五八　M31 出土器物（一）

1～8. 五铢铜钱（M31:1-1、M31:1-2、M31:1-3、M31:1-4、M31:1-5、M31:2、
M31:10-1、M31:10-2）　9. 陶罐（M31:3）　10. 铜镜（M31:9）

九，5；图版六九，3）。

M31:7，泥质灰陶。覆钵形弧顶盖；壶深盘口，圆角方唇，唇内缘内勾，长束颈，溜肩，鼓腹，下腹弧收，假圈足略外撇，平底。盖面模印 3 周凸棱分隔 4 个区域，中心模印四叶柿蒂纹，

外饰 1 周联珠纹, 外侧 3 个区域模印卷云纹。口沿下 1 周折棱, 肩部对称贴附 1 对模制兽面铺首。颈部饰 2 周凸棱, 上压印条带纹, 两侧各压印 1 周圆圈花蕊点纹及 1 周条带纹; 肩、腹部各饰 2 周凸棱, 上压印条带纹; 下腹部压印 2 周条带纹; 假圈足饰 2 周立菱格纹。盖径 18、高 4.2 厘米, 壶口径 16.8、腹径 30、足径 18、通高 46.2 厘米 (图一五九, 3; 图版六九, 4)。

M31:8, 泥质灰陶。覆钵形弧顶盖; 壶深盘口, 圆角方唇, 唇内缘内勾, 细长颈, 溜肩, 鼓腹, 下腹弧收, 假高圈足略外撇, 平底。肩部对称贴附 1 对模制兽面衔环铺首。盖面模印 3 周凸棱分隔 4 个区域, 中心模印四叶柿蒂纹, 外饰 1 周联珠纹, 外侧 3 个区域模印卷云纹。颈部饰 2 周凸棱, 上压印条带纹, 两侧各压印 1 周凹圆圈纹及 1 周条带纹; 肩、腹部饰 2 周凸棱, 上压印条带纹; 下腹压印 2 周条带纹; 假圈足压印 2 周条带纹, 内饰 1 周立菱格纹。盖径 17.8、高 4.8 厘米, 壶口径 18、腹径 33.6、足径 18、通高 54.2 厘米 (图一五九, 2; 图版六九, 5)。

铜镜 1 件。

M31:9, 锈蚀严重。圆形, 圆钮, 圆钮座, 半圆形钮, 外围宽线圈和内向八连弧纹, 2 周短斜线纹圈为铭文带 "见日之光, 天下大……", 宽素缘。直径 7.6 厘米 (图一五八, 10; 图版六四, 6)。

18. M32

(1) 位置与形制

M32 位于 I 区南部, T0704 北部。M32 为长方形竖井墓道洞室墓, 墓葬方向 198°, 由竖井墓道、洞室、壁龛组成。墓道位于洞室南侧, 竖井式, 土圹平面呈长方形, 长 2.48 米, 南宽北略窄, 宽 0.98~1.04 米, 四壁较直, 平底, 深 4.1 米, 墓道西壁南端距开口 1.35 米, 上下分布 5 个脚窝, 立面形状三角形, 间距 0.35~0.54 米, 宽 0.13~0.25 米, 高 0.14~0.25 米, 进深 0.08~0.1 米。洞室为墓道北壁向北掏挖生土而成。洞室口长方形, 拱形顶, 宽 1.04 米, 高 1.2 米。洞室拱形顶, 直壁平底, 顶面略短于底面, 平面近长方形, 西壁略外弧, 长 2.9 米, 宽 1.04~1.1 米, 高 1.2 米, 底部与墓道底部持平。洞室西壁距洞口 0.14 米处有一壁龛, 平面圆角长方形, 高 0.56 米, 宽 0.76 米, 进深 0.56 米, 平顶, 直壁平底 (图版七〇, 2)。墓内填土为花土 (图一六〇; 图版七〇, 1)。

(2) 葬具与人骨

葬具为一木棺, 位于洞室北部, 残存白色板灰痕迹。棺长 1.94 米, 宽 0.55~0.6 米, 残高 0.21 米, 木板厚度不详。棺内发现一具人骨, 保存较差, 仰身直肢, 头南足北, 下肢外曲, 呈 "O" 形, 女性, 年龄 25±5 岁。

(3) 随葬品

出土随葬品 7 件。其中陶器 6 件, 包括陶壶 5 件、陶罐 1 件, 出土于壁龛; 铜带钩 1 件, 出土于棺内墓主人股骨间。

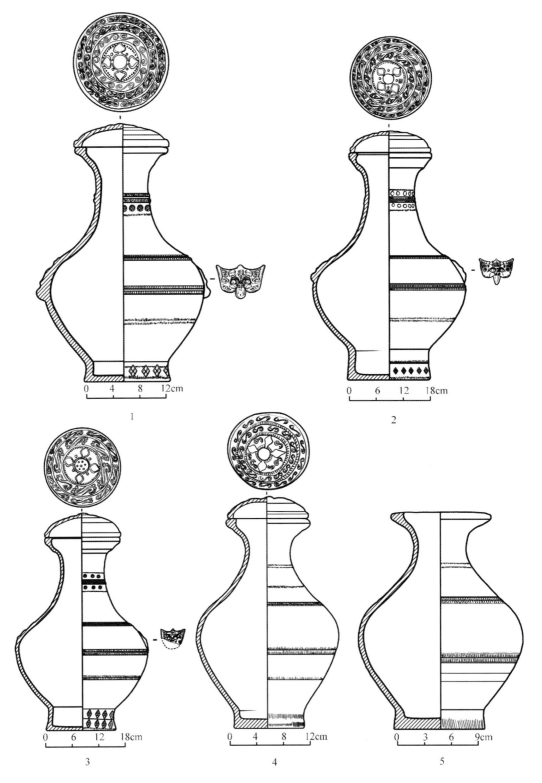

图一五九　M31 出土器物（二）

1~5. 陶壶（31∶5、M31∶8、M31∶7、M31∶4、MM31∶6）

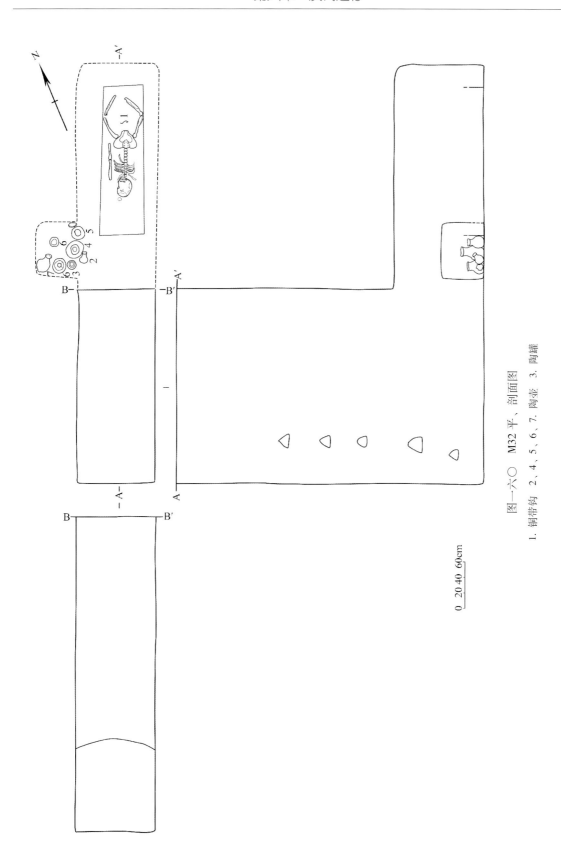

图一六〇　M32 平、剖面图

1. 铜带钩　2、4、5、6、7. 陶壶　3. 陶罐

铜带钩　1件。

M32:1，青铜，范铸。呈琵琶形，钩部残缺，圆钮。残长5.2厘米（图一六一，7）。

陶壶　5件。

M32:2，泥质灰陶。深盘口，圆唇，束颈，溜肩，圆鼓腹，假圈足略外撇，平底。肩部饰2周凹弦纹；下腹部残留轮制痕迹。口径7.5、腹径13.2、足径9.3、通高16.8厘米（图一六一，5；图版七一，1）。

M32:4，泥质灰陶。覆碗形平顶盖，外折平沿，沿微上翘；壶深盘口，方唇略内勾，束颈，溜肩，深腹微鼓，圜底，矮圈足略外撇。肩部对称贴附1对模制兽面铺首。肩、腹各饰2周凸弦纹，间饰1周篦点纹。盖径11.8、高2.8厘米，壶口径12、腹径24、足径14、通高36厘米（图一六一，1；图版七一，3）。

M32:5，泥质灰陶。覆碗形平顶盖，外折平沿，沿微上翘；壶深盘口，圆唇，束颈，溜肩，弧腹，假圈足较矮，平底。肩部饰2周凸棱，腹部饰1周凸棱。盖径10.4、高2.4厘米，壶口径10.8、腹径18.8、足径11.2、通高25.6厘米（图一六一，2；图版七一，4）。

M32:6，泥质灰陶。覆钵形平顶盖，外折平沿，沿微上翘；壶深盘口，方唇，口近直，短束颈，圆肩，鼓腹，假圈足较矮，大平底。肩部饰2周凸棱；腹部饰1周凸棱。盖径10.5、高2.5厘米，壶口径10.4、腹径20、足径12、通高27.6厘米（图一六一，3；图版七一，5）。

M32:7，泥质灰陶。覆钵形平顶盖，外折平沿，沿微上翘；壶盘口，圆唇，唇内缘略内勾，束颈，圆肩，鼓腹，假圈足，平底。肩部饰2周凸棱；腹部饰1周凸棱，下压印1周篦点纹。盖径11.4、高2.7厘米，壶口径11.2、腹径20、足径12.4、通高28.1厘米（图一六一，4；图版七一，6）。

陶罐　1件。

M32:3，泥质灰陶。口微侈，圆唇外卷，溜肩，深弧腹，大平底。肩部饰2周凹弦纹。口径7.8、腹径13、底径8.1、通高8.4厘米（图一六一，6；图版七一，2）。

19. M36

（1）位置与形制

M36位于I区中部，T0710北部，M36北与M39为邻，相距1.3米。M36为长方形竖井墓道洞室墓，墓葬方向18°，由竖井墓道和洞室组成。墓道位于洞室北侧，竖井式，土圹平面呈长方形，长2.25米，南宽北略窄，宽0.95～1.04米，四壁较直，墓道底部南深北浅呈斜坡式，深3.45～3.55米。洞室为墓道南壁向南掏挖生土而成。洞室口长方形，拱形顶，宽1.04米，高1.35米。洞室口北侧放置封门立柱6根，东西向一线排列，立柱已腐朽，残存白色灰痕，残高0.3～0.38米，间距0.04～0.25米，柱径0.17～0.23米（图版七二，2）。洞室拱形顶，直壁平底，顶面略短于底面，底面近长方形，南壁外弧，长3.15米，北宽南窄，宽0.88～1.04

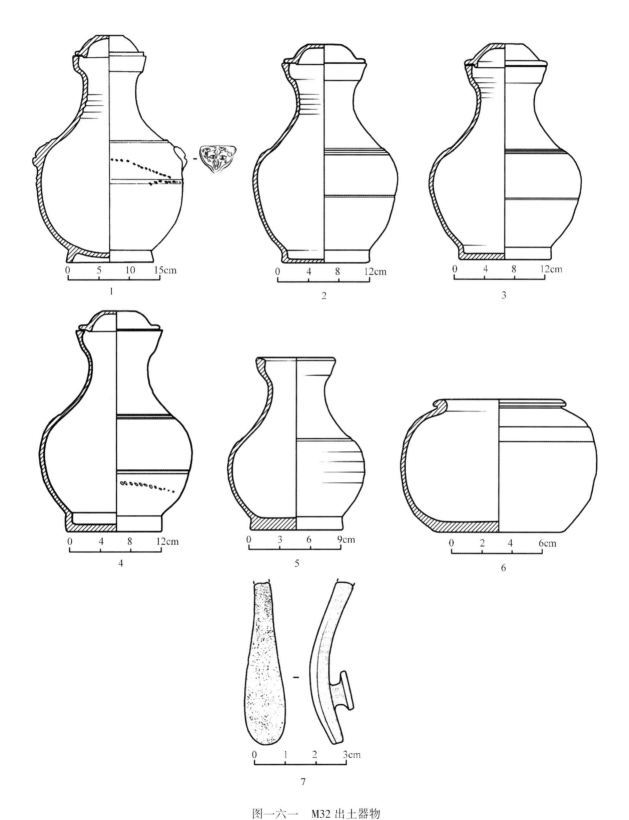

图一六一 M32 出土器物

1~5. 陶壶（M32：4、M32：5、M32：6、M32：7、M32：2） 6. 陶罐（M32：3） 7. 铜带钩（M32：1）

米，高1.35米，洞室底面与墓道底面持平。墓内填土为花土（图一六二；图版七二，1）。

（2）葬具与人骨

葬具为一木棺，位于洞室南侧，残存白色板灰痕迹。棺长2.05米，宽0.66~0.73米，残高0.35米，木板厚0.04~0.05米。棺内发现一具人骨，保存较差，仰身直肢，头北足南，女性，年龄25±5岁。

（3）随葬品

出土随葬品3件，其中陶碗2件、陶罐1件，出土于棺外侧北部。

陶碗　2件。

M36:1，泥质灰陶。口微侈，圆唇，直腹，下腹弧收，大平底略内凹。口沿下饰1周凹弦纹。口径21、底径12、通高10.5厘米（图一六三，1；图版七三，1）。

M36:2，泥质灰陶。侈口，圆唇，微束颈，深弧腹，矮圈足。口沿下饰1周凹弦纹，下腹留有轮制痕迹。口径21、足径11.4、通高9.6厘米（图一六三，2；图版七三，2）。

陶罐　1件。

M36:3，泥质灰陶。侈口，圆唇，矮领，束颈，鼓肩，弧腹，下腹斜收，平底。肩部饰2周宽凹槽。口径8.9、腹径14.2、底径8.2、通高10厘米（图一六三，3；图版七三，3）。

20. M38

（1）位置与形制

M38位于Ⅰ区中部偏西，T0909西部扩方，M38北与M31相邻，相距0.15米。M38为长方形竖井墓道洞室墓，墓葬方向102°，由竖井墓道和洞室组成。墓道位于洞室东侧，竖井式，土圹平面呈长方形，长2.3米，宽0.95~1.1米，四壁较直，墓道底部东浅西深呈斜坡式，深3.25~3.35米。墓道北壁东端距开口0.45米，上下分布3个脚窝，立面形状三角形，间距0.28~0.38米，宽0.18~0.24米，高0.11~0.18米，进深0.08~0.1米。洞室为墓道西壁向西掏挖生土而成。洞室口长方形，拱形顶，宽1.1米，高1.2米。距洞室口东侧0.22米，墓道放置4根封门立柱，南北向一线排列，立柱已腐朽，残存白色灰痕，残高0.28~0.35米，间距0.05~0.16米，柱径0.17~0.22米。洞室拱形顶，直壁平底，顶面略短于底面，底面弧边长方形，西壁外弧，长3.45米，西宽东窄，宽1.1~1.34米，高1.2米，洞室底面与墓道底面持平。墓内填土为花土（图一六四；图版七四，1）。

（2）葬具与人骨

葬具为一木棺，位于洞室西部，残存白色板灰痕迹。棺长1.95米，宽0.7~0.75米，残高0.28米，木板厚度不详。棺内发现一具人骨，腐蚀严重，残存上肢及头骨，推测头东足西，性别、葬式和年龄不详。

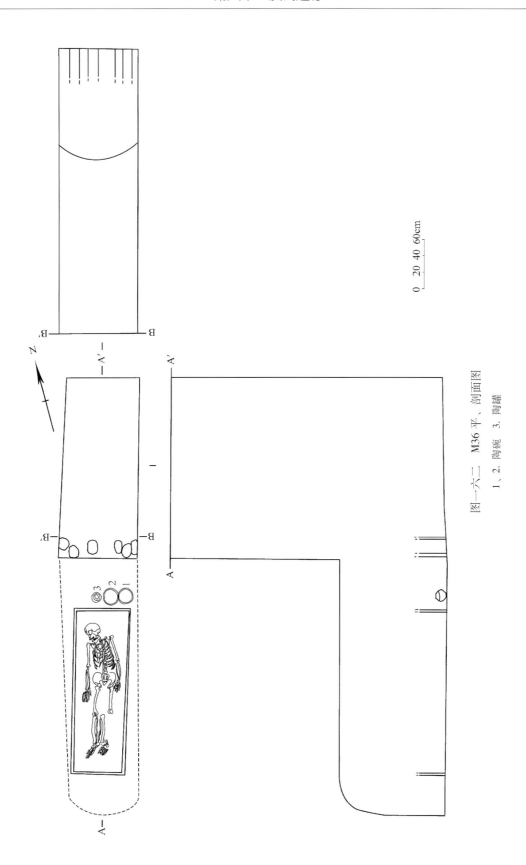

图一六二　M36 平、剖面图
1、2. 陶碗　3. 陶罐

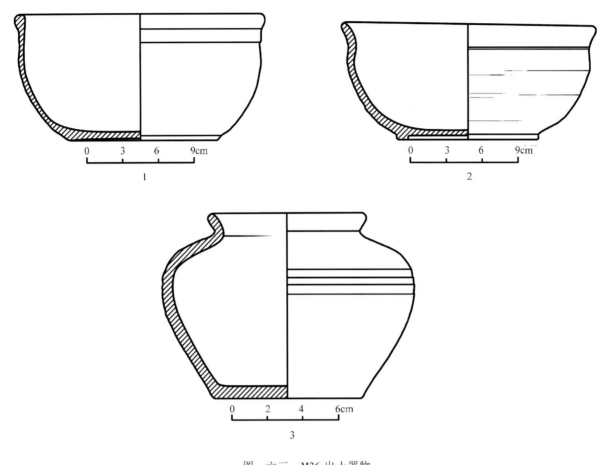

图一六三　M36 出土器物

1、2. 陶碗（M36∶1、M36∶2）　　3. 陶罐（M36∶3）

（3）随葬品

出土随葬品 8 件（组）。其中陶器 5 件，包括陶壶 4 件、陶罐 1 件，出土于棺外侧东部；五铢铜钱 1 组（2 枚），出土于墓主人右肩部；铜镜 1 件、铜毛刷 1 件，出土于墓主人头骨附近（图版七四，2）。

五铢铜钱，M38∶1 共　2 枚。

M38∶1—1，正方形穿，正面无郭，反面有郭；穿之左右两侧篆文"五铢"两字；"五"中间两笔近直略弯曲，"铢"金字头呈等边三角形，四点较长，朱字头方折。钱径 2.5、穿宽 1 厘米（图一六六，3）。

M38∶1—2，正方形穿，正面无郭，反面有郭；穿之左右两侧篆文"五铢"两字；"五"中间两笔近直略弯曲，"铢"金字头呈长箭镞状，四点较长，朱字头方折。钱径 2.5、穿宽 1 厘米（图一六六，4）。

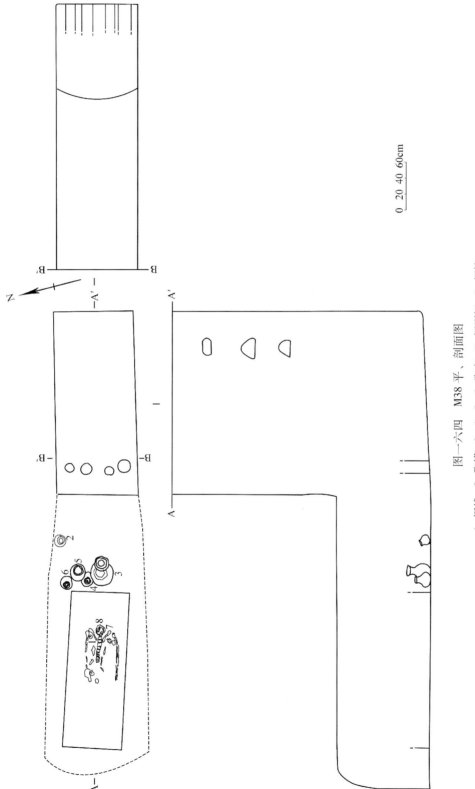

图一六四 M38 平、剖面图

1. 铜钱 2. 陶罐 3、4、5、6. 陶壶 7. 铜刷柄 8. 铜镜

陶罐　1件。

M38：2，泥质灰陶。侈口，圆唇卷沿，束颈，溜肩，鼓腹，大平底。肩部饰1周凹槽。口径10、腹径16、底径8.2、通高12.8厘米（图一六五，5；图版七五，1）。

陶壶　4件。

M38：3，泥质灰陶。喇叭口，圆角方唇，唇内缘内勾，长束颈，溜肩，腹微鼓，下腹弧收，圜底，圈足外撇。腹部对称贴附1对模制兽面衔环铺首。下腹留有轮制痕迹。口径19、腹径30、底径21.6、通高42厘米（图一六五，1；图版七五，4）。

M38：4，泥质灰陶。喇叭口，斜方唇，唇内缘略外凸，短束颈，溜肩，鼓腹，小平底。下腹部留有轮制痕迹。口径10.2、腹径17.4、底径6.4、通高19.2厘米（图一六五，4；图版七五，2）。

M38：5，泥质灰陶。敞口，圆唇，长束颈，溜肩，圆腹下垂，圈足外撇。颈内壁有数周凸棱。口径12、腹径20、足径14、通高28厘米（图一六五，2；图版七五，3）。

M38：6，泥质灰陶。敞口，圆唇，长束颈，溜肩，圆腹下垂，圈足外撇。颈内壁有数周凸棱。口径12、腹径20、足径14、通高29.6厘米（图一六五，3；图版七五，5）。

铜刷柄　1件。

M38：7，呈长条烟斗形，刷毛腐朽无存，细长柄，柄部微端略尖锐，上留有1圆孔。通长12.4厘米（图一六六，2；图版七三，4）。

铜镜　1件。

M38：8，锈蚀严重。圆形，圆钮，圆钮座，外围内向八连弧纹，填饰单弧线纹，2周短线纹圈为铭文带"见日之光，长乐未央"，窄素缘。直径7.6、厚0.6厘米（图一六六，1；图版七五，6）。

21. M39

（1）位置与形制

M39位于Ⅰ区中部，T0711西北部，M39南与M36相邻，相距1.3米。M39为长方形竖井墓道洞室墓，墓葬方向192°，由竖井墓道和洞室、壁龛组成。墓道位于洞室南侧，竖井式，土圹平面呈梯方形，长2.3米，南窄北宽，宽0.75～1.06米，四壁较直平底，深3.45米。洞室为墓道北壁向北掏挖生土而成。洞室口长方形，拱形顶，宽0.86米，高1.35米。洞室口南侧用木板、木柱封堵，残存白色灰痕；东侧木板2块，东西错缝排列，木板残宽0.22～0.28米，厚0.05米，残高0.22～0.27米；西侧木柱3根，东西一线排列，间距0.03～0.05米，直径0.08～0.2米，残高0.22～0.25米。洞室拱形顶，直壁平底，顶面略短于底面，底面呈梯形，长2.6米，北宽南窄，宽0.86～1.2米，高1.35米，洞室底面与墓道底面持平。洞室西壁距洞口0.97米处有一壁龛，底面圆角长方形，顶近平，高0.75米，宽0.85米，进深0.68米，直壁

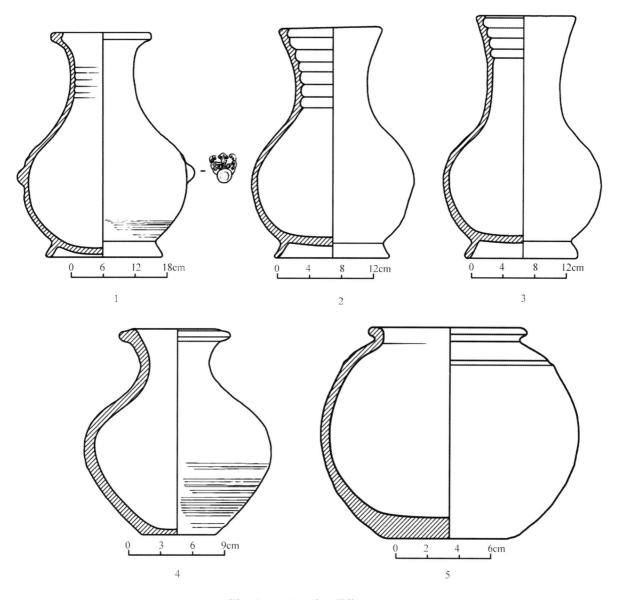

图一六五　M38 出土器物（一）

1~4. 陶壶（M38：3、M38：5、M38：6、M38：4）　5. 陶罐（M38：2）

平底，壁龛低于洞室底部 0.1 米，洞室靠近壁龛处形成宽 0.85 米、进深 0.2 米、深 0.1 米，直壁、平底浅坑（图版七六，2）。墓内填土为五花土（图一六七；图版七六，1）。

（2）葬具与人骨

葬具为一木棺，位于洞室北侧，残存白色板灰痕迹。棺长 1.75 米，南宽北窄，宽 0.62~0.75 米，残高 0.35 米，木板厚 0.03~0.04 米。棺内发现一具人骨，仰身直肢，头南足北，女性，年龄 30±5 岁。

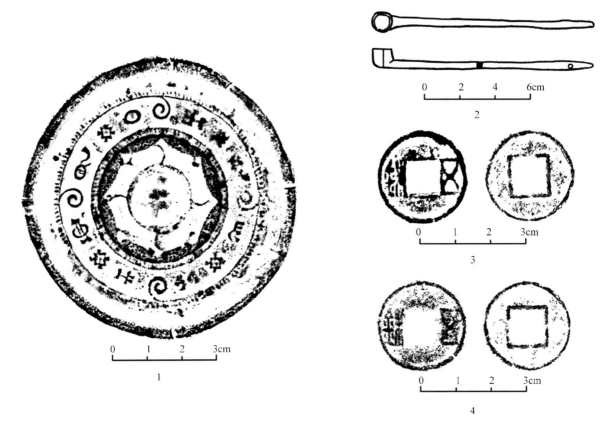

图一六六　M38 出土器物（二）

1. 铜镜（M38∶8）　2. 铜刷柄（M38∶7）　3、4. 五铢铜钱（M38∶1-1、M38∶1-2）

（3）随葬品

出土随葬品12件。其中陶器11件：陶壶10件，出土于壁龛，棺外西侧；陶罐1件，出土于棺内东南角。铜镜1件，出土于棺内墓主人头部右侧。

铜镜　1件。

M39∶1，圆形，圆钮，圆钮座，外围宽线圈和内向八连弧纹，钮座与连弧纹间填饰三线纹、丁字纹，2周短斜线纹圈为铭文带："内而清而以而昭而明而，光而象而夫而日而月"，宽素缘。直径11.2厘米（图一六八，1；图版七八，5）。

陶壶　10件。

M39∶2，泥质灰陶。敞口，圆角方唇，唇内缘略内勾，束颈，溜肩，鼓腹，下腹弧收，假圈足略外撇，平底。颈部压印2周条带纹；腹部压印1周条带纹；肩部饰2周凸棱，间压印条带纹；下腹留有轮制痕迹。口径14、腹径22、足径12.8、通高34.8厘米（图一六九，1；图版七七，1）。

M39∶4，泥质灰陶。敞口，圆角宽方唇，唇内缘略内勾，短束颈，斜肩，鼓腹，假圈足略

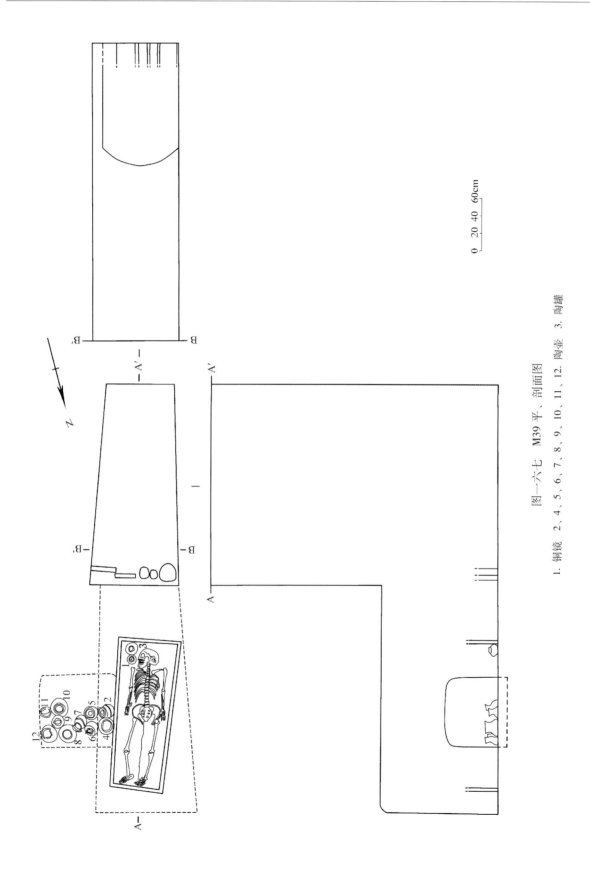

图一六七　M39 平、剖面图

1. 铜镜　2、4、5、6、7、8、9、10、11、12. 陶壶　3. 陶罐

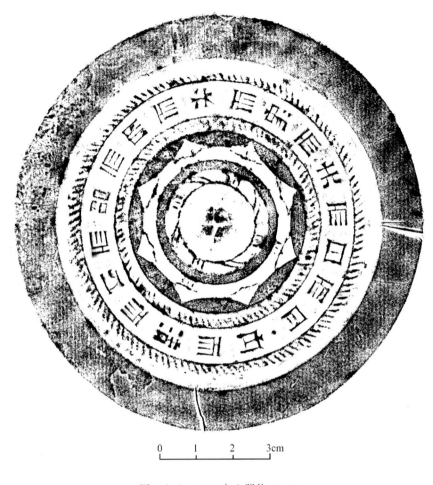

0　1　2　3cm

图一六八　M39 出土器物（一）

1. 铜镜（M39:1）

外撇，平底。颈部压印 2 周条带纹；肩部压印 1 周条带纹，上饰 1 周凹弦纹；下腹留有轮制痕迹。口径 12.5、腹径 18.6、足径 10、通高 27.5 厘米（图一六九，2；图版七七，2）。

　　M39:5，泥质灰陶。敞口，圆角宽方唇，唇内缘略内勾，短束颈，斜肩，鼓腹，假圈足略外撇，平底。颈部压印 2 周条带纹；下腹、圈足各压印 1 周条带纹；肩部饰 2 周凹弦纹，间饰 1 周条带纹；下腹留有轮制痕迹。口径 11.6、腹径 18.6、足径 10、通高 26.4 厘米（图一六九，3；图版七七，3）。

　　M39:6，泥质灰陶。口部残缺。束颈，斜肩，鼓腹，假圈足略外撇，平底。颈部压印 2 周条带纹；下腹、圈足各压印 1 周条带纹；肩部饰 2 周凹弦纹，间饰 1 周条带纹；腹部有多周弦纹。腹径 19.2、足径 10、残高 26.8 厘米（图一六九，4；图版七七，4）。

图一六九 M39 出土器物（二）

1~4. 陶壶（M39：2、M39：4、M39：5、M39：6） 5. 陶罐（M39：3）

M39：7，泥质灰陶。敞口，圆角方唇，唇内缘内勾，长束颈，溜肩，斜腹，下腹弧收，假圈足略外撇，平底。颈、腹、圈足各压印 2 周条带纹；肩部饰 2 周凹弦纹，间饰 1 周条带纹；下腹饰多周线纹。口径 11.2、腹径 18.8、足径 9.6、通高 27.2 厘米（图一六九，6；图版七七，5）。

M39:8，泥质灰陶。覆钵形弧顶盖；壶盘口，斜方唇，唇内缘内勾，短颈，斜肩，鼓腹，下腹弧收，假圈足略外撇，平底。盖面模印 2 周凸棱分隔 3 个区域，中心模印四叶柿蒂纹，外侧 2 个区域模印卷云纹。肩部饰 1 周凹弦纹，下压印 1 周条带纹；下腹压印 1 周条带纹，间饰多周凹线纹；圈足压印 2 周对向条带纹。盖径 10.9、高 3.1 厘米，壶口径 10.8、腹径 16.5、足径 8.2、通高 25.3 厘米（图一七〇，1；图版七八，1）。

M39:9，泥质灰陶。覆钵形浅弧顶盖；壶深盘口，圆唇，唇内缘略内勾，长束颈，斜肩，鼓腹，下腹弧收，假圈足略外撇，平底。盖面模印 2 周凸棱分隔 3 个区域，凸棱上压印条带纹，中心模印四叶柿蒂纹，间填饰卷云纹，外侧 2 个区域模印卷云纹。颈部对称压印 2 周对向条带纹；肩部压印 1 周条带纹，上下饰 2 周凹弦纹；腹部留有多周弦纹。盖径 12、高 3.2 厘米，口径 14、腹径 22.9、足径 11.2、通高 35.2 厘米（图一七〇，2；图版七七，6）。

M39:10，泥质灰陶。覆钵形弧顶盖；壶盘口，圆角方唇，唇内缘略内勾，长束颈，斜肩，鼓腹，下腹弧收，假圈足略外撇，平底。盖面模印 2 周凸棱分隔 3 个区域，中心模印四叶柿蒂纹，外饰 1 周联珠纹，外侧 2 个区域模印卷云纹。肩部压印 1 周条带纹，上下饰 2 周凹弦纹，腹部留有多周弦纹。盖径 14.5、高 4.1 厘米，壶口径 14.3、腹径 21.1、足径 10、通高 34.1 厘米（图一七〇，3；图版七八，2）。

M39:11，泥质灰陶。覆钵形弧顶盖；壶盘口，圆唇，唇内缘略内勾，束颈，溜肩，鼓腹，下腹弧收，假圈足略外撇，平底。盖面模印 2 周凸棱分隔 3 个区域，凸棱上压印条带纹，中心模印四叶柿蒂纹，间填饰卷云纹，外侧 2 个区域模印卷云纹。肩部饰 2 周凹槽，腹部留有多周弦纹。盖径 12.4、高 2.5 厘米，口径 14、腹径 22.8、足径 12、通高 35.7 厘米（图一七〇，4；图版七八，4）。

M39:12，泥质灰陶。覆钵形弧顶盖；壶浅盘口，斜方唇，唇内缘略内勾，束颈，溜肩，鼓腹，假圈足略外撇，平底。盖面模印 2 周凸棱分隔 3 个区域，中心模印四叶柿蒂纹，外饰 1 周联珠纹，外侧 2 个区域模印卷云纹。肩部压印 1 周凹槽，上饰 1 周条带纹。盖径 9.7、高 3.2 厘米，口径 11.6、腹径 16.8、足径 9.6、通高 27.2 厘米（图一七〇，5；图版七八，3）。

陶罐　1 件。

M39:3，泥质灰陶。口微侈，圆唇，矮领，束颈，弧肩，下腹斜收，大平底。肩部饰 2 周凹槽。口径 8、腹径 12.2、底径 6.6、通高 9.2 厘米（图一七〇，5；图版七八，6）。

22. M43

（1）位置与形制

M43 位于 I 区西北部，T0814 东部。M43 为长方形竖井墓道洞室墓，墓葬方向 12°，由竖井墓道和洞室组成。墓道位于洞室北侧，竖井式，土圹平面呈长方形，长 2.55 米，宽 0.9～0.95 米，四壁较直，北部略浅，平底，深 2.52 米，距北壁 0.54 米，墓道底部下挖弧壁台阶，平底，

图一七〇　M39 出土器物（三）

1~6. 陶壶（M39：8、M39：9、M39：10、M39：11、M39：12、M39：7）

深 2.62 米。洞室为墓道南壁向南掏挖生土而成。洞室口长方形，拱形顶，宽 0.9 米，高 0.9 米。墓道东、西两壁靠近洞室口处，各向外侧掏挖凹槽，立面长方形，高 1 米，宽 0.2 米，进深 0.2 米，底部高出墓道底部 0.3 米，凹槽内放置木板封堵洞室口，木板已腐朽，残存白色灰痕，板厚 0.1～0.15 米。洞室拱形顶，直壁平底，顶面略短于底面，底面近长方形，西壁南部外弧，长 2.3 米，北窄南宽，宽 0.9～1.03 米，高 0.9 米，洞室底面与墓道底面持平。墓内填土为花土（图一七一；图版七九，1）。

（2）葬具与人骨

葬具为一木棺，位于洞室南部，残存白色板灰痕迹。棺长 1.8 米，宽 0.6～0.7 米，残高 0.15 米，木板厚度不详。棺内发现一具人骨，保存较差，仰身直肢，头北足南，女性，年龄 30±5 岁。

（3）随葬品

出土随葬品 4 件，包括陶壶 3 件、陶罐 1 件，出土于棺北端外侧的洞室内（图版七九，2）。

陶壶　3 件。

M43：1，泥质灰陶。大敞口，圆唇，高斜领，束颈，圆肩，鼓腹，下腹弧收，平底；肩部饰多周凸棱纹。口径 10.8、腹径 19.2、底径 8、通高 20.6 厘米（图一七二，1；图版八〇，1）。

M43：2，泥质灰陶。喇叭口，斜方唇，唇面内凹，短束颈，溜肩，鼓腹，下腹弧收，小平底。口径 10.5、腹径 17.5、底径 6.5、通高 22.4 厘米（图一七二，2；图版八〇，2）。

M43：4，泥质灰陶。敞口，方唇，唇外缘外侈，短束颈，圆肩，鼓腹，下腹弧收，假圈足较矮，平底。肩部饰 1 周凹弦纹；下腹部留有轮制痕迹。口径 10.7、腹径 18.5、足径 5.7、通高 23.5 厘米（图一七二，3；图版七三，6）。

陶罐　1 件。

M43：3，泥质灰陶。侈口，方唇卷沿，束颈，圆肩，鼓腹，大平底。肩部饰 2 周凹槽，下腹部、底部饰交错篮纹。口径 9.8、腹径 14.4、底径 7.5、通高 10.2 厘米（图一七二，4；图版七三，3）。

23. M44

（1）位置与形制

M44 位于 I 区北部偏东，T0514 东南部。M44 为长方形土坑竖穴墓，墓葬方向 190°。墓葬西北部被 M33 打破。墓圹长 2.36 米，残宽 0.24～0.58 米，深 1.05 米，四壁较直平底。墓内填土为花土（图一七三；图版八一，1）。

（2）葬具与人骨

无葬具。墓内一具人骨，保存较差，左侧骨骼缺失，仰身直肢，头南足北，男性，年龄 40±5 岁。

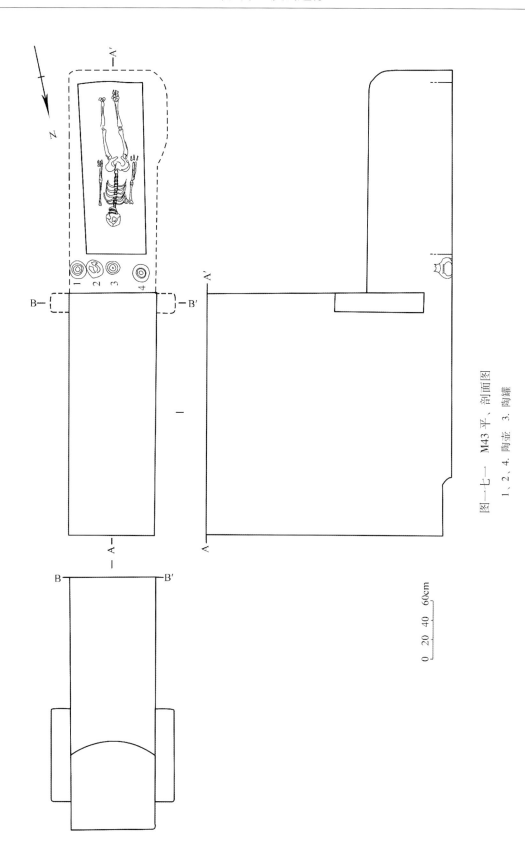

图一七一　M43 平、剖面图

1、2、4. 陶壶　3. 陶罐

0 20 40 60cm

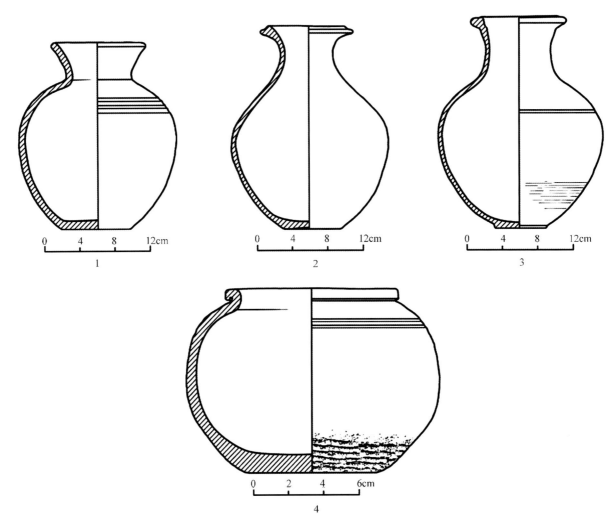

图一七二　M43 出土器物

1~3. 陶壶（M43：1、M43：2、M43：4）　4. 陶罐（M43：3）

（3）随葬品

出土陶壶 1 件，位于墓主人头部左侧与墓圹之间。

M44：1，泥质灰陶。喇叭口，厚圆唇，唇面有凹槽，唇外缘外侈，短束颈，溜肩，鼓腹，下腹弧收，平底。下腹留有轮制痕迹。口径 10.6、腹径 18.6、底径 7.7、通高 21.9 厘米（图一七四，1；图版八〇，3）。

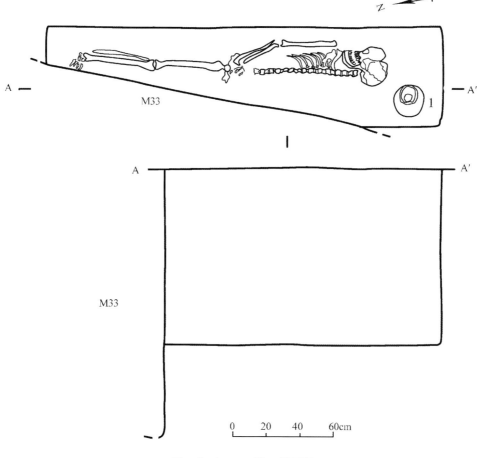

图一七三 M44 平、剖面图

1. 陶壶

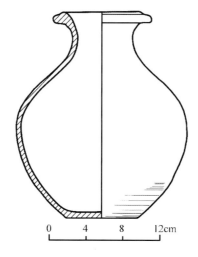

图一七四 M44 出土陶壶

24. M45

（1）位置与形制

M45 位于 I 区西南部，T1106 中部，M45 被 M26 墓道打破。M45 为长方形竖井墓道洞室墓，墓葬方向 14°，由竖井墓道和洞室组成。墓道位于洞室北侧，竖井式，土圹平面呈长方形，长 2.1 米，宽 0.88 ~ 0.92 米，四壁较直，墓道底部南深北浅呈斜坡式，深 4.52 ~ 4.68 米。墓道西壁靠近北端距开口 2.22 米，自上至下发现 4 个脚窝，立面为三角形，间距 0.36 ~ 0.42 米，宽 0.15 ~ 0.2 米，高 0.15 ~ 0.19 米，进深 0.07 ~ 0.1 米。洞室为墓道南壁向南掏挖生土而成。洞室口长方形，拱形顶，宽 0.92 米，高 1.5 米，洞室口北侧放置 5 根封门立柱，东西向一线排列，立柱已腐朽，残存白色灰痕，残高 0.35 ~ 0.4 米，间距 0.07 ~ 0.1 米，柱径 0.08 ~ 0.11 米。墓道东、西两壁靠近洞室口处，各向外掏挖竖向凹槽，立面呈长方形，高 0.65 米，宽 0.16 ~ 0.2 米，进深 0.25 米，底部高出墓道底部 0.28 米，木板已腐朽，残存白色灰痕。洞室拱形顶，直壁平底，顶面略短于底面，底面为梯形，南壁外弧，长 3.1 米，北宽 0.92 米，南宽 1.2 米，高 1.5 米，洞室底面与墓道底面持平。墓内填土为花土（图一七五）。

（2）葬具与人骨

葬具为一木棺，位于洞室南部，残存白色板灰痕迹。棺长 1.82 米，北宽南窄，宽 0.66 ~ 0.7 米，残高 0.25 米，木板厚度不详。棺内发现一具人骨，保存较差，仰身直肢，头北足南，性别不详，年龄 35 ±5 岁。

（3）随葬品

出土陶壶 2 件，位于棺外西北侧，靠近洞室东壁。

M45:1，泥质灰陶。敞口，方唇，长束颈，溜肩，鼓腹下垂，圜底，圈足外撇。颈部内壁有数周凸棱；下腹部留有轮制痕迹，底部留有篮纹。口径 11.4、腹径 17.9、足径 12.8、通高 28.1 厘米（图一七六，1；图版八〇，4）。

M45:2，泥质灰陶。敞口，方唇，长束颈，溜肩，鼓腹下垂，圜底，圈足外撇。颈部内壁有数周凸棱；下腹部留有轮制痕迹，底部留有篮纹。口径 12.7、腹径 18.4、足径 13.5、通高 27.8 厘米（图一七六，2；图版八〇，5）。

25. M46

（1）位置与形制

M46 位于 I 区北端，T0718 中部。M46 为长方形竖井墓道洞室墓，墓葬方向 11°，由竖井墓道和洞室组成。墓道位于洞室北侧，竖井式，土圹平面呈长方形，口大底小，上口长 2.3 米，宽 1.04 米，底部长 2.08 米，宽 0.86 米，斜壁平底，深 4.12 米。墓道西壁北端距开口 2.35 米，

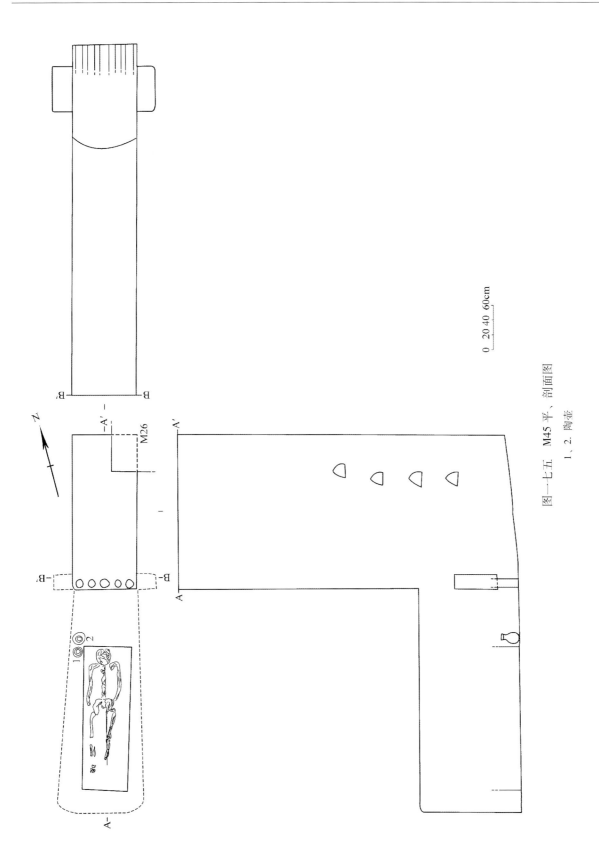

图一七五 M45 平、剖面图

1、2. 陶壶

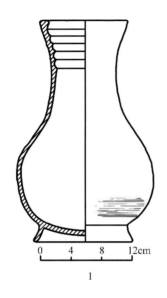 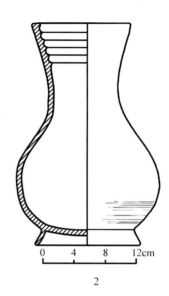

图一七六　M45 出土器物

1、2. 陶壶（M45∶1、M45∶2）

上下分布 3 个脚窝，立面形状近三角形和长方形，间距 0.22 ~ 0.35 米，宽 0.12 ~ 0.17 米，高 0.13 ~ 0.18 米，进深 0.07 ~ 0.1 米。洞室为墓道南壁向南掏挖生土而成。洞室口长方形，拱形顶，宽 0.8 ~ 0.86 米，高 1.4 米。洞室拱形顶，直壁平底，顶面略短于底面，平面近长方形，长 2.86 米，北窄南宽，宽 0.86 ~ 1.06 米，高 1.4 米，洞室底面与墓道底面持平。墓内填土为花土（图一七七；图版八一，2）。

（2）葬具与人骨

葬具为一木棺，位于洞室南侧，残存白色板灰痕迹。棺长 1.9 米，宽 0.7 ~ 0.72 米，残高 0.25 米，木板厚度不详。棺内发现一具人骨，保存较差，仰身直肢，头北足南，性别和年龄不详。

（3）随葬品

出土随葬品 7 件。其中陶器 6 件，包括陶壶 5 件、陶罐 1 件，出土于棺外北侧与洞室口之间；铜钱 1 枚；出土于墓主人右侧肩部。

五铢铜钱　1 枚。

M46∶1，正方形穿，正面无郭、反面有郭；穿之左右两侧篆文"五铢"两字；"五"中间两笔弯曲，"铢"金字头呈箭镞状，四点为长圆点，朱字头方折。字文清晰。钱径 2.5、穿宽 1 厘米（图一七八，6）。

陶壶　5 件。

M46∶2，泥质灰陶。敞口，方唇，唇内缘略内勾，长束颈，斜肩，鼓腹下垂，圜底，圈足外撇。口沿下有 1 周凹弦纹；下腹有轮制痕迹，底部留有篮纹。口径 13.7，腹径 20.2，足径

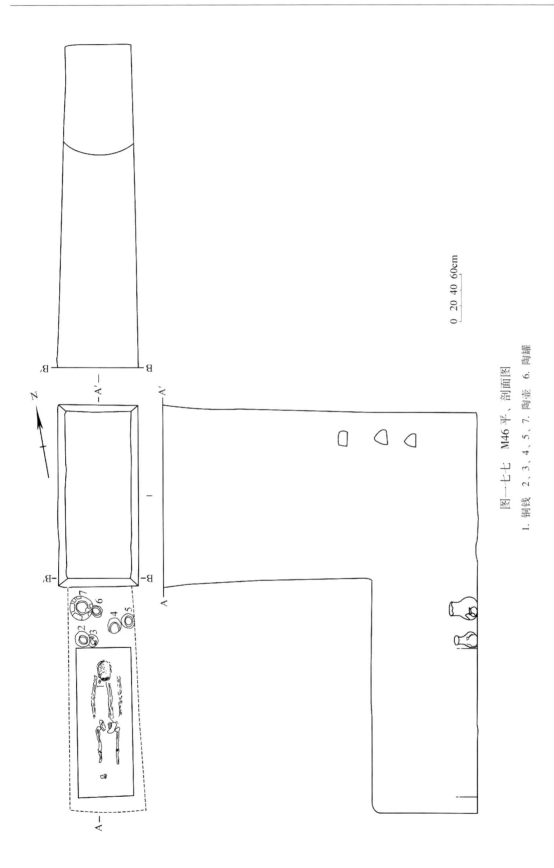

图一七七　M46 平、剖面图

1. 铜钱　2、3、4、5、7. 陶壶　6. 陶罐

14.9，通高28.5厘米（图一七八，1；图版八二，1）。

M46：3，泥质灰陶。喇叭口，圆唇卷沿，短束颈，溜肩，鼓腹，下腹弧收，平底。肩部饰3周凹弦纹；下腹留有轮制痕迹。口径8.7、腹径15.4、底径5.9、通高15.4厘米（图一七八，2；图版八二，2）。

M46：4，泥质灰陶。口微敞，斜方唇，长束颈，斜肩，鼓腹下垂，圜底，圈足外撇。口沿下有1周凹弦纹；底部留有篮纹。口径12.9、腹径19.4、足径15、通高28.7厘米（图一七八，3；图版八二，3）。

M46：5，泥质灰陶。敞口，方唇，唇内缘略内勾，长束颈，溜肩，鼓腹下垂，圜底，圈足外撇。底部留有篮纹。口径12.8、腹径20.7、足径14.5、通高28.9厘米（图一七八，4；图版八二，4）。

M46：7，泥质灰陶。喇叭口，宽方唇，唇内缘内勾，长束颈，溜肩，大鼓腹下垂，圈足外撇。腹部贴附对称1对圆形铺首；铺首上下各饰1周凹弦纹，其间压印1周箆点纹；下腹留有轮制痕迹。口径18.8、腹径31.8、足径21、通高38.7厘米（图一七八，5；图版八二，6）。

陶罐　1件。

M46：6，泥质灰陶。口微敛，圆唇略外侈，圆肩，鼓腹，下腹折收，平底略内凹。肩部饰2周凹槽，下腹及底部饰交错篮纹。口径9.7、腹径14.9、底径6.5、通高10厘米（图一七八，7；图版八二，5）。

26. M47

（1）位置与形制

M47位于Ⅰ区东北部，T0417西南部，M47东与M49相邻，相距1.6米。M47为长方形竖井墓道洞室墓，墓葬方向14°，由竖井墓道和洞室组成。墓道位于洞室北侧，竖井式，土圹平面呈长方形，长2.35米，宽0.87～0.94米，直壁，墓道北浅南深呈斜坡式，深4.25～4.35米。墓道西壁北端距开口1.9米，上下分布4个脚窝，立面形状近三角形，间距0.3～0.35米，宽0.12～0.14米，高0.13～0.17米，进深0.07～0.1米。洞室为墓道南壁掏挖生土而成。洞室口长方形，拱形顶，宽0.94米，高0.95米。洞室拱形顶，直壁平底，顶面略短于底面，平面近长方形，长2.65米，北宽南窄，宽0.78～0.94米，高0.95米，洞室底面与墓道底面持平。墓内填土为花土（图一七九；图版八三，1）。

（2）葬具与人骨

葬具为一木棺，位于洞室南侧，残存白色板灰痕迹。棺长1.76米，北宽南窄，宽0.45～0.6米，木板高度、厚度不详。棺内发现一具人骨，保存较差，仰身直肢，头北足南，女性，年龄30±5岁。

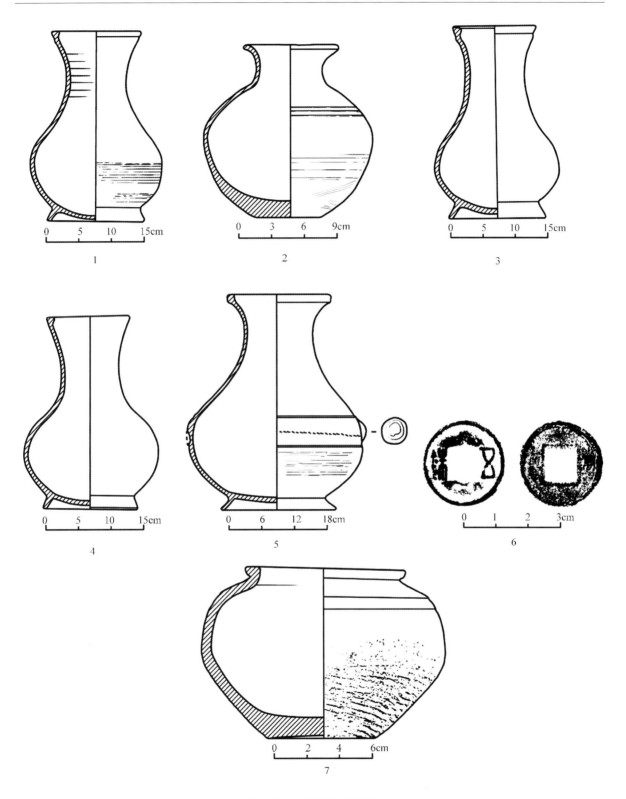

图一七八　M46 出土器物

1～5. 陶壶（M46:2、M46:3、M46:4、M46:5、M46:7）　　6. 五铢铜钱（M46:1）　　7. 陶罐（M46:6）

（3）随葬品

出土随葬品4件，包括陶罐1件、陶壶3件，出土于棺外北侧与洞口之间（图版八三，2）。

陶罐　1件。

M47:1，泥质灰陶。侈口，圆唇外卷，束颈，圆肩，鼓腹，大平底略内凹。肩部饰2周凹槽，下腹及底部拍印方格纹。口径9、腹径13.9、底径6.9、通高8.6厘米（图一八〇，4；图版八四，1）。

陶壶　3件。

M47:2，泥质灰陶。喇叭口，方唇，唇内缘略内勾，长束颈，斜肩，鼓腹，下腹斜收，平底。腹部饰1周凹弦纹；口径6.8、腹径11.5、底径5.7、通高17.5厘米（图一八〇，1；图版八四，2）。

M47:3，泥质灰陶。敞口，方唇，长束颈，斜肩，鼓腹下垂，圈足外撇。口径12.2、腹径17.9、足径12.4、通高26.9厘米（图一八〇，2；图版八四，3）。

M47:4，泥质灰陶。覆钵形平顶盖，子口；壶敞口，方唇，唇内缘略内勾，长束颈，斜肩，鼓腹下垂，圈足外撇。盖径12.5、高3.2厘米，壶口径12.8、腹径18.3、足径12.5、通高31.3厘米（图一八〇，3；图版八四，4）。

27. M48

（1）位置与形制

M48位于Ⅰ区东北部，T0417东北部，M48打破M49。M48为长方形竖井墓道洞室墓，墓葬方向192°，由竖井墓道和洞室组成。墓道位于洞室南侧，竖井式，土圹平面呈长方形，长2.74米，南窄北略宽，宽0.82~0.96米，直壁平底，深2.8米。洞室为墓道北壁向北掏挖生土而成。洞室口长方形，拱形顶，宽0.96米，高1.15米。洞室拱形顶，直壁平底，顶面略短于底面，平面近长方形，北壁略外弧，长2.83米，南宽北窄，宽0.82~0.96米，高1.15米，洞室底面与墓道底面持平。墓内填土为花土（图一八一；图版八五，1）。

（2）葬具与人骨

葬具为一木棺，位于洞室北部，残存白色板灰痕迹。棺长1.9米，宽0.56~0.6米，残高0.16米，木板厚度不详。棺内铺一层白灰，厚0.02米。棺内一具人骨，仰身屈肢，头南足北，双腿外屈成"O"形，女性，年龄15±5岁。

（3）随葬品

出土随葬品5件（组）。其中陶器4件，包括陶罐1件、陶壶3件，出土于棺外西侧，靠近洞室西壁一侧；铜钱1组（26枚），散落于墓主人头部右侧周围。

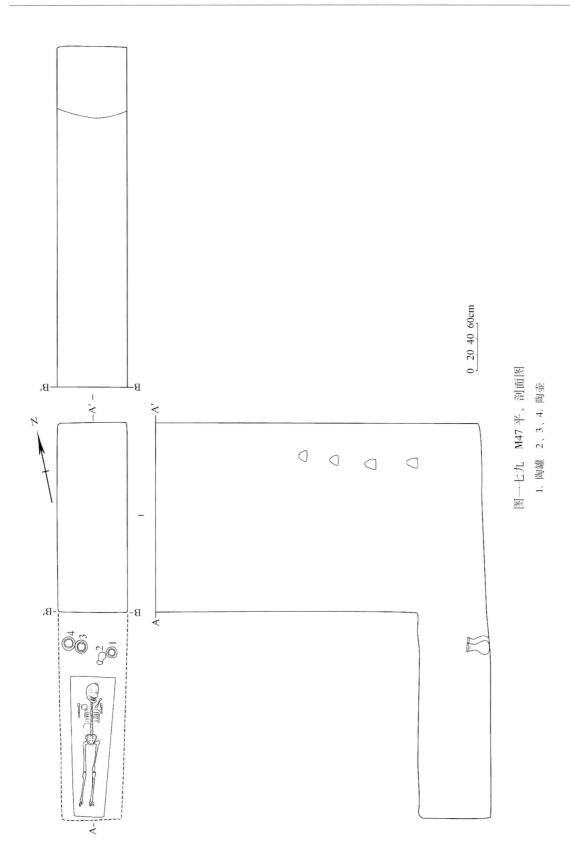

图一七九 M47 平、剖面图

1. 陶罐 2、3、4. 陶壶

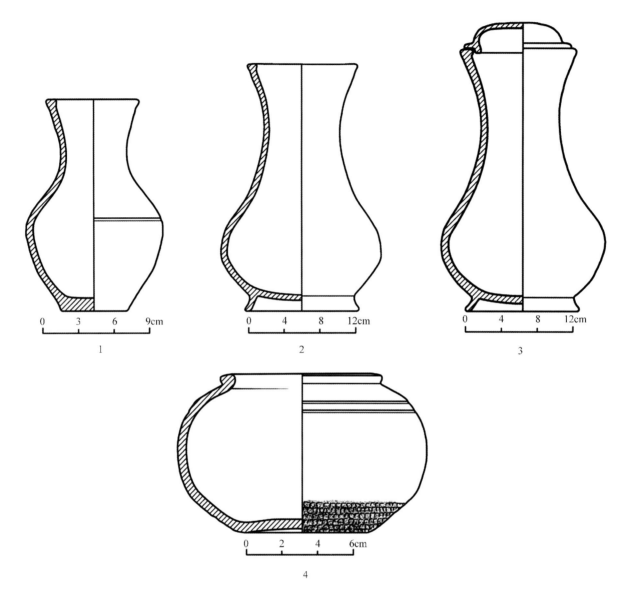

图一八〇　M47 出土器物

1~3. 陶壶（M47：2、M47：3、M47：4）　4. 陶罐（M47：1）

大泉五十铜钱 M48：1，共　26 枚。

　　M48：1—1，正方形穿，正面、反面有郭；穿之左右两侧篆文"五十"，上下篆文"大泉"，字文清晰。钱径2.6、穿宽0.9厘米（图一八二，1）。

　　M48：1—2，正方形穿，正面、反面有郭；穿之左右两侧篆文"五十"，上下篆文"大泉"，字体略瘦。钱径2.6、穿宽0.9厘米（图一八二，2）。

　　M48：1—3，正方形穿，正面、反面有郭；穿之左右两侧篆文"五十"，上下篆文"大泉"，字文清晰。钱径2.7、穿宽0.9厘米（图一八二，3）。

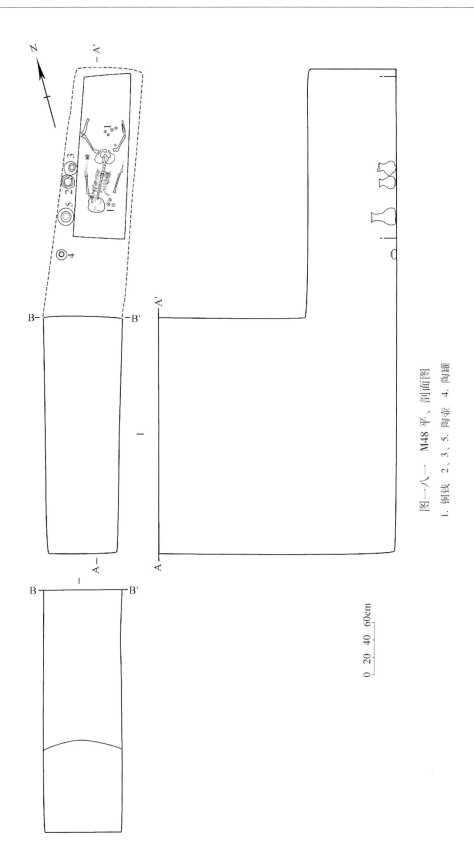

图一八一　M48 平、剖面图
1. 铜钱　2、3、5. 陶壶　4. 陶罐

　　M48:1—4，正方形穿，正面、反面有郭；穿之左右两侧篆文"五十"，上下篆文"大泉"，"泉"下部不清晰。钱径2.6、穿宽0.9厘米（图一八二，4）。

　　M48:1—5，正方形穿，正面、反面有郭；穿之左右两侧篆文"五十"，上下篆文"大泉"，字文清晰。钱径2.6、穿宽0.9厘米（图一八二，5）。

　　M48:1—6，正方形穿，正面、反面有郭；穿之左右两侧篆文"五十"，上下篆文"大泉"，"五"、"泉"字体模糊。钱径2.6、穿宽0.9厘米（图一八二，6）。

　　M48:1—7，正方形穿，正面、反面有郭；穿之左右两侧篆文"五十"，上下篆文"大泉"，字文清晰。钱径2.6、穿宽0.9厘米（图一八二，7）。

　　M48:1—8，正方形穿，正面、反面有郭；穿之左右两侧篆文"五十"，上下篆文"大泉"，"泉"字体模糊。钱径2.7、穿宽0.9厘米（图一八二，8）。

　　M48:1—9，正方形穿，正面、反面有郭；穿之左右两侧篆文"五十"，上下篆文"大泉"，字体清晰。钱径2.5、穿宽1厘米（图一八二，9）。

　　M48:1—10，正方形穿，正面、反面有郭；穿之左右两侧篆文"五十"，上下篆文"大泉"，"泉"字体模糊。钱径2.6、穿宽0.9厘米（图一八二，10）。

　　M48:1—11，正方形穿，正面、反面有郭；穿之左右两侧篆文"五十"，上下篆文"大泉"，"泉"字体下部模糊。钱径2.6、穿宽0.9厘米（图一八二，11）。

　　M48:1—12，正方形穿，正面、反面有郭；穿之左右两侧篆文"五十"，上下篆文"大泉"，"泉"字体模糊。钱径2.7、穿宽0.9厘米（图一八二，12）。

　　M48:1—13，正方形穿，正面、反面有郭；穿之左右两侧篆文"五十"，上下篆文"大泉"，字体清晰。钱径2.6、穿宽0.9厘米（图一八二，13）。

　　M48:1—14，正方形穿，正面、反面有郭；穿之左右两侧篆文"五十"，上下篆文"大泉"，字体清晰。钱径2.8、穿宽1厘米（图一八二，14）。

　　M48:1—15，正方形穿，正面、反面有郭；穿之左右两侧篆文"五十"，上下篆文"大泉"，"泉"字体模糊。钱径2.7、穿宽0.9厘米（图一八二，15）。

　　M48:1—16，正方形穿，正面、反面有郭；穿之左右两侧篆文"五十"，上下篆文"大泉"，字体清晰。钱径2.7、穿宽1厘米（图一八二，16）。

　　M48:1—17，正方形穿，正面、反面有郭；穿之左右两侧篆文"五十"，上下篆文"大泉"，"泉"字体模糊。钱径2.5、穿宽0.9厘米（图一八二，17）。

　　M48:1—18，正方形穿，正面、反面有郭；穿之左右两侧篆文"五十"，上下篆文"大泉"，"泉"字体模糊。钱径2.6、穿宽0.9厘米（图一八二，18）。

　　M48:1—19，正方形穿，正面、反面有郭；穿之左右两侧篆文"五十"，上下篆文"大泉"，"五"字体模糊。钱径2.7、穿宽0.9厘米（图一八二，19）。

　　M48:1—20，正方形穿，正面、反面有郭；穿之左右两侧篆文"五十"，上下篆文"大泉"，字体清晰。钱径2.5、穿宽1厘米（图一八二，20）。

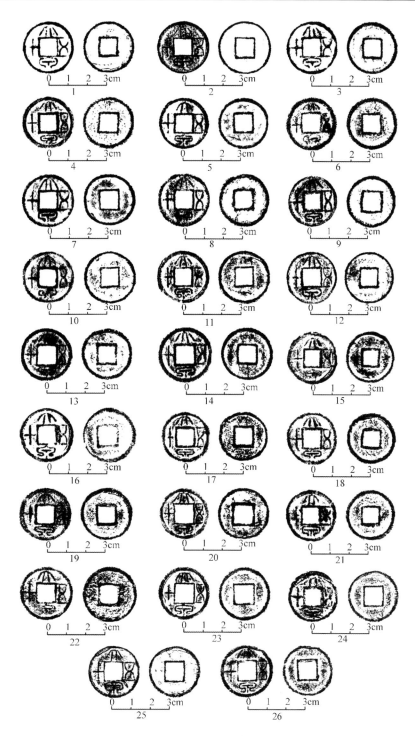

图一八二 M48 出土器物（一）

1~26. 大泉五十铜钱（M48:1-1、M48:1-2、M48:1-3、M48:1-4、M48:1-5、M48:1-6、M48:1-7、
M48:1-8、M48:1-9、M48:1-10、M48:1-11、M48:1-12、M48:1-13、M48:1-14、M48:1-15、
M48:1-16、M48:1-17、M48:1-18、M48:1-19、M48:1-20、M48:1-21、
M48:1-22、M48:1-23、M48:1-24、M48:1-25、M48:1-26）

M48:1—21，正方形穿，正面、反面有郭；穿之左右两侧篆文"五十"，上下篆文"大泉"，字体清晰。钱径 2.6、穿宽 0.8 厘米（图一八二，21）。

M48:1—22，正方形穿，正面、反面有郭；穿之左右两侧篆文"五十"，上下篆文"大泉"，"泉"字体模糊。钱径 2.6、穿宽 1 厘米（图一八二，22）。

M48:1—23，正方形穿，正面、反面有郭；穿之左右两侧篆文"五十"，上下篆文"大泉"，字体清晰。钱径 2.6、穿宽 1 厘米（图一八二，23）。

M48:1—24，正方形穿，正面、反面有郭；穿之左右两侧篆文"五十"，上下篆文"大泉"，字体模糊。钱径 2.5、穿宽 1 厘米（图一八二，24）。

M48:1—25，正方形穿，正面、反面有郭；穿之左右两侧篆文"五十"，上下篆文"大泉"，字体瘦长。钱径 2.6、穿宽 1 厘米（图一八二，25）。

M48:1—26，正方形穿，正面、反面有郭；穿之左右两侧篆文"五十"，上下篆文"大泉"，字体清晰。钱径 2.6、穿宽 1 厘米。（图一八二，26）。

陶壶　3 件。

M48:2，泥质灰陶。盘口，方唇，外折平沿，束颈，长斜肩，鼓腹下垂，假圈足，大平底。颈部压印 3 周条带纹；腹部压印 1 周条带纹，下饰 1 周凹弦纹；圈足压印 2 周条带纹。口径 12.6、腹径 16.7、足径 12.2、通高 24.7 厘米（图一八三，1；图版八五，2）。

M48:3，泥质灰陶。浅盘口，圆唇，唇外缘外凸，内缘内勾，束颈，长斜肩，鼓腹，下腹斜收，假圈足微外撇，平底。颈部压印 2 周条带纹；肩部饰 2 周弦纹，间饰 1 周条带纹；圈足压印 2 周条带纹，间饰 2 周凹弦纹；下腹部留有轮制痕迹。口径 11.2、腹径 17、足径 12、通高 23.2 厘米（图一八三，2；图版八五，3）。

M48:5，泥质灰陶。盘口，圆角方唇，唇内缘略内勾，束颈，溜肩，鼓腹，下腹斜收，假圈足略外撇，平底。颈、圈足压印 3 周条带纹；肩部压印 1 周条带纹。口径 16.4、腹径 21.6、足径 14.4、通高 34.4 厘米（图一八三，3；图版八五，5）。

陶罐　1 件。

M48:4，泥质灰陶。侈口，圆唇微卷，短颈，圆肩，长斜腹，大平底。肩部饰 2 周凹槽，下腹部留有轮制痕迹。口径 7.5、腹径 11.7、底径 6.1、通高 8 厘米（图一八三，4；图版八五，4）。

28. M49

（1）位置与形制

M49 位于 I 区东北部，T0416 中部，M49 被 M48 打破。M49 为长方形竖井墓道洞室墓，墓葬方向 15°，由竖井墓道和洞室组成。墓道位于洞室北侧，竖井式，土圹平面呈长方形，长 2.4 米，宽 1.04 米，直壁平底，深 2.8 米。洞室为墓道南壁向南掏挖生土而成。洞室口长方形，拱

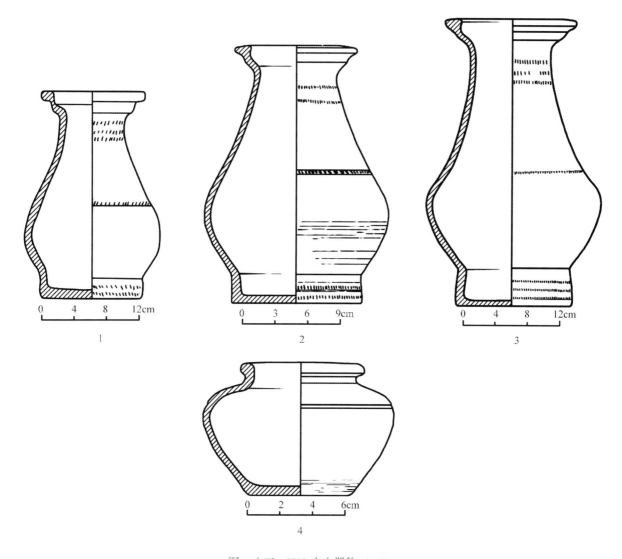

图一八三 M48 出土器物 （二）

1~3. 陶壶（M48:2、M48:3、M48:5） 4. 陶罐（M48:4）

形顶，宽 1.04 米，高 1 米。洞室口北侧 0.1 米处，放置 5 根封门立柱，东西向一线排列，立柱
已腐朽，残存白色灰痕，残高 0.3~0.35 米，间距 0.05~0.08 米，柱径 0.08~0.16 米。洞室
拱形顶，直壁平底，顶面略短于底面，底面近长方形，南壁外弧，长 2.05 米，南宽北窄，宽
0.9~1.05 米，高 1 米，洞室底面与墓道底面持平。墓内填土为花土（图一八四；图版八六，
1、2）。

（2）葬具与人骨

葬具为一木棺，位于洞室南部，残存白色板灰痕迹。棺长 1.9 米，宽 0.6~0.65 米，木板
的高度、厚度不详。棺内发现一具人骨，保存较差，残存头骨残片与少部左臂肢骨，仰身直

肢，头北足南，性别不详，年龄 30±5 岁。

（3）随葬品

出土随葬品 3 件（组）。陶壶 1 件，出土于棺外东侧与洞室东壁之间；铜镜 1 件，位于棺内头部一侧；铜钱 1 组（10 枚），散落于棺内人骨架周围。

铜镜　1 件。

M49：1，锈蚀严重。圆形，圆钮，圆钮座，外围窄线圈和内向八连弧纹，2 周短斜线纹圈为铭文带："见日之光，天下大明"，宽素缘。直径 7.3 厘米（图一八五，2；图版八四，5）。

五铢铜钱 M49：2，共　10 枚，

M49：2-1，正方形穿，正面无郭，反面有郭；穿之左右两侧篆文"五铢"两字；"五"中间两笔弯曲趋甚，"铢"金字头呈等边三角形，四点为圆点，朱字头方折。钱径 2.5、穿宽 1 厘米（图一八五，3）。

M49：2-2，正方形穿，正面无郭，反面有郭；穿之左右两侧篆文"五铢"两字；"五"中间两笔弯曲趋甚，"铢"金字头呈等边三角形，四点为圆点，朱字头方折。钱径 2.5、穿宽 1 厘米（图一八五，4）。

M49：2-3，正方形穿，正面无郭，反面有郭；穿之左右两侧篆文"五铢"两字；"五"中间两笔近直，"铢"金字头呈等腰三角形，四点为长点，朱字头方折。钱径 2.5、穿宽 1 厘米（图一八五，5）。

M49：2-4，正方形穿，正面无郭，反面有郭；穿之左右两侧篆文"五铢"两字；"五"中间两笔弯曲，"铢"金字头呈箭镞状，四点为长点，朱字头方折。钱径 2.5、穿宽 1.1 厘米（图一八五，6）。

M49：2-5，正方形穿，正面无郭，反面有郭；穿之左右两侧篆文"五铢"两字；"五"中间两笔弯曲，"铢"金字头呈等边三角形，四点为长点，朱字头方折。钱径 2.5、穿宽 1 厘米（图一八五，7）。

M49：2-6，正方形穿，正面无郭，反面有郭；穿之左右两侧篆文"五铢"两字；"五"中间两笔弯曲，"铢"朱字头方折。钱径 2.5、穿宽 1.1 厘米（图一八五，8）。

M49：2-7，正方形穿，正面无郭，反面有郭；穿之左右两侧篆文"五铢"两字；"五"中间两笔弯曲趋甚，"铢"金字头呈箭镞状，四点为长点，朱字头方折。钱径 2.5、穿宽 1 厘米（图一八五，9）。

M49：2-8，正方形穿，正面无郭，反面有郭；穿之左右两侧篆文"五铢"两字；"五"中间两笔弯曲，"铢"朱字头方折。钱径 2.4、穿宽 1 厘米（图一八五，10）。

M49：2-9，正方形穿，正面无郭，反面有郭；穿之左右两侧篆文"五铢"两字；"五"中间两笔弯曲，"铢"金字头呈箭镞状，四点为圆点，朱字头方折。钱径 2.5、穿宽 1 厘米（图一八五，11）。

M49：2-10，正方形穿，正面无郭，反面有郭；穿之左右两侧篆文"五铢"两字；"五"

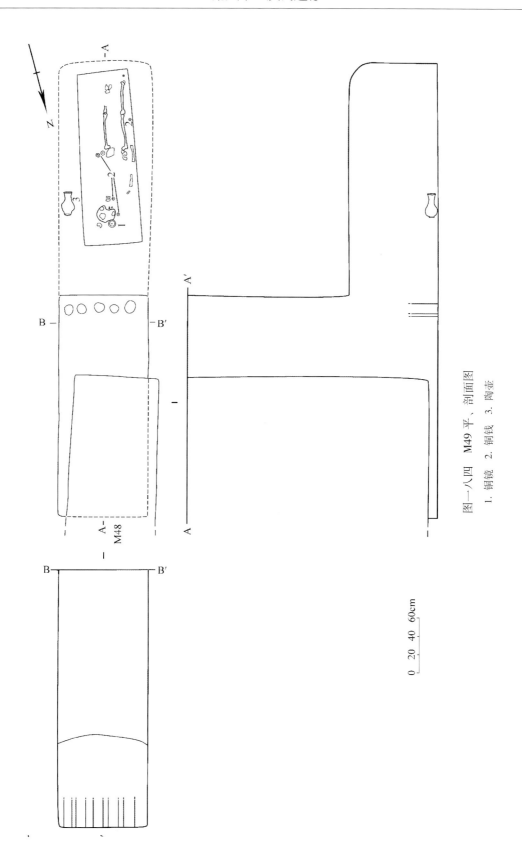

图一八四　M49 平、剖面图

1. 铜镜　2. 铜钱　3. 陶壶

0　20　40　60cm

中间两笔弯曲，"铢"金字头呈箭镞状，四点为圆点，朱字头方折。钱径2.5、穿宽1厘米（图一八五，12）。

陶壶　1件。

M49∶3，泥质灰陶。喇叭口，圆唇，唇内缘内勾，束颈，溜肩，鼓腹，下腹弧收，假高圈足，平底。颈部饰1周凹弦纹，下压印1周条带纹；肩部压印1周条带纹，上下饰各饰1周凹弦纹；下腹留有轮制痕迹。口径11.8、腹径16.1、足径7.6、通高23.5厘米（图一八五，1；图版八四，6）。

29. M50

（1）位置与形制

M50位于Ⅰ区中部偏西，T0912西南部。M50为长方形竖井墓道洞室墓，墓葬方向10°，由竖井墓道和洞室、壁龛组成。墓道位于洞室北侧，竖井式，土圹平面呈长方形，长2.3米，北宽南窄，宽0.9~1米，四壁较直，平底，深4.35米。墓道西壁靠近北端距开口2.4米，自上至下发现3个脚窝，立面为三角形，间距0.32~0.38米，宽0.11~0.16米，高0.09~0.12米，进深0.07~0.1米。洞室为墓道南壁向南掏挖生土而成。洞室口长方形，拱形顶，宽1米，高1.72米。洞室口北侧0.1米处，放置8根封门立柱，东西向一线排列，立柱已腐朽，残存白色灰痕，残高1.35~1.4米，间距0.04~0.09米，柱径0.05~0.11米。墓道东、西两壁靠近洞室口处，各向外掏挖竖向凹槽，立面呈长方形，高1.2米，宽0.2~0.25米，进深0.32~0.4米，底部高出墓道底部0.3米，残留木板灰痕，推测应为放置封门木板。洞室拱形顶，直壁平底，顶面略短于底面，底面梯形，长2.7米，北宽1米，南宽1.2米，高1.7米，洞室底面与墓道底面持平。北距洞口0.22米处，洞室西壁向外掏挖壁龛，底面呈圆角长方形，南壁略外弧，平顶，直壁平底，宽0.75米，进深0.6米，高0.6米，底部高出墓底0.2米。墓内填土为花土（图一八六；图版八七，1）。

（2）葬具与人骨

葬具为一木棺，位于洞室南侧，残存白色板灰痕迹。棺长1.95米，北宽南窄，宽0.6~0.7米，残高0.4米，木板厚0.1米。棺内发现一具人骨，保存较好，仰身直肢，头北足南，男性，年龄45±5岁。

（3）随葬品

出土随葬品7件。陶壶3件、陶罐1件，出土于壁龛内；陶壶2件、陶罐1件，位于棺北端外侧。

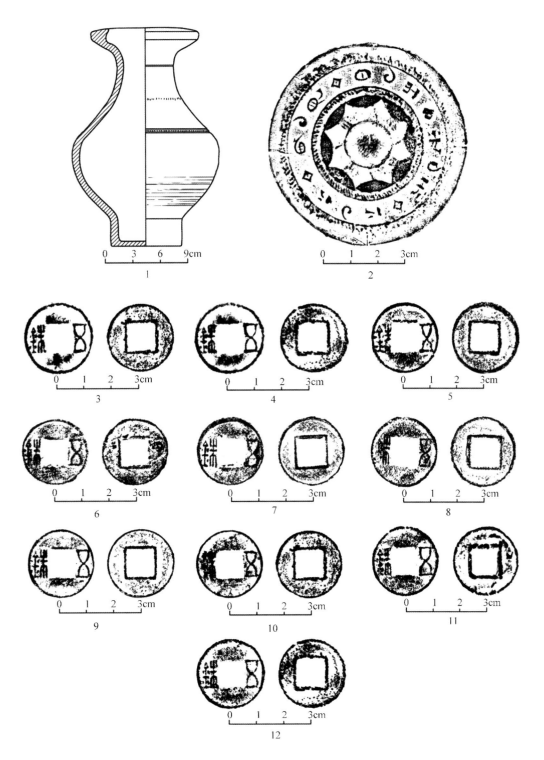

图一八五　M49 出土器物

1. 陶壶（M49∶3）　　2. 铜镜（M49∶1）　　3~12. 五铢铜钱（M49∶2-1、M49∶2-2、M49∶2-3、M49∶2-4、M49∶2-5、M49∶2-6、M49∶2-7、M49∶2-8、M49∶2-9、M49∶2-10）

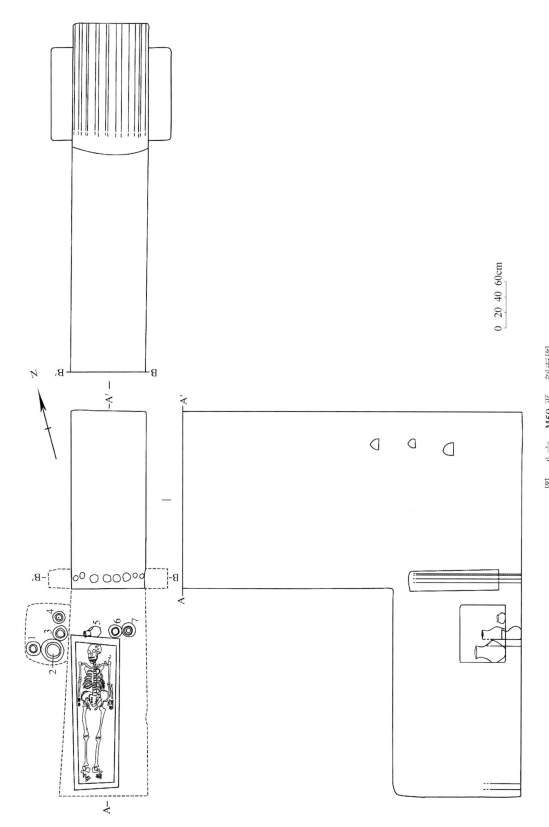

图一八六 M50 平、剖面图

1、2、3、5、7. 陶壶 4、6. 陶罐

陶壶 5件。

M50:1，泥质灰陶。口微敞，方唇，唇内缘略内勾，长束颈，溜肩，鼓腹，圜底，圈足外撇。腹部压印 2 周篦点纹，底部留有篮纹。口径 13.7、腹径 20.2、足径 15、通高 29.6 厘米（图一八七，1；图版九五，1）。

M50:2，泥质灰陶。覆钵形弧顶盖；壶喇叭口，方唇，平沿，束颈，圆肩，圆腹，圜底，圈足外撇。顶盖模印 2 周凸棱分隔 2 个区域，中心模印四叶柿蒂纹，外区模印卷云纹；肩部对称贴附 1 对圆形铺首；肩部饰 2 周凹弦纹；腹部压印 2 周篦点纹，间饰 1 周凹弦纹；底部留有篮纹。盖径 18.4、高 3.4 厘米，壶口径 19.8、腹径 32.3、足径 20.8，通高 39.5 厘米（图一八七，4；图版八七，2）。

M50:3，泥质灰陶。敞口，方唇，唇内缘略内勾，束颈，溜肩，圆腹，圜底，圈足外撇。腹部压印 2 周篦点纹。底部留有篮纹。口径 13.3、腹径 20.2、足径 14.5、通高 30.8 厘米（图一八七，2；图版八七，3）。

M50:5，泥质灰陶。喇叭口，方唇微卷，唇面内凹，束颈，溜肩，鼓腹，平底。下腹留有轮制痕迹。口径 10.4、腹径 17.5、底径 7.2、通高 21.4 厘米（图一八七，3；图版八七，4）。

M50:7，泥质灰陶。喇叭口，方唇外卷，唇面内凹，束颈，圆肩，鼓腹，平底。下腹留有轮制痕迹。口径 11、腹径 17.6、底径 7.1、通高 21.6 厘米（图一八七，5）。

陶罐 2件。

M50:4，泥质灰陶。侈口，圆唇微卷，束颈，圆肩，鼓腹，大平底；肩部饰 1 周凹槽。下腹留有轮制痕迹。口径 10.6、腹径 16.7、底径 9.3、通高 11.3 厘米（图一八七，6；图版八〇，6）。

M50:6，泥质灰陶。侈口，圆唇微卷，束颈，溜肩，鼓腹，大平底；肩部饰 1 周宽浅凹槽。口径 8.9、腹径 14.6、底径 8、通高 10.1 厘米（图一八七，7；图版九五，2）。

30. M51

（1）位置与形制

M51 位于 I 区西北部，T0815 中部，M51 西与 M50 相邻，相距 0.8 米。M51 为长方形竖井墓道洞室墓，墓葬方向 14°，由竖井墓道和洞室组成。墓道位于洞室北侧，竖井式，土圹平面呈长方形，长 2.48 米，宽 0.95～1 米，四壁较直，墓底北浅南深呈斜坡式，深 5.15～5.25 米。墓道西壁靠近北端距开口 0.25 米，自上至下发现 5 个脚窝，立面为三角形，间距 0.25～2.25 米，宽 0.13～0.18 米，高 0.11～0.15 米，进深 0.07～0.1 米。洞室为墓道南壁向南掏挖生土而成。洞室口长方形，拱形顶，宽 0.95 米，高 1.4 米。洞室口北侧 0.3 米处，墓道东、西两壁各向外掏挖竖向凹槽，立面呈长方形，高 0.75 米，宽 0.14～0.16 米，进深 0.08～0.1 米，底部高出墓道底部 0.08 米，残留木板灰痕，推测应为放置封门木板（图版八八，2）。洞室拱形

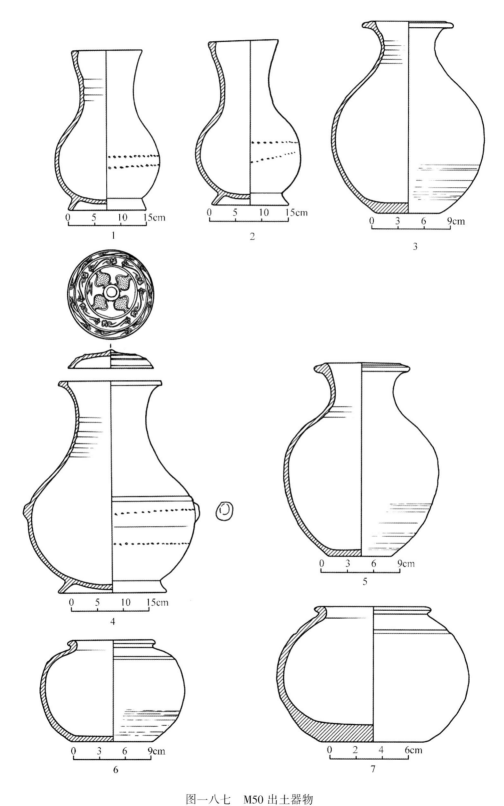

图一八七　M50 出土器物

1～5. 陶壶（M50：1、M50：3、M50：5、M50：2、M50：7）　　6、7. 陶罐（M50：4、M50：6）

顶，直壁平底，顶面略短于底面，平面近长方形，东西两壁中部略内弧，长 3.1 米，宽 0.95 ~ 1 米，高 1.4 米，洞室底面与墓道底面持平。墓内填土为花土（图一八八；图版八八，1）。

（2）葬具与人骨

葬具为一木棺，位于洞室南部，残存白色板灰痕迹。棺长 1.88 米，宽 0.52 ~ 0.6 米，残高 0.2 米，木板厚度不详。棺内发现一具人骨，仰身直肢，头北足南，女性，年龄 25±5 岁。

（3）随葬品

出土随葬品 5 件。其中陶罐 1 件、陶壶 3 件，出土于棺北端外侧与洞口之间；铜环 1 件，出土于墓主人左肩部。

陶罐　1 件。

M51:1，泥质灰陶。口近直，圆唇外卷，束颈，圆肩，鼓腹，下腹斜收，平底。下腹及底饰交错绳纹。口径 10.2、腹径 15.9、底径 6.8、通高 11.7 厘米（图一八九，4；图版八九，4）。

陶壶　3 件。

M51:2，泥质灰陶。喇叭口，圆唇，长束颈，溜肩，圆腹下垂，圈足略外撇；颈部内壁有数周凸棱，底部留有席篮纹痕迹。口径 12.4、腹径 19.3、足径 13.5、通高 29 厘米（图一八九，1；图版八九，1）。

M51:3，泥质灰陶。喇叭口，方唇，长束颈，溜肩，鼓腹下垂，矮圈足略外撇。颈部内壁有数周凸棱；腹部压印 1 周篦点纹。口径 10.9、腹径 19.3、足径 13.3、通高 29 厘米（图一八九，2；图版八九，2）。

M51:4，泥质灰陶。敞口，方唇，平沿，长束颈，溜肩，鼓腹，圈足外撇。肩部对称贴附 1 对模制兽面衔环铺首；腹部饰 3 周凹槽，下部凹槽处压印 2 周条带纹。下腹有轮制痕迹。口径 19.8、腹径 29.8、足径 21.3、通高 40 厘米（图一八九，3；图版八九，3）。

铜环　1 件。

M51:5，青铜，范铸。圆形，横断面近圆形，素面。直径 3.2 厘米（图一八九，5；图版八九，5）。

31. M52

（1）位置与形制

M52 位于Ⅰ区西北部，T0815 西部，M52 东与 M51 相邻，相距 0.8 米。M52 为长弧形竖井墓道洞室墓，墓葬方向 5°，由竖井墓道和洞室组成。墓道位于洞室北侧，竖井式，土圹平面呈长弧形，长 10.26 米，洞室北侧 2.65 米处，南北向墓道右曲弧向东北，宽 0.9 ~ 1.15 米，四壁较直，墓道底部东北浅南深呈斜坡式，深 3 ~ 4.4 米（图版九〇，1）。洞室为墓道南壁向南掏挖生土而成。洞室口长方形，拱形顶，宽 1.15 米，高 1.4 米。洞室口北侧为一排平砖错缝叠砌

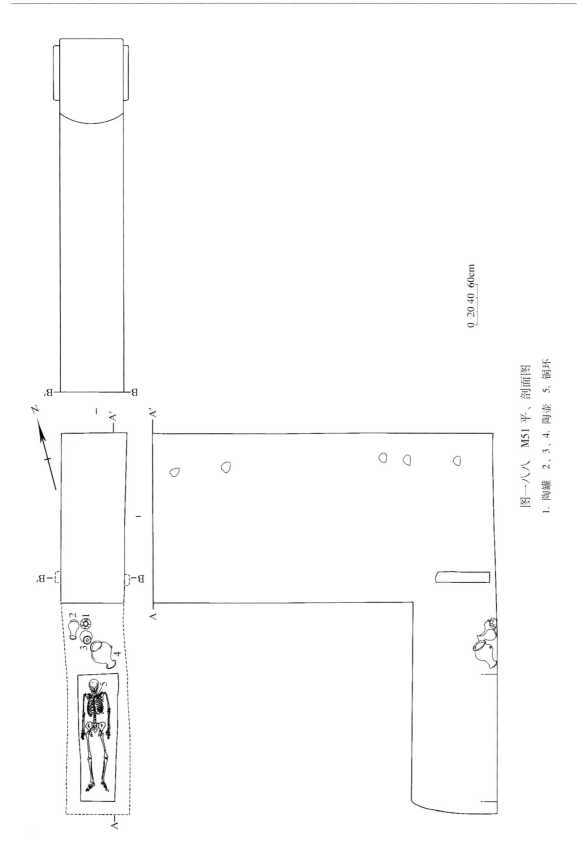

图一八八　M51 平、剖面图

1. 陶罐　2、3、4. 陶壶　5. 铜环

0 20 40 60cm

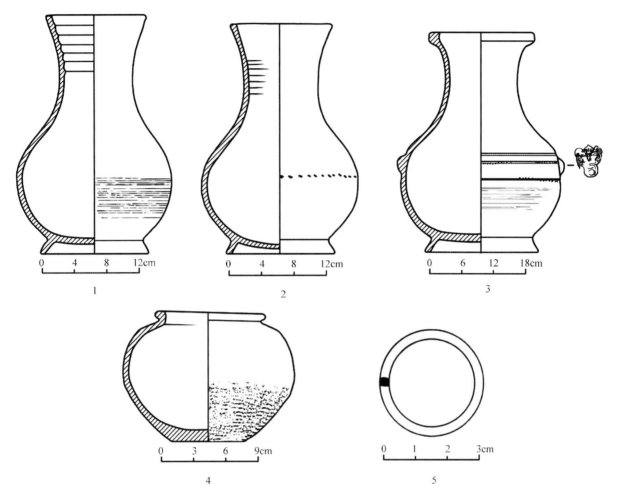

图一八九　M51 出土器物

1～3. 陶壶（M51：2、M51：3、M51：4）　4. 陶罐（M51：1）　5. 铜环（M51：5）

封堵，共计 22 层，高 1.36 米；泥质灰陶砖块长 0.28 米，宽 0.12 米，厚 0.06 米。洞室拱形顶，直壁平底，顶面略短于底面，底面梯形，长 4.15 米，北宽 1.15 米，南宽 0.94 米，顶部北高南低，高 1.2～1.4 米。墓内填土为花土（图一九〇）。

（2）葬具与人骨

葬具为一木棺，位于洞室南部，平面呈梯形，长 2.12 米，北宽 0.74 米，南宽 0.64 米，残高 0.2 米，木板厚度不详。棺内发现一具人骨，保存较差，仰身直肢，头北足南；性别和年龄不详。

（3）随葬品

出土随葬品 16 组（件）。陶壶 2 件、陶井 1 件（内置陶匜 2 件、陶桶 1 件）、陶灶 1 件（上置陶釜 2 件、陶碗 1 件、陶甑 1 件），出土于洞口南侧，靠近洞室东壁一侧；陶壶 3 件、陶罐 1 件，出土于木棺北部外侧与洞室西壁之间；铜钱 1 组（6 枚），散落于墓主人上半身（图版九〇，2）。

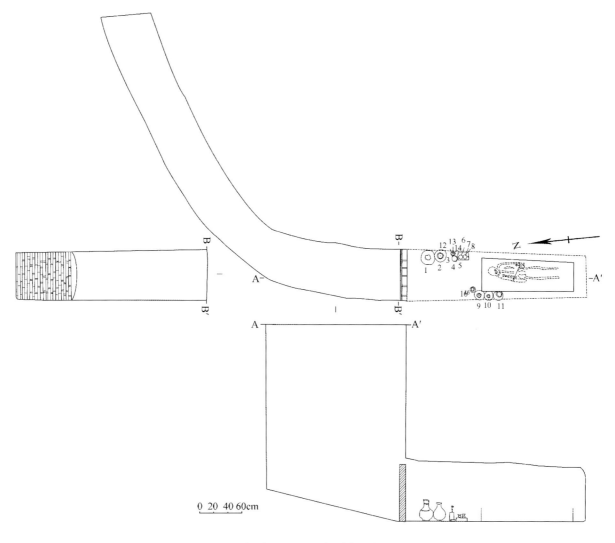

图一九〇　M52 平、剖面图

1、2、9、10、11. 陶壶　3. 陶井　4.8. 陶釜　5. 陶灶　6. 陶碗　7. 陶甗　12. 陶桶　13、14. 陶匜　15. 铜钱　16. 陶罐

陶壶　5 件。

M52:1，泥质灰陶。覆钵形平顶盖。壶深盘口，圆角方唇，唇内缘内勾，平沿，长束颈，溜肩，扁圆腹，假高圈足略外撇，平底。肩部对称贴附 1 对模制兽面铺首；盖面模印 2 周凸棱分隔 3 个区域，中心模印柿蒂四叶纹，间填卷云纹，其余区域饰卷云纹。颈、鼓腹处各饰 2 周凸棱；肩部饰 1 周凸棱；下腹及圈足各压印 1 周条带纹。盖径 14.4、高 3.2 厘米，壶口径19.8、腹径 33.1、足径 15.7、通高 50.9 厘米（图一九一，4；图版九一，1）。

M52:2，泥质灰陶。覆钵形弧顶盖。壶深盘口，圆角方唇，唇内缘略内勾，平沿，长束颈，溜肩，扁圆腹，下腹斜收，假高圈足外撇，平底。肩部对称贴附 1 对模制兽面铺首；盖面模印2 周凸棱分隔 3 个区域，中心模印柿蒂四叶纹，间填卷云纹，其余区域饰卷云纹。颈、肩、腹部各饰 2 周凸棱，上压印条带纹；颈部压印 4 周条带纹；下腹及圈足压印 1 周条带纹。盖径 15.2、高 4.2 厘米，壶口径 17.4、腹径 27.4、足径 14.4、通高 46.2 厘米（图一九一，2；图版九一，2）。

M52:9，泥质灰陶。覆钵形弧顶盖。壶盘口，圆角方唇，平沿，束颈，溜肩，鼓腹，假高圈足，平底；顶盖中心模印四叶纹，外饰 1 周凸弦纹，外模印勾云纹。肩部饰 2 周凹槽。下腹留有轮制痕迹。盖径 10.8、高 3.2 厘米，口径 13、腹径 20.7、足径 11.2、通高 31.9 厘米（图一九一，3；图版九一，3）。

M52:10，泥质灰陶。盘口，圆角方唇，唇外缘外凸，平沿，束颈，溜肩，鼓腹，假圈足略外撇，平底。肩部饰 1 周凹弦纹。口径 13、腹径 20.7、足径 11.5、通高 29.6 厘米（图一九一，5；图版九一，4）。

M52:11，泥质灰陶。覆钵形平顶盖。盘口，圆角方唇，唇外缘外凸，平沿，长束颈，溜肩，鼓腹，下腹弧收，假圈足外撇，平底。盖面模印 2 周凸棱分隔 3 个区域，中心模印柿蒂四叶纹，间填卷云纹，其余区域饰卷云纹。颈部饰 1 周凸棱，肩部饰 2 周凸棱。下腹留有轮制痕迹。盖径 13.2、高 2.8 厘米，壶口径 15.2、腹径 23.2、足径 11、通高 37.2 厘米（图一九一，1；图版九一，5）。

陶井　1 件。

M52:3，泥质灰陶。圆形井台，井身束腰圆筒形，平底；拱形井栏，其上立井架，井架上立亭，亭顶为模制四阿式。口径 10.5、腹径 8.5、底径 9.1、通高 19.6 厘米（图一九一，6；图版九一，6）。

陶釜　2 件。

M52:4，泥质灰陶。口近直，方唇，弧肩，折腹，下腹斜收，圜底。腹中部有 1 周凸棱。口径 4.9、腹径 8.4、通高 4.9 厘米（图一九二，1；图版九二，3）。

M52:8，泥质灰陶。口近直，方唇，弧肩，折腹，下腹斜收，圜底。腹中部有 1 周凸棱。口径 5、腹径 8.5、通高 5 厘米（图一九二，2；图版九五，5）。

陶灶　1 件。

M52:5，泥质灰陶。灶面呈长方形，有两个圆形火眼，灶门半圆形，上有窄长条形挡火墙，略上翘，后端圆形烟孔；灶面边缘及火眼间饰箅点宽纹条带。长 25.5、宽 17.2、通高 8.4 厘米；灶眼直径 6.2～7 厘米；灶门底宽 5.2、高 2.8 厘米；挡火墙长 8.2、宽 1.3 厘米（图一九二，3；图版九二，1）。

陶碗　1 件。

M52:6，泥质灰陶。侈口，圆唇，斜直腹，平底。口径 10、底径 5.1、通高 3.5 厘米（图一九二，4；图版九二，4）。

陶甑　1 件。

M52:7，泥质灰陶。侈口，圆唇，斜直腹，平底。底部有条状箅孔 5 个。口径 9.8、底径

图一九一 M52 出土器物（一）

1～5. 陶壶（M52:11、M52:2、M52:9、M52:1、M52:10） 6. 陶井（M52:3）

3.3、通高 4.6 厘米（图一九二，6；图版九五，4）。

陶桶 1 件。

M52:12，泥质灰陶。口微敛，方唇，长腹微鼓，尖圜底。口径 2.4、腹径 2.7、通高 3.4 厘米（图一九二，7；图版九二，5）。

陶匜 2 件。

M52:13，泥质灰陶。长瓢形，一侧有短流，尖唇，长斜腹，另一侧弧腹，方唇，底近平。通长 7.5、宽 3.7、通高 2.3 厘米（图一九二，9；图版九二，6）。

M52:14，泥质灰陶。长瓢形，一侧有短流，方唇，长斜腹，另一侧弧腹，方唇，圜底。通长 7、宽 3.4、通高 1.9 厘米（图一九二，8；图版九五，6）。

陶罐 1 件。

M52:16，泥质灰陶。侈口，方唇，唇面内凹，微束颈，圆肩，鼓腹，下腹斜收，平底。腹部饰一周浅凹槽。口径 9、腹径 12.2、底径 4.8、通高 9.1 厘米（图一九二，5；图版九二，2）。

五铢铜钱 M52:15，共 6 枚。

M52:15 - 1，正方形穿，正面无郭，反面有郭；穿之左右两侧篆文"五铢"两字；"五"中间两笔弯曲，"铢"金字四点呈圆点，朱字头方折。钱径 2.5、穿宽 0.9 厘米（图一九三，1）。

M52:15 - 2，剪轮；正方形穿，正面无郭，反面有郭，；穿之左右两侧篆文"五铢"两字；"五"中间两笔近直。钱径 2.2、穿宽 0.9 厘米（图一九三，2）。

M52:15 - 3，正方形穿，正面无郭，反面有郭；穿之左右两侧篆文"五铢"两字；"五"中间两笔近直，"铢"金字四点呈圆点，朱字头圆折。钱径 2.5、穿宽 1 厘米（图一九三，3）。

M52:15 - 4，剪轮；正方形穿，正面无郭，反面有郭；穿之左右两侧篆文"五铢"两字；"五"中间两笔弯曲，"铢"朱字头方折。钱径 2.2、穿宽 0.9 厘米（图一九三，4）。

M52:15 - 5，正方形穿，正面无郭，反面有郭；穿之左右两侧篆文"五铢"两字；"五"中间两笔弯曲，"铢"金字头呈箭镞状，四点呈圆点，朱字头方折。钱径 2.4、穿宽 1 厘米（图一九三，5）。

M52:15 - 6，正方形穿，正面无郭，反面有郭；穿之左右两侧篆文"五铢"两字；"五"中间两笔弯曲，"铢"金字四点呈圆点，朱字头方折。钱径 2.4、穿宽 0.9 厘米（图一九三，6）。

32. M54

（1）位置与形制

M54 位于 I 区东北部，T0517 东北部，M54 打破 M55。M54 为长方形竖井墓道洞室墓，墓

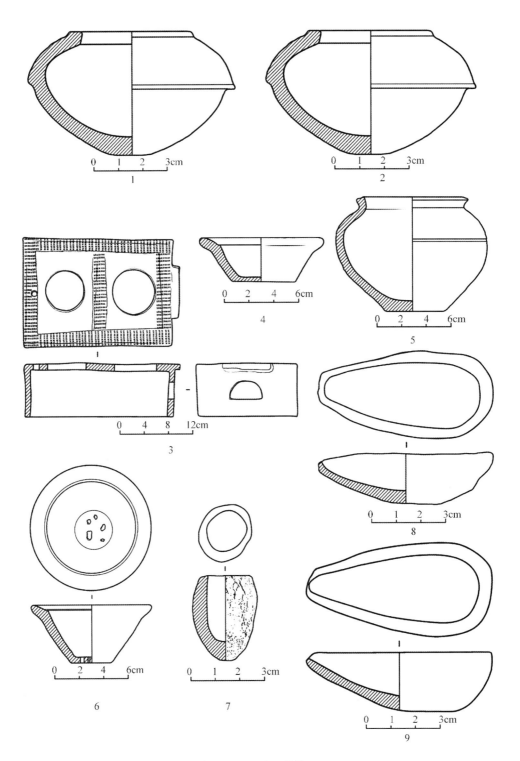

图一九二　M52 出土器物（二）

1、2. 陶釜（M52：4、M52：8）　3. 陶灶（M52：5）　4. 陶碗（M52：6）　5. 陶罐（M52：16）

6. 陶甑（M52：7）　7. 陶桶（M52：12）　8、9. 陶匜（M52：14、M52：13）

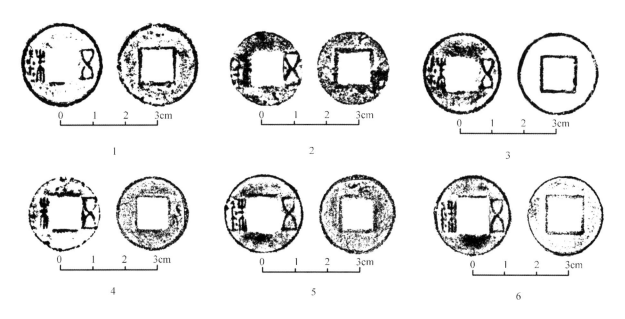

图一九三　M52 出土器物（三）

1~6. 五铢铜钱（M52∶15－1、M52∶15－2、M52∶15－3、M52∶15－4、M52∶15－5、M52∶15－6）

葬方向 105°，由竖井墓道和洞室、壁龛组成。墓道位于洞室东侧，竖井式，土圹平面呈长方形，长 2.4 米、宽 0.96~1.04 米，四壁较直平底，深 2.6 米。洞室为墓道西壁向西掏挖生土而成。洞室口长方形，拱形顶，宽 1.04 米，高 1.2 米。洞室拱形顶，直壁平底，顶面略短于底面，平面呈梯形，长 2.4 米，西宽 0.78 米，东宽 1.04 米，高 1.2 米，洞室底面与墓道底面持平。距洞口 0.2 米处，洞室南壁有一壁龛，平面圆角长方形，高 0.6 米，宽 0.85 米，进深 0.68 米，顶近平，直壁平底，壁龛低于洞室底部 0.15 米（图版九三，1）。墓内填土为花土（图一九四）。

（2）葬具与人骨

葬具为一木棺，位于洞室西部，残存白色板灰痕迹。棺长 1.9 米，宽 0.52~0.6 米，木板高度、厚度不详。棺内发现一具人骨，保存较差，残存下肢骨，葬式、性别及年龄不详。

（3）随葬品

出土随葬品 5 件（组）。其中陶器 4 件，包括陶壶 3 件、陶罐 1 件，出土于壁龛；五铢钱 1 组（2 枚），出土于棺内东侧。

陶壶　3 件。

M54∶1，泥质灰陶。覆钵形弧形顶盖；壶深盘口，圆角方唇，唇内缘略内勾，束颈，溜肩，圆腹，假高圈足，平底。肩部对称贴 1 对附模制兽面铺首；盖面模印 3 周凸棱分隔 4 个区域，中心模印柿蒂四叶纹，其余区域饰卷云纹；颈部饰 1 周凸棱，上压印条带纹，两侧饰 3 周条带纹，间饰 1 周圆形花蕊纹；肩、腹部饰 1 周凸棱，上压印条带纹，下腹饰 1 周条带纹；圈

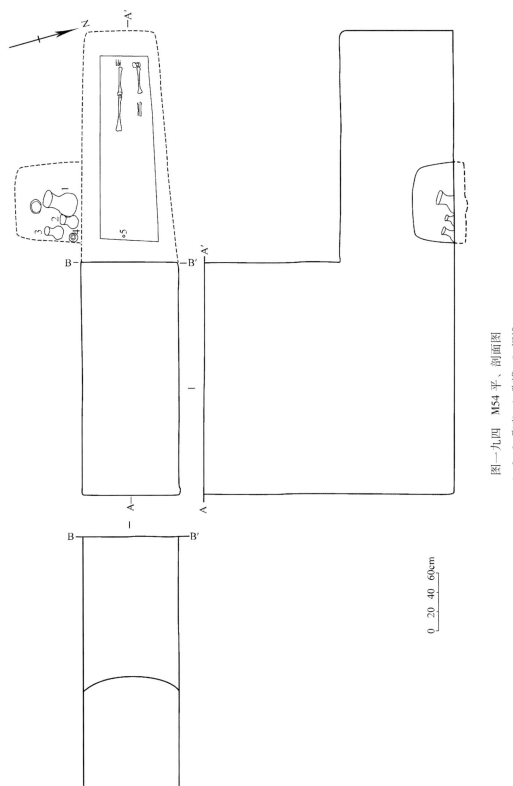

图一九四　M54 平、剖面图

1、2、3. 陶壶　4. 陶罐　5. 铜钱

0　20　40　60cm

足压印 2 周条带纹，间饰 2 周圆形花蕊纹。盖径 10.4、高 2.8 厘米，壶口径 15.9、腹径 25.2、足径 12.6、通高 36.2 厘米（图一九五，1；图版九三，2）。

M54:2，泥质灰陶。喇叭口，平沿方唇，唇外缘外凸，短束颈，斜肩，圆腹，假圈足，平底。颈部压印 2 周条带纹；肩部饰 2 周凸棱，上压印条带纹；下腹、圈足处饰 2 周条带纹。口径 10.4、腹径 16.4、足径 8.3、通高 21.8 厘米（图一九五，2；图版九三，3）。

M54:3，泥质灰陶。盘口，圆角方唇，唇内缘略内勾，束颈，溜肩，圆腹，假圈足，平底。颈部压印 2 周条带纹；肩部饰 1 周凸棱，上压印 2 周条带纹；腹部饰 1 周条带纹；圈足饰 2 周条带纹。口径 10.8、腹径 17.3、足径 8.8、通高 22.1 厘米（图一九五，3；图版九三，4）。

陶罐　1 件。

M54:4，泥质灰陶。口微敛，圆唇，圆肩，鼓腹，下腹斜收，大平底；肩部留有轮制痕迹，下腹部留有切削痕迹。口径 7.1、腹径 10.9、底径 5.4、通高 8.2 厘米（图一九五，4；图版九三，5）。

五铢铜钱 M54:5，共　2 枚。

M54:5-1，正方形穿，正面无郭，反面有郭；穿之左右两侧篆文"五铢"两字；"五"中间两笔近直，"铢"朱字头方折。钱径 2.5、穿宽 1 厘米（图一九五，5）。

M54:5-2，正方形穿，正面无郭，反面有郭；穿之左右两侧篆文"五铢"两字；"五"中间两笔近直，"铢"朱字头方折。钱径 2.5、穿宽 1 厘米（图一九五，6）。

33. M55

（1）位置与形制

M55 位于Ⅰ区东北部，T0517 西南部，M54 打破 M55。M55 为长方形竖井墓道洞室墓，墓葬方向 14°，由竖井墓道和洞室、壁龛组成。墓道位于洞室北侧，竖井式，土圹平面近长方形，长 2.5 米，北窄南宽，宽 0.87~1.08 米，四壁较直，墓底北浅南深呈斜坡式，深 4.15~4.25 米。墓道西壁靠近北端距开口 2.25 米，自上至下发现 3 个脚窝，立面为三角形，间距 0.25~0.3 米，宽 0.19~0.24 米，高 0.11~0.15 米，进深 0.07~0.1 米。墓道南、北两壁靠近洞口处，向外掏挖凹槽，立面长方形，高 0.9~0.95 米，宽 0.18~0.2 米，进深 0.15~0.2 米，留有木板灰痕，推测为封门木板。洞室为墓道南壁向南掏挖生土而成。洞室口长方形，拱形顶，宽 1.08 米，高 1.5 米。洞室拱形顶，直壁平底，顶面略短于底面，平面近长方形，南壁外弧，长 3.1 米，宽 0.9~1.08 米，高 1.5 米，洞室底面与墓道底面持平；北距洞口 0.2 米处，洞室底部 3 块平砖横向铺砌。北距洞口 0.2 米处，洞室西壁向外掏挖一壁龛，底面长方形，拱形顶，高 1.35 米，宽 1.05 米，进深 1.5 米，直壁平底，洞室底部与壁龛底持平，底部一层长方形砖块席纹铺筑；泥质灰陶砖块长 0.35 米，宽 0.16 米，厚 0.07 米。墓内填土为五花土（图一九六；图版九四，1）。

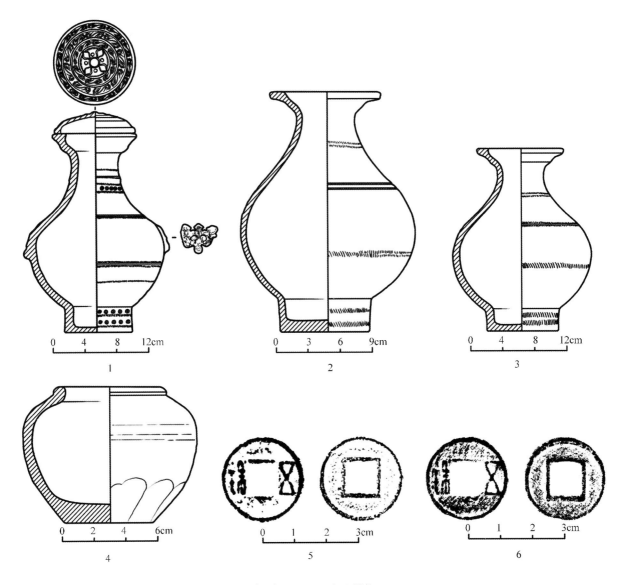

图一九五　M54 出土器物

1～3. 陶壶（M54:1、M54:2、M54:3）　4. 陶罐（M54:4）　5、6. 五铢铜钱（M54:5－1、M54:5－2）

（2）葬具与人骨

葬具为一木棺，位于洞室南部，残存白色板灰痕迹。棺长 2.12 米，南宽 0.62 米，北宽 0.74 米，残高 0.15 米，木板厚 0.05 米。棺内发现一具人骨，严重腐朽，仰身直肢，头北脚南，性别、年龄不详。

（3）随葬品

出土随葬品 6 件。陶壶 1 件、釉陶狗 1 件，出土于壁龛内；陶壶 2 件、陶罐 1 件，出土于棺外北侧与洞口之间；五铢钱 1 枚，出土于棺内墓主人头部。

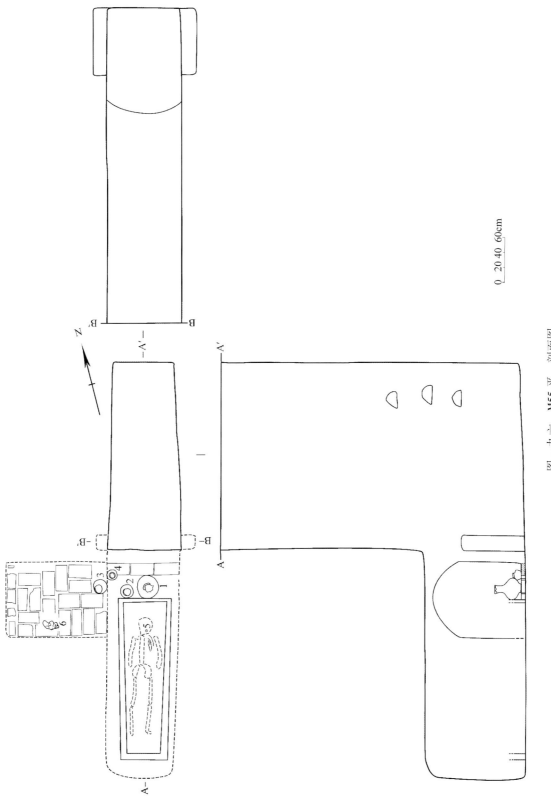

图一九六 M55 平、剖面图

1、2、3. 陶壶 4. 陶罐 5. 铜钱 6. 陶狗

陶壶　4件。

M55：1，泥质灰陶。喇叭口，方唇，平沿，长束颈，溜肩，鼓腹，圈足外撇。肩部对称贴附1对模制兽面衔环铺首；腹部饰1周宽凸棱，下饰1周凹弦纹，间饰1周篦点纹。底部留有篮纹。口径19.4、腹径31、足径20.3、通高40厘米（图一九七，1；图版九四，4）。

M55：2，泥质灰陶。敞口，方唇，唇内缘略内勾，口沿下1周折棱，长曲颈，长斜肩，鼓腹下垂，圈足外撇。腹部饰1周篦点纹。口径10.7、腹径18、足径14.2、通高28.2厘米（图一九七，2；图版九四，2）。

M55：3，泥质灰陶。覆钵形弧顶盖；壶敞口，方唇，长曲颈，斜肩，鼓腹下垂，圈足略外撇。腹部戳印1周篦点纹；下腹部留有轮制痕迹。盖径11.2、高3.5厘米，壶口径11、腹径19.2、足径14.3、通高32.3厘米（图一九七，3；图版九四，3）。

陶罐　1件。

M55：4，泥质灰陶。侈口，外卷圆唇，圆肩，腹微鼓，下腹折收，平底。下腹饰交错篮纹。口径10、腹径15.6、底径7.7、通高12厘米（图一九七，4；图版九四，4）。

五铢铜钱　1枚。

M55：5，正方形穿，正面无郭，反面有郭；穿之左右两侧篆文"五铢"两字；"五"中间两笔近直，"铢"金字头呈等腰三角形，四点略长，朱字头圆折。钱径2.5、穿宽0.9厘米（图一九七，6）。

陶狗　1件。

M55：6，釉陶。曲体伏卧于地，双耳紧贴于体，双目微眄，后肢蹲踞，宽尾铺地，通体纹饰白色化妆土。通长20.2、宽10.2、通高5.1厘米（图一九七，5；图版九五，3）。

（五）2006CNII区

1. M57

（1）位置与形制

M57位于II发掘区南部，西北距M58约44米。M57为长斜坡墓道前、后砖室墓，平面呈"串"字形，墓葬方向10°。墓葬开口2层下，墓口距现地表0.65米，由墓道、前甬道、前室、后甬道、后室组成，南北通长16.65米。墓葬盗扰严重。

长斜坡墓道，土圹平面呈长方形，四壁为直壁，底部北高南低呈斜坡式；南北长8.05米，宽0.8~0.9米，深0.2~2.55米，坡度15°。

前甬道北接墓道，南连前室，长1.35米，东、西两壁斜直，上口宽1.15米，下口宽1米，深2.95米；北壁高0.7米，内砌筑外弧砖壁，为一排平砖错缝叠砌，共计8层，高0.45米，底部为较为平整生土面。顶部不存，推测应为过洞式。

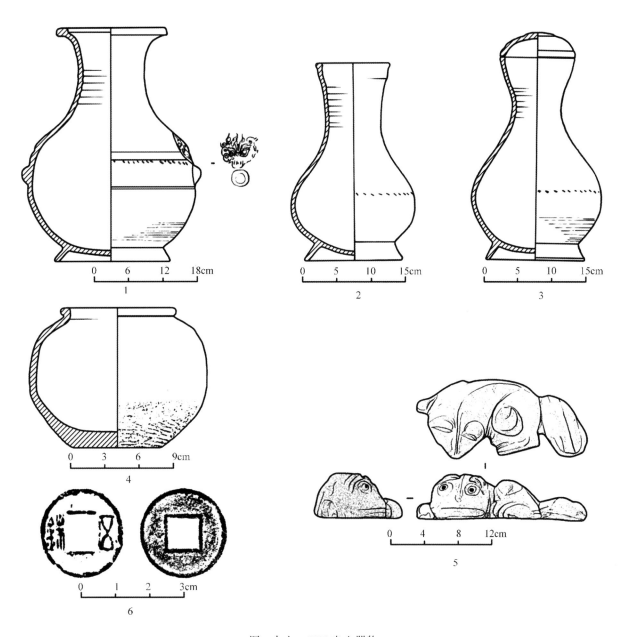

图一九七　M55 出土器物

1～3. 陶壶（M55:1、M55:2、M55:3）　　4. 陶罐（M55:4）　　5. 陶狗（M55:6）　　6. 五铢铜钱（M55:5）

　　前室位于前甬道南侧，土圹平面为弧边长方形，南北3.45米，东西3.5米，土圹内侧砌筑砖壁，为平砖错缝叠砌，直壁高0.6米，计12层，其上叠涩内收。东壁距前甬道0.85米，略外弧，距墓圹0.06～0.15米，残高2.15米；西壁距前甬道0.97米，略外弧，距墓圹0.04～0.08米，残高1.32米；北壁东侧东西0.85米，直壁，距墓圹0.06～0.1米，残高2.15米；北壁西侧东西0.97米，直壁，距墓圹0.04～0.06米，残高1.15米；南壁东侧东西0.9米，直壁，紧贴墓圹内侧，残高1.75米；南壁西侧东西0.9米，直壁，紧贴墓圹内侧，残高1.15米。

前室北部残存部分铺地砖，推测为平砖竖向错缝铺筑；顶部不存，推测应为四角攒尖式（图版九七，2）。

后甬道北接前室，南连后室，土圹南北 0.9 米，东西 1.25 米；靠近墓圹内侧砌筑墓壁，东壁残高 0.17 米，残存 3 层砖壁，西壁残高 0.66 米，残存 11 层砖壁，无铺地砖，残存过洞，高 2.05 米。

后室北接后甬道，平面呈弧边长方形，南北 3.15 米，东西 2.9 米，土圹内侧砌筑砖壁，为平砖错缝叠砌，直壁高 0.6 米，计 12 层，其上叠涩内收。东壁距后甬道 0.85 米，北部略外弧，距土圹 0.06~0.15 米，残高 1.75 米；西壁距后甬道 0.4 米，近直壁，距土圹 0.05~0.15 米，残高 2.04 米；北壁东侧东西 0.85 米，直壁，紧贴土圹内侧，残高 1.75 米；北壁西侧东西 0.4 米，直壁，紧贴土圹内侧，残高 2.16 米。南壁东西 2.2 米，外弧，距土圹 0.04~0.06 米，残高 1.75 米。墓顶不存，推测应为四角攒尖式；后室铺地砖残存南部，推测为一层平砖错缝铺砌（图版九七，1）。

墓砖为泥质灰陶长方体砖块，长 0.32~0.34 米，宽 0.16~0.17 米，厚 0.05~0.06 米（图一九八；图版九六，1）。

（2）葬具与人骨

前、后洞室盗扰严重，葬具，墓主人葬式、年龄、性别不详。

（3）随葬品

出土可复原陶器为 7 件，分别为陶案 1 件、陶盒盖 1 件、陶灶 1 件、陶盘 1 件、陶耳杯 1 件、陶盒 1 件、陶壶 1 件。

陶案　1 件。

M57：1，泥质灰陶。长方形，正面磨光，四周边缘矮凸棱，中间微鼓，背面中间微凹。局部残留朱砂痕迹。长 48.8、宽 30、厚 2.6 厘米（图一九九，1；图版九八，1）。

陶盒盖　1 件。

M57：2，泥质灰陶。为长方形盝顶式盖，顶部中间有竖向长方形凹槽，四壁为直壁。顶部长 28、宽 8.5 厘米；底部长 34、宽 15、通高 12 厘米（图一九九，2；图版九八，2）。

陶灶　1 件。

M57：3，泥质灰陶。灶面呈长方形，前半部有 2 个圆形灶眼，前小后大，大灶眼呈釜形，敛口，口小底大，与灶膛不通透；小灶眼呈直口，与灶膛通透。长方形灶门位于小火眼一侧，其上应有窄长方形挡火墙，已残。灶平面边缘压印短斜线纹带，两灶眼旁各有模印鱼形纹。灶长 24.5、宽 17、高 11 厘米。灶门长 4、高 2.5 厘米；大灶眼直径 3.5 厘米，小灶眼直径 2 厘米（图一九九，3；图版九八，4）。

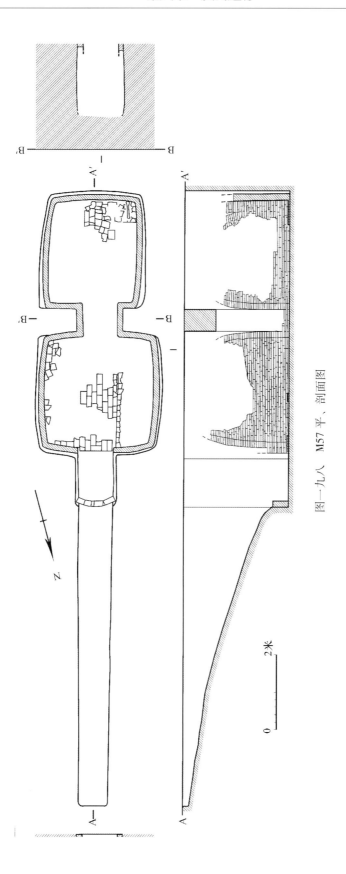

图一九八 M57 平、剖面图

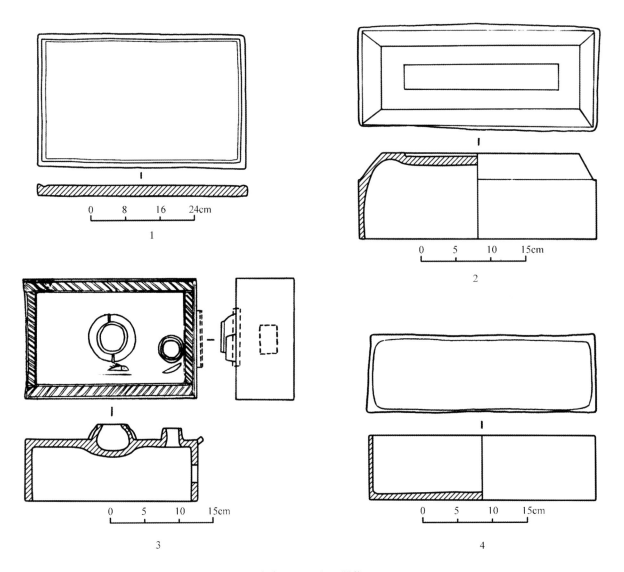

图一九九　M57 出土器物（一）

1. 陶案（M57:1）　2. 陶盒盖（M57:2）　3. 陶灶（M57:3）　4. 陶盒（M57:6）

陶盘　1件。

M57:4，泥质灰陶。敞口，圆唇，窄折沿，浅斜腹，内腹壁有一周凸棱，内底略内凹，大平底。口径21.3、足径12.3、通高3.3厘米（图二〇〇，3；图版九八，5）。

陶耳杯　1件。

M57:5，泥质灰陶。椭圆形，敞口，斜弧壁，平底，长弧口沿两侧出月牙形双耳。内壁残留朱砂痕迹。长12.4、宽10.2，通高3.2厘米；耳宽1厘米（图二〇〇，2）。

陶盒　1件。

M57:6，泥质灰陶。长方体，内四角抹圆，方唇，直壁，平底。长32.5、宽11、通高9.5

厘米（图一九九，4）。

陶壶 1件。

M57:7，泥质灰陶。敞口，方唇，深盘口，长粗颈，斜肩，扁鼓腹，假高圈足略外撇，平底。腹部对称贴附1对模制兽面衔环铺首。肩部饰3周凸弦纹。口径14.4、腹径27.4、足径16.2、通高41.6厘米（图二〇〇，1；图版九八，3）。

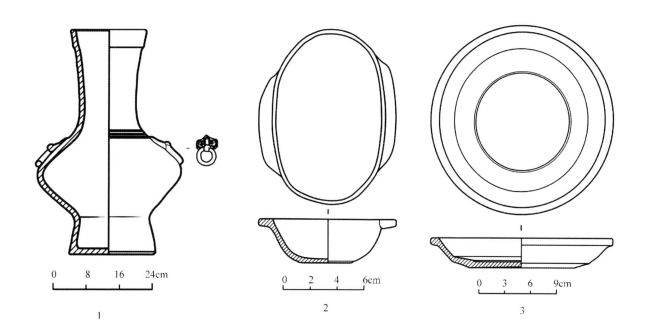

图二〇〇 M57出土器物（二）

1. 陶壶（M57:7） 2. 陶耳杯（M57:5） 3. 陶盘（M57:4）

2. M58

（1）位置与形制

M58位于Ⅱ发掘区北部，西南距M57约44米。M58为长斜坡墓道前、后砖室墓，平面呈"串"字形，墓葬方向3°。墓葬开口2层下，墓口距现地表0.65米，由墓道、前甬道、前室、后甬道、后室组成，南北通长17.15米。墓葬盗扰严重。

长斜坡墓道，土圹平面呈长方形，直壁，底部北高南低呈斜坡式；南北长8.62米，宽0.85~0.9米，深0.2~3.1米，坡度19°，距墓道南端7.4米处，向下挖直壁台阶，深0.4米，底部近平，长1.15米，与前甬道相接（图版九九，2）。

前甬道北接墓道，南连前室，底部长方形，长1.7米，宽0.85~0.9米，过洞式，拱形顶，

高 1.35 米，东、西两壁为较直，南半部内砌砖壁，北壁为 1 排平砖错缝叠砌，略外弧，长
0.88 米，共计 7 层，高 0.5 米；东壁长 0.6 米，残存 8 层，残高 0.6 米；西壁长 0.6 米，残存
13 层，残高 0.9 米；甬道底部南侧为 3 块平砖竖向铺砌，其余区域为较为平整生土面（图版一
〇〇，1）。

前室位于前甬道南侧，土圹平面为弧边长方形，南北 2.4 米，东西 2.85 米，土圹内侧砌筑
砖壁，为 1 排平砖错缝叠砌，直壁高 1.05 米，计 14 层，其上叠涩内收。东壁距前甬道 0.45
米，直壁，距土圹 0.08 ~ 0.18 米，残高 1.85 米；西壁距前甬道 1 米，直壁，距土圹 0.04 ~ 0.2
米，残高 1.98 米；北壁东侧东西 0.45 米，直壁，紧贴距土圹内侧，残高 1.85 米；北壁西侧东
西 1 米，直壁，紧贴土圹内侧，残高 1.98 米；南壁东侧东西 0.3 米，直壁，紧贴土圹内侧，残
高 1.75 米；南壁西侧东西 0.95 米，直壁，紧贴土圹内侧，残高 1.85 米。前室东部残存铺地
砖，应为平砖竖向错缝铺筑；前室顶部推测应为四角攒尖式。

后甬道北接前室，南连后室，掏挖生土呈过洞式，后甬道南北 1.4 米，南宽北窄，宽 1 ~
1.1 米，拱形顶，残高 1.35 米；土圹内侧应砌筑砖壁，西壁皆无，残存东壁 2 层砖壁，墓底残
存北部 2 排铺地砖，残长 0.45 米。

后室北接后甬道，土圹平面呈弧边长方形，南北 3.05 米，东西 2.6 米，土圹内侧砌筑砖
壁，为一行平砖错缝叠砌，计 12 层，高 0.85 米，其上内收叠涩。东壁距后甬道 0.12 米，直
壁，距土圹内侧 0.15 ~ 0.22 米，长 2.85 米，残高 2.5 米；西壁距后甬道 0.8 米，直壁，距土
圹内侧 0.12 ~ 0.2 米，长 2.5 米，残高 2.04 米；北壁东侧砖壁无存；北壁西侧长 0.8 米，直
壁，紧贴土圹内侧，残高 2.04 米；南壁长 1.9 米，直壁，距土圹内侧 0.1 ~ 0.2 米，残高 2.5
米；墓室顶部推测应为四角攒尖式；后室铺地砖残存靠近东、西墓壁一侧，推测为一层平砖竖
向错缝铺砌（图版一〇〇，2）。

墓砖为泥质灰陶长方体砖块，长 0.32 ~ 0.34 米，宽 0.16 ~ 0.17 米，厚 0.06 ~ 0.07 米（图
二〇一；图版九九，1）。

（2）葬具与人骨

该墓严重盗扰，墓主人年龄、性别、葬式与葬具不详。

（3）随葬品

随葬品共计 26 组（件）。五铢铜钱 1 组（10 枚）、铜钗 1 件、货泉铜钱 1 枚、陶井 1 件、
陶耳杯 8 件、陶匜 2 件、陶方案 1 件、陶盒 1 件、釉陶盒 1 件、陶勺 1 件、釉陶壶 2 件、陶豆 1
件、陶甑 1 件、陶盆 1 件，出土于前室北部；五铢铜钱 1 组（4 枚）、五铢铜钱 1 组（12 枚）、
铜泡饰 1 件，出土于后室。

五铢铜钱 M58:1，共 10 枚。

M58:1-1，正方形穿，正面无郭，反面有郭；穿之左右侧篆文"五铢"两字，右侧"铢"
字迹模糊右侧；"五"中间两笔近直，"铢"四点为圆点，朱字头方折。钱径 2.5、穿宽 1 厘米
（图二〇二，1）。

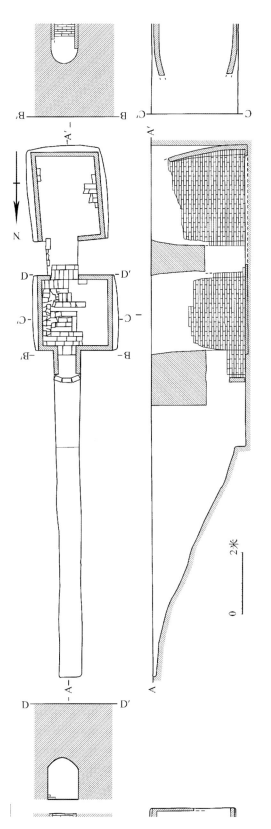

图二〇一　M58 平、剖面图

M58:1-2，正方形穿，正面无郭，反面有郭；穿之左右两侧篆文"五铢"两字；"五"中间两笔弯曲，"铢"金字头为等边三角形，四点为长点，朱字头方折。钱径2.5、穿宽1厘米（图二〇二，2）。

M58:1-3，正方形穿，正面无郭，反面有郭；穿之左右两侧篆文"五铢"两字；"五"中间两笔弯曲，"铢"四点为长点，朱字头方折。钱径2.5、穿宽1.1厘米（图二〇二，3）。

M58:1-4，正方形穿，正面无郭，反面有郭；穿之左右两侧篆文"五铢"两字；"五"中间两笔弯曲，"铢"字迹模糊。钱径2.5、穿宽1厘米（图二〇二，4）。

M58:1-5，正方形穿，正面无郭，反面有郭；穿之左右两侧篆文"五铢"两字；"五"中间两笔弯曲，"铢"金字头为等边三角形，四点为长点。钱径2.6、穿宽1厘米（图二〇二，5）。

M58:1-6，正方形穿，正面无郭，反面有郭；穿之左右两侧篆文"五铢"两字；"五"中间两笔弯曲，"铢"金字头呈箭镞状。钱径2.5、穿宽1厘米（图二〇二，6）。

M58:1-7，正方形穿，正面无郭，反面有郭；穿之左右两侧篆文"五铢"两字；"五"中间两笔弯曲，"铢"金字头为呈箭镞状，四点为圆点，朱字头方折。钱径2.5、穿宽1厘米（图二〇二，7）。

M58:1-8，正方形穿，正面无郭，反面有郭；穿之左右两侧篆文"五铢"两字；"五"中间两笔弯曲，"铢"金字头为呈箭镞状，四点为圆点，朱字头圆折。钱径2.5、穿宽1厘米（图二〇二，8）。

M58:1-9，正方形穿，正面无郭，反面有郭；穿之左右两侧篆文"五铢"两字；"五"中间两笔弯曲，"铢"金字头为呈箭镞状，四点为圆点，朱字头圆折。钱径2.5、穿宽1厘米（图二〇二，9）。

M58:1-10，正方形穿，正面无郭，反面有郭；穿之左右两侧篆文"五铢"两字；"五"中间两笔略曲，"铢"金字头为呈等边三角形，四点为长点，朱字头圆折。钱径2.5、穿宽1厘米（图二〇二，10）。

铜钗　1件。

M58:2，青铜，严重朽损残缺。呈长"U"形，圆条状，尖端残缺。残长8.3厘米（图二〇三，13；图版一〇三，5）。

货泉铜钱　1枚。

M58:3，正方形穿，正面无郭，反面有郭；穿之左右两侧篆文"货泉"两字。钱径2.2、穿宽0.7厘米（图二〇二，11）。

五铢铜钱 M58:13，共　12枚。

M58:13-1，正方形穿，正面无郭，反面有郭；穿之左右侧篆文"五铢"两字，"五"中间两笔弯曲，"铢"金字头为箭镞状，四点为长点，朱字头圆折。钱径2.5、穿宽1厘米（图二〇三，1）。

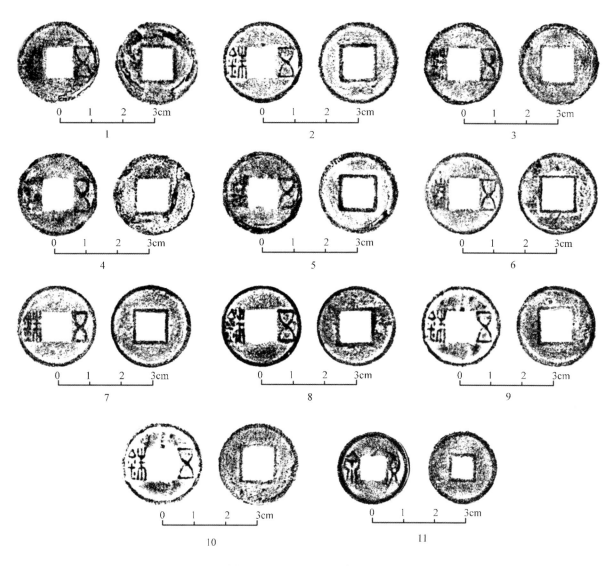

图二○二　M58 出土器物（一）

1～10. 五铢铜钱（M58：1－1、M58：1－2、M58：1－3、M58：1－4、M58：1－5、M58：1－6、
M58：1－7、M58：1－8、M58：1－9、M58：1－10）　11. 货泉铜钱（M58：3）

M58：13－2，正方形穿，正面无郭，反面有郭；穿之左右侧篆文"五铢"两字，
"五"中间两笔略曲，"铢"字迹模糊，剪轮。钱径2.4、穿宽1厘米（图二○三，2）。

M58：13－3，正方形穿，正面无郭，反面有郭；穿之左右侧篆文"五铢"两字，
"五"中间两笔略曲，"铢"金字头为箭镞状，朱字头圆折。钱径2.5、穿宽1厘米（图二
○三，3）。

M58：13－4，正方形穿，正面无郭，反面有郭；穿之左右侧篆文"五铢"两字，"五"中
间两笔略曲，"铢"四点为长点，朱字头圆折。钱径2.5、穿宽1厘米（图二○三，4）。

M58:13-5，正方形穿，正面无郭，反面有郭；穿之左右侧篆文"五铢"两字，"五"中间两笔略曲，"铢"金字头为箭镞状，四点为圆点，朱字头圆折。钱径2.5、穿宽1厘米（图二〇三，5）。

M58:13-6，正方形穿，正面无郭，反面有郭；穿之左右侧篆文"五铢"两字，"五"中间两笔弯曲，"铢"字迹模糊。钱径2.5、穿宽1厘米（图二〇三，6）。

M58:13-7，正方形穿，正面无郭，反面有郭；穿之左右侧篆文"五铢"两字，"五"中间两笔略曲，"铢"字迹模糊。钱径2.5、穿宽1厘米（图二〇三，7）。

M58:13-8，正方形穿，正面无郭，反面有郭；穿之左右侧篆文"五铢"两字，"五"中间两笔近直，"铢"金字头为箭镞状，四点为圆点。钱径2.6、穿宽1厘米（图二〇三，8）。

M58:13-9，正方形穿，正面无郭，反面有郭；穿之左右侧篆文"五铢"两字，"五"中间两笔弯曲，"铢"金字头为等边三角形，四点为长点，朱字头圆折。钱径2.6、穿宽1厘米（图二〇三，9）。

M58:13-10，正方形穿，正面无郭，反面有郭；穿之左右侧篆文"五铢"两字，"五"中间两笔弯曲，"铢"金字头为箭镞状，四点为长点，朱字头圆折。钱径2.5、穿宽1厘米（图二〇三，10）。

M58:13-11，正方形穿，正面无郭，反面有郭；穿之左右侧篆文"五铢"两字，"五"中间两笔弯曲，"铢"字迹模糊。钱径2.5、穿宽1厘米（图二〇三，11）。

M58:13-12，正方形穿，正面无郭，反面有郭；穿之左右侧篆文"五铢"两字，"五"中间两笔近直，"铢"金字头为箭镞状，四点为圆点，朱字头圆折。钱径2.6、穿宽1.1厘米（图二〇三，12）。

铜泡饰　1件。

M58:14，整体呈草帽形，内出尖钮。口径2.2、通高1.4厘米（图二〇三，14）。

陶井　1件。

M58:4，泥质灰陶。井身为亚腰形筒形，大平底；井台圆形，其上立拱形高井架，井架上立亭，亭顶为四阿式瓦顶。通高30厘米（图二〇五，4；图版一〇一，2）。

陶耳杯　8件。

M58:5，泥质灰陶。椭圆形，敞口，斜弧腹，平底，长弧口沿两侧出月牙形双耳。内壁留有朱砂痕迹。长12.6、宽9、通高2.6厘米；耳宽0.08厘米（图二〇四，1；图版一〇一，3）。

M58:10，泥质灰陶。椭圆形，敞口，斜弧腹，矮假圈足，平底，长弧口沿两侧出月牙形双耳。内壁涂满朱砂。长13.2、宽9.6、通高3.2厘米；耳宽0.08厘米（图二〇四，2）。

M58:11，泥质灰陶。椭圆形，敞口，斜弧腹，矮假圈足，平底，长弧口沿两侧出月牙形双耳，双耳略下压。长12.6、宽9.4、通高3.6厘米；耳宽0.08厘米（图二〇四，3）。

M58:16，泥质灰陶。椭圆形，敞口，斜弧腹，平底，长弧口沿两侧出月牙形双耳。内壁涂满朱砂。长12.6、宽9.4、通高3.6厘米；耳宽0.08厘米（图二〇四，4）。

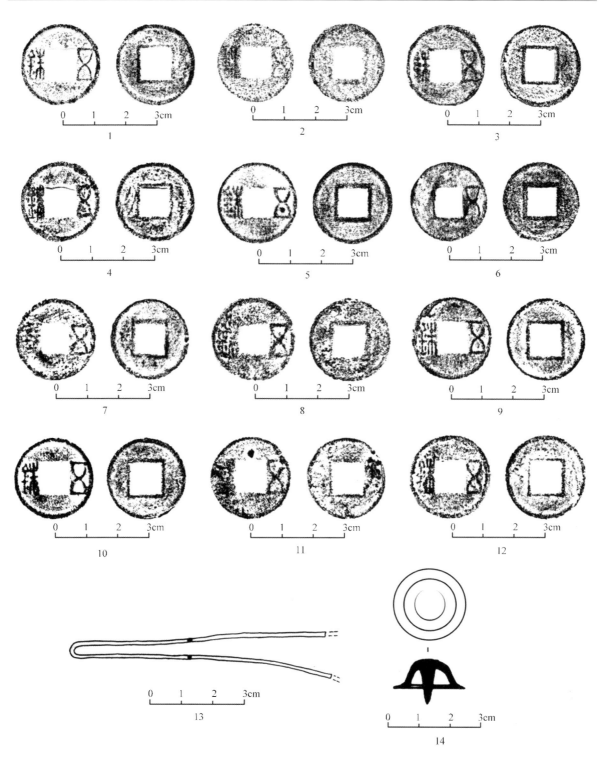

图二〇三　M58 出土器物（二）

1～12. 五铢铜钱（M58:13－1、M58:13－2、M58:13－3、M58:13－4、M58:13－5、M58:13－6、M58:13－7、
M58:13－8、M58:13－9、M58:13－10、M58:13－11、M58:13－12）
13. 铜钗（M58:2）　　14. 铜泡饰（M58:14）

M58:17，泥质灰陶。椭圆形，敞口，斜弧腹，矮假圈足，平底，长弧口沿两侧出月牙形双耳，一侧耳略下压。内壁涂满朱砂。长 12、宽 9.2、通高 3.4 厘米；耳宽 0.08 厘米（图二〇四，5；图版一〇一，4）。

M58:18，泥质灰陶。椭圆形，敞口，斜弧腹，平底，长弧口沿两侧出月牙形双耳。内壁涂满朱砂。长 13、加耳通宽 9.8、通高 3.5 厘米；耳宽 0.08 厘米（图二〇四，6）。

M58:19，泥质红褐陶。椭圆形，敞口，斜弧壁，矮假圈足，平底，长弧口沿两侧出月牙形双耳，一侧耳略下压。内壁涂满朱砂。长 12、宽 8.8、通高 3 厘米；耳宽 0.07 厘米（图二〇四，7；图版一〇一，5）。

M58:20，泥质灰陶。椭圆形，敞口，斜弧壁，矮假圈足，平底，长弧口沿两侧出月牙形双耳，一侧耳略下压。内壁涂满朱砂。长 12.4、宽 9.4、通高 3.4 厘米；耳宽 0.06 厘米（图二〇四，8；图版一〇一，6）。

陶匜　2 件。

M58:6，泥质红陶。近圆角长方体，壁略外弧，口略大，平底；口沿长径一侧接倒“U”形兽首形柄，对应一侧弧边顶部内凹。内壁残留朱砂痕迹。长 17.2、宽 16.4、通高 11.6 厘米（图二〇六，1；图版一〇二，1）。

M58:21，泥质红陶。近圆角长方体，壁略外弧，口略大，平底；口沿长径一侧接倒“U”形兽首形柄，对应一侧弧形内凹。长 19.7、宽 17.6、通高 13.6 厘米（图二〇六，2；图版一〇二，2）。

陶案　1 件。

M58:7，泥质灰陶。长方形，四周边缘矮凸棱，中间微鼓。案正面光滑，局部残留朱砂红痕迹。长 54.4、宽 36、厚 3.7 厘米（图二〇五，3）。

陶盒　2 件。

M58:8，泥质灰陶。长方形盝顶式盖，顶部中间有竖向长方形凹槽，四壁直壁，盖顶四角各有一乳钉，两侧面四角各有一乳钉；盒长方体，直口，方唇，直壁，平底。盖长 36.2、宽 13.9 厘米，高 12 厘米；盒长 26.2、宽 9.6 厘米，高 7.2 厘米（图二〇五，5；图版一〇二，4）。

M58:23，泥质红陶胎，外饰绿釉。长方形盝顶式盖，顶部中间有竖向长方形凹槽，四壁直壁，盖顶四角各有一乳钉，两侧面四角有一乳钉；盒长方形盒，直口，直壁，平底。盖长 34.2、宽 13.8、高 12.6 厘米；盒长 28.8、宽 10.2、高 7.8 厘米（图二〇五，6；图版一〇二，5）。

陶勺　1 件。

M58:9，泥质灰陶。蛇首曲柄勺，勺首近四棱形。勺槽平面呈椭圆形，敞口，尖圆唇，深弧腹圜底，通长 13.8，勺槽长 6.2、深 2.7 厘米（图二〇六，5；图版一〇三，1）。

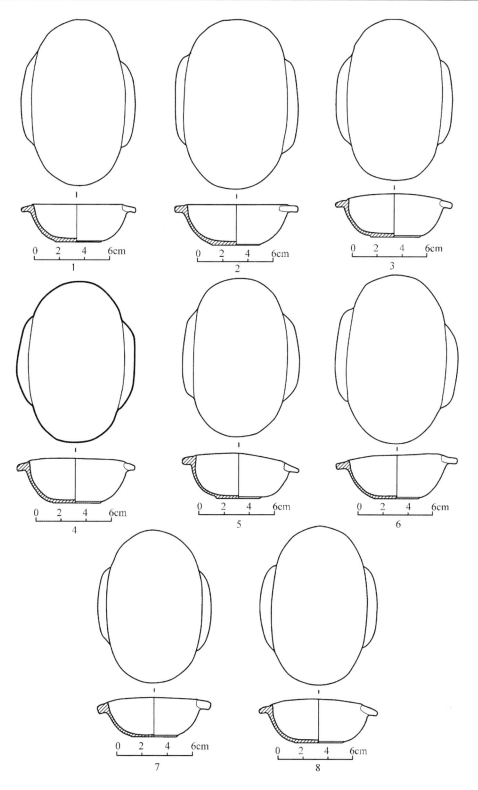

图二〇四　M58 出土器物（三）

1~8. 陶耳杯（M58：5、M58：10、M58：11、M58：16、M58：17、M58：18、M58：19、M58：20）

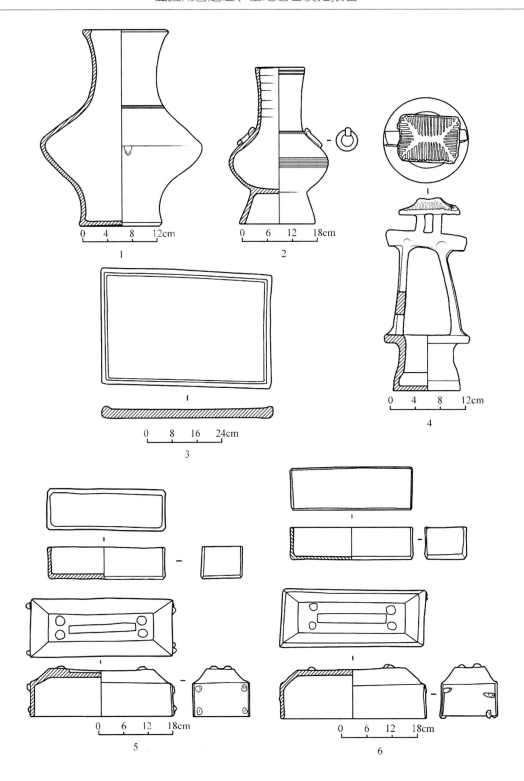

图二○五　M58 出土器物（四）

1、2. 釉陶壶（M58∶12、M58∶22）　3. 陶案（M58∶7）　4. 陶井（M58∶4）　5、6. 陶盒（M58∶8、M58∶23）

　　釉陶壶　2 件。

　　M58:12，泥质红陶胎，外施绿釉。敞口，方唇，唇内缘内勾，粗长束颈，斜肩，折腹，假高圈足，平底。颈肩结合部饰 2 周凹弦纹。口径 13.8、腹径 26.2、足径 12.8、通高 30.6 厘米（图二〇五，1；图版一〇二，3）。

图二〇六　M58 出土器物（五）

1、2. 陶匜（M58:6、M58:21）　　3. 陶豆（M58:25）　　4. 陶盆（M58:15）

5. 陶勺（M58:9）　　6. 陶甑（M58:24）

M58：22，泥质红陶胎，外施绿釉。微侈口，方唇，高领，粗长颈，较直，长斜肩，扁鼓腹，高圈足外撇。领部饰2周凸棱；肩部贴附1对模制圆环铺首；肩部饰1周凸棱凹弦纹；腹部饰3周凸棱。口径11.6、腹径23.9、足径17.9、通高36.7厘米（图二〇五，2；图版一〇三，3）。

陶盆　1件。

M58：15，泥质灰陶。敞口，方唇，斜折沿，沿面微内凹，斜直腹，矮假圈足，平底。口径9.6、足径4.3、通高4.5厘米（图二〇六，4；图版一〇一，1）。

陶甑　1件。

M58：24，泥质灰陶。敞口，方唇，窄平沿，长斜腹，平底，底部有5个圆形箅孔。口径12、底径4.5、通高6.6厘米（图二〇六，6；图版一〇三，2）。

陶豆　1件。

M58：25，泥质灰陶。豆盘直口，圆唇，深弧腹，圜底，高圈足略外撇。腹中部饰2周凹弦纹。口径19.5、足径10、通高12.5厘米（图二〇六，3；图版一〇三，4）。

第七章　明清时期遗存

一、概述

明清时期遗存较少，共清理灰坑 1 座、墓葬 3 座。

墓葬 3 座，编号为 M25、M33、M41。分布于 I 区东部。墓葬方向在 190°～200°之间，为洞室墓和砖室墓 2 种类型。2 座带墓道洞室墓由竖井墓道、墓门、甬道和洞室组成，墓道为长方形竖井式，直壁平底，长 2.2～2.6 米，宽 0.9～1.1 米，深 3.45～5 米，北侧连接墓门和甬道，墓室底面近长方形，长 2.3～2.8 米，宽 1.38～1.76 米，高 1.1～1.4 米，未发现人骨，可能为迁葬，随葬品为少量瓷器和骨器。1 座长斜坡墓道砖室墓，南部为台阶式墓道，长 7.35 米，宽 1.02～1.75 米，深 0.2～3 米，北侧连接墓门及门墙、翼墙，后为甬道和长方形墓室，墓室为砖砌券顶，墓壁东、北、西壁中部砌筑 3 个砖雕板门，墓主人为 1 男 2 女合葬墓，无随葬品。

二、文化遗存

（一）灰坑

H3

位于I区东南部，T0607 中部，开口于 1 层下（图二〇七）。坑口距地表 0.15 米，平面形状为不规则形，坑壁为斜壁，壁面稍粗糙，未发现工具加工痕迹，近圜底。坑口南北 1.3 米，东西 0.76 米，坑深 0.6 米。坑内填土为红褐色砂质土，土质略软，夹杂有黄土碎块。无出土物。

（二）墓葬

1. M25

（1）位置与形制

M25 位于 I 区东南部，T0705 东部，开口 2 层下，为长方形竖井墓道洞室墓，墓葬方向

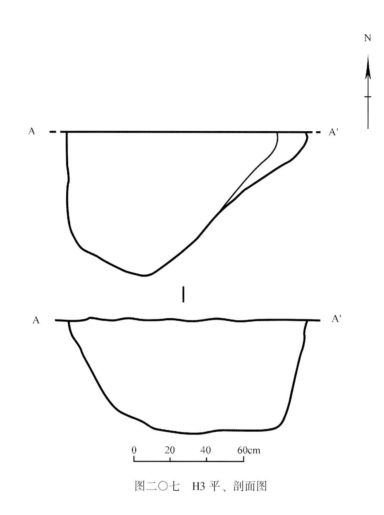

图二〇七　H3 平、剖面图

198°，由墓道、甬道和洞室组成。墓道位于洞室南侧，竖井式，土圹平面近长方形，长 2.2 米，南窄北宽，宽 0.9～1.08 米，直壁，平底，深 3.45 米。墓道西壁北端距开口 1.55 米，上下分布 2 个脚窝，立面形状椭圆形、近三角形，间距 0.55 米，宽 0.15～0.2 米，高 0.13～0.2 米，进深 0.07～0.09 米。甬道和洞室为墓道北壁掏挖而成，洞口立面为长方形，拱形顶，宽 0.85 米，高 1.12 米；甬道位于墓道北侧，长 0.32 米，宽 0.84 米，拱形顶，高 1.16 米，底部与墓道底部持平。洞室位于甬道北侧，底面为近圆角长方形，长 2.3 米，拱形顶，顶小底大，北壁较直，东、西两壁斜直，东壁上部略内弧，宽 1.1～1.34 米，底部宽 1.38～1.6 米，高 1.1 米。墓内填土为花土（图二〇八）。

（2）葬具与人骨

墓内未发现人骨，推测为迁葬，残存棺钉 3 枚，推测葬具为木棺。

（3）随葬品

无随葬品。

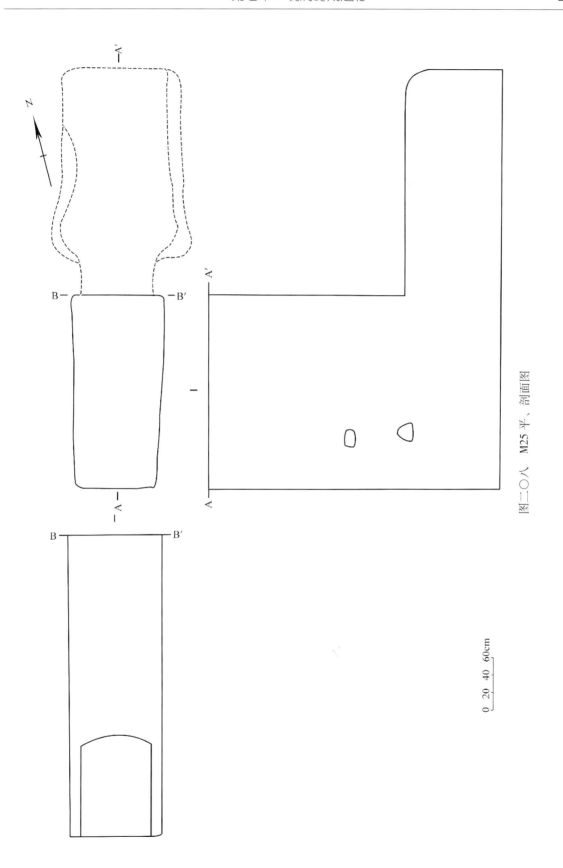

图二〇八 M25 平、剖面图

2. M33

（1）位置与形制

M33 位于 I 区东北部，T0415 西部，开口 2 层下，为台阶式墓道长方形砖室墓，墓葬方向199°。由墓道、墓门、甬道和墓室组成，通长 11.43 米。墓道位于墓室南侧，平面呈梯形，南窄北宽，长 7.35 米，宽 1.02～1.75 米，两壁较直，深 0.2～4.08 米；底呈台阶式，自上而下挖建 16 级台阶，台阶平面略平，宽 0.2～0.3 米，高 0.2～0.25 米，坡度 32°，距墓门 2 米处，墓道底部为平底。墓室土圹呈长方形，南北 4.4 米，东西 3.6 米，深 4.3 米，四壁较直，土圹内砌筑墓门、甬道和墓室。（图二〇九，图版一〇四，1）

墓门南连墓道，北接甬道，距墓圹 0.36 米，立面呈长方形，拱形顶。墓门高 1.64 米，宽1 米，内侧用 2 排平砖错缝封堵，计 20 层。两侧门框用平砖错缝叠砌，高 1.12 米，宽 0.34 米；弧顶为一券一伏，下面券砖用弧形砖立面接缝立砌，形成弧面，共计 7 块；上面伏砖用 8 块弧形砖侧面接缝砌筑，券砖向内收缩 0.15 米，形成弧形门檐状。墓门两侧用平砖平砌压缝，门顶之上错缝平砌 3 层单砖，其上有 3 层单砖错缝平砌，逐次向外凸出 0.06 米，形成砖檐。再上 5层单砖错缝平砌砖墙，宽 1.7 米，高 0.38 米。墓门及门墙总宽 1.7 米，高 2.7 米；其东、西两侧单砖错缝砌筑翼墙，基本与墓门垂直，宽 0.32 米，高 2.7 米。（图二一一；图版一〇五，1）

甬道南连墓门，北接墓室，圆拱顶，宽 1 米，进深 0.2 米，高 1.64 米；两侧用平砖"一顺一丁"叠砌直壁，计 15 层；券顶用长楔形砖对面起券，缝隙用白灰填充，共计 22 块，高 1.64米；铺地砖南侧为平砖立面对缝铺砌，北侧为平砖"顺丁"结构铺筑。

墓室位于甬道北侧，平面呈长方形，长 3.6 米，宽 2.4 米。墓室券顶用弧形砖对缝砌筑，缝隙用碎瓷片填充，券顶内侧底涂抹一层草拌泥，厚 0.01～0.02 米，上涂抹一层白灰，厚0.02～0.03 米，顶部南高北低，高 2.45～2.56 米。铺地砖为平砖横向错缝铺筑。东壁距墓圹0.58 米，长 3.46 米，墓壁为 1 排平砖错缝叠砌直壁，计 15 层，高 1.05 米，其上为弧形砖侧立面对缝起券，缝隙处用瓷片填塞。东壁中部距南壁 1.4 米、高出墓底 0.36 米处，饰一砖雕板门，板门宽 0.58 米，高 0.5 米，两侧门框各用 1 块立砖侧面砌筑，门槛为 2 块平砖侧面对缝砌筑，内侧砖角为弧边，框顶用 2 块平砖侧面对缝砌筑，其上一层平砖侧面对缝砌筑，向外凸出，形成门檐，檐外侧砖切割成角，门扇用 2 块平砖立面错缝砌筑。北壁距墓圹 0.14 米，长2.4 米，墓壁底部为单层平砖错缝叠砌，计 15 层，高 1.05 米，其上墓壁两侧逐层弧内收，呈弧边，高 2.45 米；北壁中部距东壁 0.8 米、高出墓底 0.36 米处，饰一砖雕板门，宽 0.82 米，高 0.8 米，两侧门框用 2 块立砖侧面对缝砌筑，门框为 2 块平砖侧面对缝砌筑，内侧砖角为弧边，框顶用 2 层平砖侧面对缝砌筑，顶层外凸；门框上部砖雕瓦垄门檐，底部凸出砖雕滴水和瓦当，其上为砖雕瓦垄，两檐角略上挑，其上为横向高脊，脊两端砖雕脊兽；门顶为砖雕宝珠形，两侧立颊分别用 2 块平砖立正面砌筑，进深 0.18 米，底部平砖对缝铺筑。（图二一二；

图版一〇五，2）西壁距墓圹0.5米，长3.46米，墓壁结构、砌法与东壁基本一致，中部饰一砖雕板门，与东壁砖雕板门大小、形状、砌筑方法基本一致。南壁东侧墓壁长0.46米，西侧墓壁长0.66米，砖壁砌法与北壁基本一致（图二一〇；图版一〇四，2）。

（2）葬具与人骨

葬具腐朽严重，残存灰痕，推测应为木棺。墓室自南至北发现3具人骨，墓室南部人骨架凌乱，女性，头北足南，年龄45±5岁；中部人骨架散乱，男性，年龄60岁以上；东北部人骨架应为迁葬，女性，年龄55±5岁。

（3）随葬品

无随葬品。

3. M41

（1）位置与形制

M41位于Ⅰ区东部，T0610西部，开口在2层下，为长方形竖井墓道洞室墓，墓葬方向为195°，由墓道、甬道和洞室组成。墓道位于洞室南侧，土圹平面为长方形，竖井式，直壁平底，长2.6米，宽1.04米，深5米。墓道西壁北端距开口3.14米，上下分布3个脚窝，立面为三角形，间距0.2~0.62米，宽0.15~0.21米，高0.15~0.21米，进深0.07~0.15米。甬道和洞室为墓道北壁掏挖而成，洞口立面为长方形，拱形顶，宽0.8米，高1.4米；甬道位于墓道北侧，长0.28米，宽0.8米，拱形顶，高1.4米，底部与墓道底部持平。洞室位于甬道北侧，底面长方形，长2.8米，宽1.76米，高1.4米，拱形顶，顶部略短于底部。墓内填土为花土（图二一三）。

（2）葬具与人骨

葬具为一木棺，位于洞室北部，腐朽严重，仅存白色灰痕，长2.2米，宽0.7~0.88米，残高0.3米，板厚0.1米。棺内发现少量散落人骨，初步推断有可能迁葬。

（3）随葬品

随葬品2件。瓷罐1件，出土于洞室东北角；骨簪1件，出土于棺内北部。

瓷罐　1件。

M41:1，侈口，圆唇，矮束颈，圆肩，鼓腹，下腹弧收，矮圈足。器物施黑釉至下腹部，下露褐色粗胎。口径10.5、腹径10.9、足径7.4、高13.4厘米（图二一四，1）。

骨簪　1件。

M41:2，兽骨磨制而成。长扁体，首端横剖面呈方形，尖部较钝。长7.7、最宽0.7厘米（图二一四，2）。

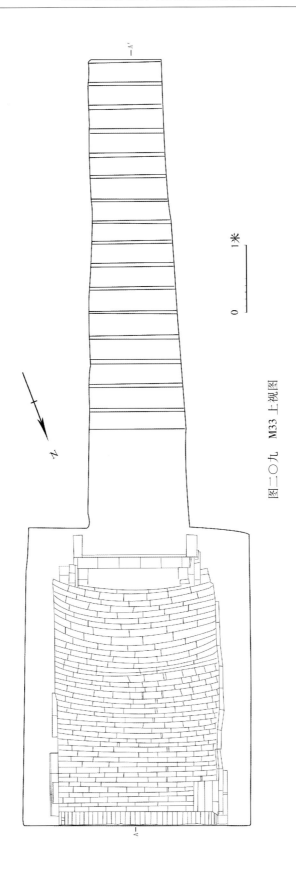

图二〇九　M33 上视图

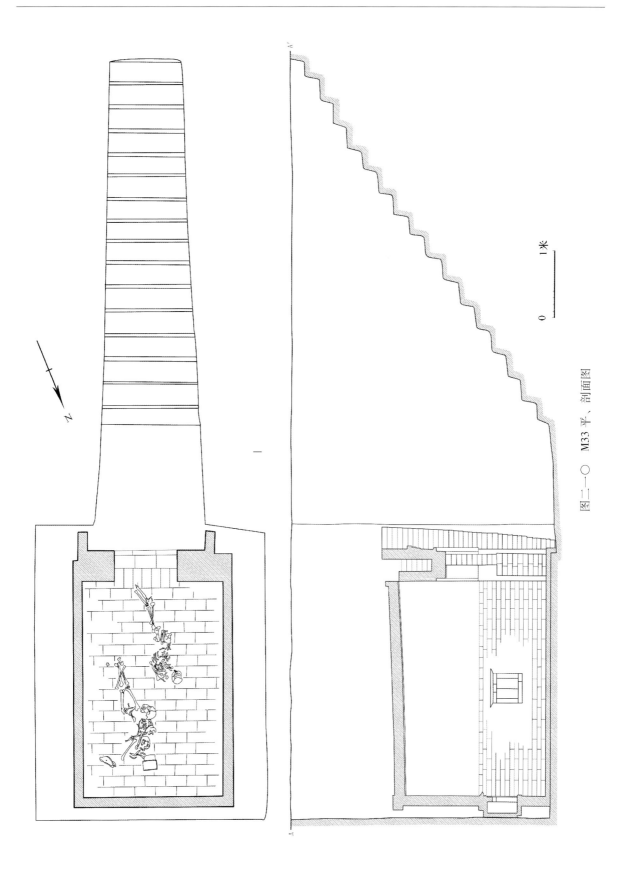

图二一〇　M33 平、剖面图

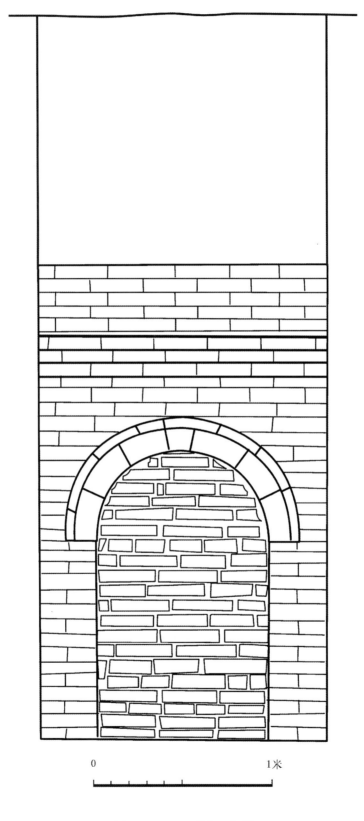

0　　　　　　　　　　　　　　1米

图二一一　M33 墓门正视图

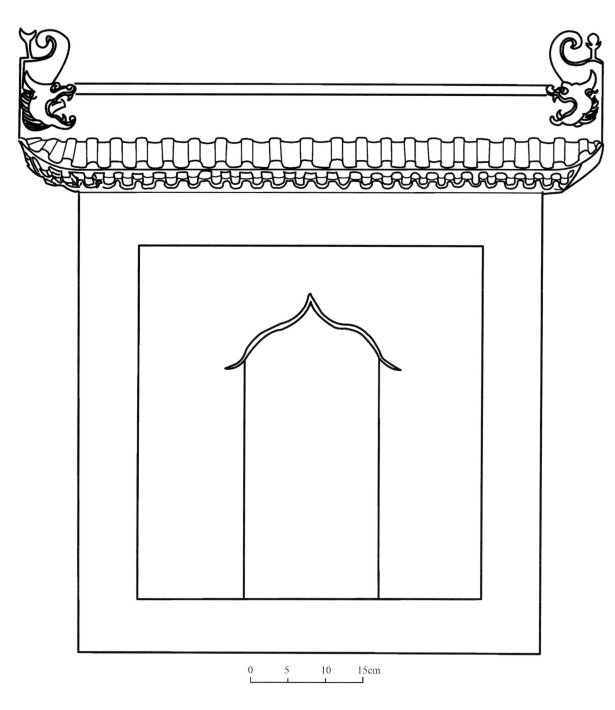

0   5   10   15cm

图二一二　M33 北壁龛细部图

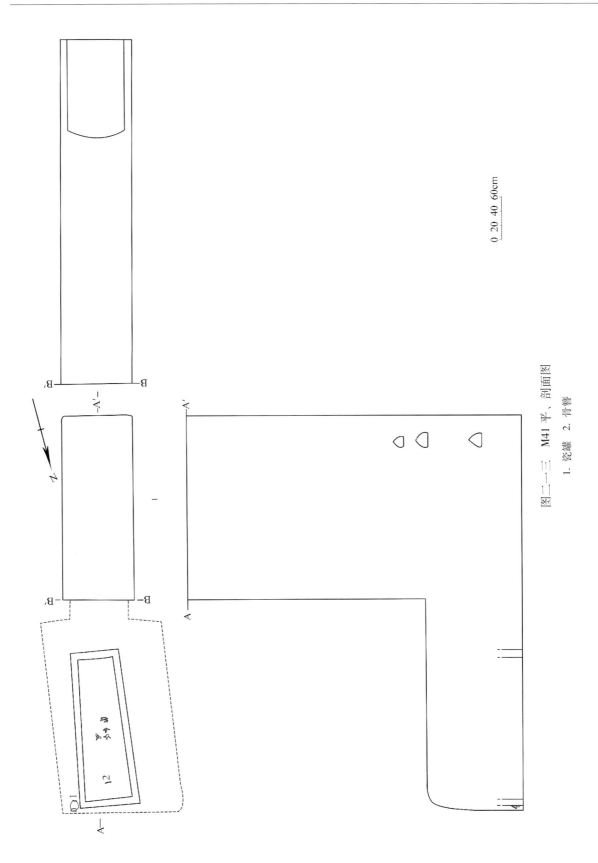

图二一三　M41 平、剖面图

1. 瓷罐　2. 骨簪

0 20 40 60cm

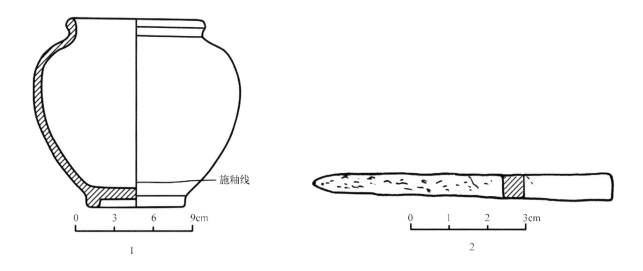

施釉线

图二一四　M41 出土器物

1. 瓷罐（M41:1）　　2. 骨簪（M41:2）

第八章 结语

磁县南营遗址、墓地发现早商、晚商、战国、汉代和明清五个时期的文化遗存，不仅进一步丰富了石家庄以北、太行山以东地区的考古学文化材料，也为我们进一步认识该地区相关考古学文化的年代与分期、属性与构成、文化关系等问题提供了一些线索。

一、早商时期遗存的相关认识

南营遗址早商文化遗存填补冀南漳河流域夏商时期的空白。早商文化是指商汤灭夏至武丁之前以商人或商族为主体人群所创造的考古学文化。始自二里岗下层早段，终于殷墟一期。太行山东麓地区主要分布在豫北沁河至冀中易水的广大区域。代表性遗址有辉县孟庄，辉县琉璃阁，洹北花园庄，安阳殷墟，藁城台西，邢台东先贤、葛庄等。学界对以下七垣遗址为代表的漳河型先商文化的内涵、分期和文化面貌的认识基本一致，然而对漳河型先商文化的流向，即漳河流域早商文化的分布、文化内涵和文化面貌一直存在学术争议，目前在漳河流域尚未识别早商文化早段文化遗存，从而一定程度迟滞了冀南区域夏商分界的学术研究。

此次发现南营遗址早商时期灰坑 4 个、灰沟 2 条，其中以 H8 代表的早商文化遗存，典型器物为尖圆唇卷沿弧腹袋足锥足鬲、磨光广折肩瓮、卷沿鼓腹盆、平圆唇平口瓮等，年代大致相当于二里岗下层时期，其文化面貌为下七垣文化（表一），同时包含一些二里岗类型、岳石文化、晋中文化的因素。例如，发现了二里岗类型的绳纹束颈陶鬲和弦断绳纹陶片、岳石文化的夹砂褐陶片、晋中文化的楔形点纹陶片。南营遗址早商文化遗存明确了漳河流域早商文化的文化面貌，填补了早商文化的空白，为廓清下七垣文化流向，并为建立该区域夏商时期考古学的年代序列增添了重要实物资料。

表一　南营遗址、墓地与下七垣文化陶器比较

器名 类型	陶鬲	陶罐	陶瓮
南营遗址、墓群	0　3　6　9cm H8：10	0　2　4　6cm H8：9	0　2　4　6cm H17：4
下七垣文化	下潘汪遗址 T31r：21 图一八：4	下七垣遗址 T7⑧：954 图一二：1	后白寺遗址 H100：5 图一七：8

注：表中下七垣文化图片资料来源。

资料来源：唐云明：《磁县下潘汪遗址发掘报告》，《考古学报》，1975 年第 1 期；孙德海、罗平、张沅：《磁县下七垣遗址发掘报告》，《考古学报》，1979 年第 2 期；魏曙光、洪猛、梁纪想：《河北肃宁县后白寺遗址发掘简报》，《考古》，2020 年第 4 期。

二、晚商时期遗存的相关认识

南营遗址晚商文化丰富了以殷墟为中心的晚商文化面貌。晚商文化指商代晚期考古学文化，大致相当于殷墟二期至殷墟四期。太行山东麓晚商文化遗址有安阳殷墟[①]、定州北庄子[②]、邢台曹演庄[③]、隆尧双碑[④]、临城古鲁营[⑤]等。豫北地区以殷墟为都城，在其周围分布众多大中小型聚落，组成一个层次清楚、分布密集的聚落群，应为晚商王畿地区之所在。

此次发现南营遗址晚商时期灰坑 9 个，其中以 H21 为代表的晚商文化遗存，典型器物为粗绳纹袋足鬲、高圈足外饰三角纹陶簋、折肩罐等，基本相当于殷墟文化四期（表二），同时存在一定数量的夹砂、泥质红陶器物，与殷墟文化面貌有所区别。南营遗址地处漳河北岸，距离

① 中国科学院考古研究所安阳工作队：《1972 年春安阳后冈发掘简报》，《考古》，1972 年第 5 期；杨宝成、徐广德：《1979 年安阳后冈遗址发掘报告》，《考古学报》，1985 年第 1 期。

② 王会民：《定州北庄子商墓发掘简报》，《文物春秋》，1992 年第 1 期。

③ 唐云明：《邢台曹演庄遗址发掘报告》，《考古学报》，1958 年第 4 期。

④ 河北省文物研究所：《隆尧县双碑遗址发掘报告》，《河北省考古文集》，东方出版社，1998 年版，第 133 – 153 页。

⑤ 任雪岩、郭少青、张志军：《河北临城西古鲁营商代遗址发掘简报》，《文物春秋》，2016 年第 1 期。

殷墟 15 公里，其晚商文化进一步廓清了殷墟文化王畿地区附近区域的文化面貌、聚落形态、经济方式、社会架构等，丰富了晚商文化的文化面貌。

表二　南营遗址、墓地与殷墟四期文化陶器比较

器名\类型	粗绳纹袋足陶鬲	粗绳纹双唇陶鬲	陶簋	附加堆纹陶罐
南营遗址、墓群	0 2 4 6cm H21：9	0 2 4 6cm H46：2	0 2 4 6cm H21：24	0 2 4 6cm H46：12
殷墟文化	1972 年安阳后岗遗址 M3：1 图九：16	后白寺遗址 TN2E3④：4 图二九：3	1972 年安阳后岗遗址 M12：1 图九：9	后白寺遗址 TN7E2③：2 图三一：8

注：表中殷墟四期文化图片资料。

资料来源：中国科学院考古研究所安阳工作队：《1972 年春安阳后冈发掘简报》，《考古》，1972 年第 5 期；魏曙光、洪猛、梁纪想：《河北肃宁县后白寺遗址发掘简报》，《考古》，2020 年第 4 期。

三、战国、汉代遗存的相关认识

南营墓地战国、汉代墓葬为研究讲武城城址始建年代、文化内涵、城市风貌等提供重要资料。南营墓地发现 19 座战国中晚期墓，主要为长方形土坑竖穴墓，随葬品有陶壶、陶盘、陶豆、陶匜、陶鼎、小陶壶等，葬式为仰身直肢，墓主人身份应为普通平民。出土陶器风格与邯郸百家村战国平民墓基本一致（如下图），故推测其文化面貌为战国时期赵文化，墓地周围应有相应时期的聚落，该区域是赵邯郸故城周边区域次一级的村镇聚落，为廓清赵国区域聚落层级架构提供重要的研究资料。

同时，南营墓葬也发现了不少战国中山国的遗存（表四），如 M53 就是典型的战国中期早段的中山国墓葬，M53：8 鸟柱盆和 M53：16 筒形器，应该是"成公"时期的遗物。以往的中山国墓葬的发现，集中在以石家庄为核心的周边，南段一般不越过邯郸，此次在南营发现的中山国墓葬，对于探讨战国中期中山国南部疆域提供了新的材料。

表三　南营遗址、墓地与百家村战国墓陶器比较

器名类型	陶壶	陶盖豆	陶碗	陶鼎
南营遗址、墓群	0 4 8 12cm Ⅰ M17：1	0 5 10 15cm Ⅰ M4：3	0 2 4 6cm Ⅰ M4：6	0 5 10 15cm M40：3
百家村战国墓	M40：1 图八：11	M3：4 图八：3	M6：12 图八：16	M44：5 图八：4

资料来源：孙德海：《河北邯郸百家村战国墓》，《考古》，1962 年第 2 期。

表四　南营遗址、墓地与古中山国墓陶器比较

器名类型	陶壶	陶盖豆	鸟柱形器	陶鼎	筒形器
南营遗址、墓群	0 4 8 12cm Ⅰ M17：1	0 5 10 15c Ⅰ M4：3	0 4 8 12cm Ⅰ M53：8	0 5 10 15cm M40：3	0 2 4 6cm M53：7
古中山国墓	0 6 12 18cm 98PFM8：4 图 2～18：6	盖豆 98PZM37：4 98PZM37：4 图 4～55：2 0 3 6 9cm	0 3 6 9cm 98PZM23：4 图 4～36：14	鼎98PZM57：8 98PZM57：1 图 4～23：1 0 4 8 12cm	筒形器98PZM11：13 98PZM11：13 图 4～80：12 0 4 8 12cm

注：表中古古中山国陶器图片资料。

资料来源：河北省文物考古研究院，中国人民大学考古文博系：《朔黄铁路平山段古中山国墓葬发掘报告》，科学出版社，2020 年。

　　南营墓地发现 33 座汉代墓葬，形制有竖井墓道土洞墓和斜坡墓道多室砖室墓，时代为西汉晚期至东汉中晚期，个别年代可能为曹魏时期，随葬品有陶壶、陶罐、陶井、陶匜、陶方案（冥器）、铜钱等，葬具为木棺，根据随葬品推测墓主人身份为普通平民；其墓葬形制与石家庄元氏南程墓地[①]土洞墓基本一致，与保定唐县高昌墓地[②]、徐水西黑山墓地的竖穴墓[③]有所区别，我们大致推测以滹沱河为界，南营墓地与所处滹沱河以南的冀中南地区汉代文化面貌基本一致。

　　南营墓地汉墓与 1957 年讲武城火车站路基[④]、2012 年双庙取土场[⑤]发掘汉墓，基本构成讲武城城址外侧汉代墓地，年代从西汉晚期延续至东汉中晚期，墓葬形制从土洞墓演变成多室砖室墓，初步建立战国中晚期至曹魏时期的器物年代标尺，同时为研究讲武城城址始建年代、文化内涵、城市风貌等提供了重要的资料。

---

　　① 南水北调中线干线工程建设管理局，河北省南水北调工程建设领导小组办公室，河北省文物局：《常山郡元氏故城南程墓地》，科学出版社，2014 年。
　　② 南水北调中线干线工程建设管理局，河北省南水北调工程建设委员会办公室，河北省文物局：《唐县高昌墓地发掘报告》，文物出版社，2010 年。
　　③ 南水北调中线干线工程建设管理局，河北省南水北调工程建设委员会办公室，河北省文物局：《徐水西黑山：金元时期墓地发掘报告》，文物出版社，2007 年。
　　④ 河北省文物管理委员会：《河北磁县讲武城古墓清理简报》，《考古》，1959 年第 1 期。
　　⑤ 南水北调中线干线工程建设管理局，河北省南水北调工程建设领导小组办公室，河北省文物局：《磁县双庙墓群考古发掘报告》，文物出版社，2017 年。

附录 磁县南营遗址、墓地墓葬统计表

附表 1 磁县南营遗址、墓地战国时期墓葬统计表

单位：米

墓葬编号	墓葬形制	墓向	墓葬形制（二层台、壁龛）			葬具			人骨			出土器物
			开口尺寸（长×宽－深）	二层台（宽－高）	壁龛（宽×高－进深）	棺椁	尺寸（长×宽－残高）	葬式	性别	年龄（岁）		
M2	长方形土坑竖穴墓	5°	2.6×1.95－3.4			一棺	棺 1.8×（0.82～0.9）－0.22	仰身屈肢	男	50±5		棺龛内出土铁刀 1 件
M4	长方形土坑竖穴墓	10°	3.4×2.5－4.85		1.2×0.6－0.46	一椁一棺	椁 2.6×（1.1～1.36）－0.6 棺 2.46×（1.1～1.2）－0.3	仰身直肢	男	40±5		壁龛内出土陶器 11 件：陶小壶 1 件、陶盘 1 件、陶盖豆 2 件、陶匜 1 件、陶碗 1 件、陶鼎 1 件、陶壶 1 件；棺内出土铜带钩 1 件
M5	长方形土坑竖穴墓	97°	3.2×2.1－3.45	（0.17～0.38）－0.7		一棺	棺 2.2×0.75－0.15	仰身屈肢	女	40±5		
M10	长方形土坑竖穴墓	18°	2.1×（0.78～0.88）－2.6			一棺	棺 1.8×（0.5～0.57）－0.18	仰身屈肢	男	35±5		棺内出土铜带钩 1 件
M11	长方形土坑竖穴墓	14°	3.06×（1.8～1.9）－4.22			一椁一棺	椁 2.4×1.3－0.3 棺 1.85×0.95－0.2	仰身直肢	女	40±5		棺内出土骨簪 1 仵、铜饰形饰 1 组（6 件）、玉环 2 件、铜带钩 1 件
M14	长方形土坑竖穴墓	9°	2.82×（1.9～2）－4.8		0.96×0.5－0.42	一棺	棺 2×（0.78～0.84）－0.2	仰身直肢	男	40±5		壁龛内出土陶器 11 件：陶鼎 2 件、陶小壶 2 件、陶盖豆 1 件、陶碗 1 件、陶壶 1 件、陶匜 1 件、陶盖豆 1 件、陶碗 1 件

续表

墓葬编号	墓葬形制	墓向	墓葬形制（二层台、壁龛）			葬具		人骨			出土器物
			开口尺寸（长×宽－深）	二层台（宽－高）	壁龛（宽×高－进深）	棺椁	尺寸（长×宽－残高）	葬式	性别	年龄（岁）	
M15	长方形土坑竖穴墓	12°	2.55×(1.35~1.4)－2	(0.1~0.24)－0.5				仰身直肢	男	35±5	出土铜带钩1件
M16	长方形土坑竖穴墓	90°	2×(0.72~0.75)－2.2			一棺	棺1.86×(0.52~0.55)－0.1	仰身屈肢	女	40±5	棺内出土陶壶2件、陶匜1件、陶小壶1件、陶盖陶豆2件、陶碗1件、陶盘1件、棺内出土铁带钩1件
M17	长方形土坑竖穴墓	9°	2.64×(1.74~1.8)－3.85			一棺	棺1.8×0.58	仰身屈肢	女	30±5	棺内出土陶壶2件、陶碗1件、陶盘1件、陶鼎1件
M18	长方形土坑竖穴墓	92°	2.5×(1.3~1.6)－2.75	(0.1~0.26)－0.56		一棺	棺1.9×(0.68~0.72)－0.2	仰身屈肢	男	20±5	
M22	长方形土坑竖穴墓	14°	2.9×(1.6~1.8)－4.15	(0.13~0.3)－0.3		一椁一棺	椁2.2×(1.09~1.17)－0.29 棺1.9×0.54－0.15	仰身屈肢	女	30±5	棺椁之间出土陶壶2件、陶盖豆2件、陶小壶2件、陶钵1件、陶鼎1件、陶盘1件、陶匜1件；棺内出土骨簪1件
M23	长方形土坑竖穴墓	28°	1.6×(0.72~0.78)－1.2			一棺	棺1.4×(0.54~0.58)－0.2	仰身屈肢	女	15±5	
M28	长方形土坑竖穴墓	4°	1.5×(0.68~0.8)－2					仰身屈肢	男	30±5	
M34	长方形土坑竖穴墓井墓道洞室偏室墓	95°	墓道2.2×1.2－2.9 洞室1.96×0.72－1.32	(0.12~0.25)－0.28		一棺	棺1.7×(0.46~0.58)－0.3	侧身屈肢	女	25±5	棺内出土铜带钩1件
M35	长方形土坑竖穴墓	20°	1.66×(0.74~0.8)－1.34					侧身屈肢	男	25±5	
M37	长方形土坑竖穴墓	13°	3.22×(1.68~1.76)－3.9			一棺	棺2.06×(0.7~0.75)－0.2	仰身屈肢	男	35±5	棺内出土铜饰件1件
M40	长方形土坑竖穴墓	107°	3.38×2.25－5.05	(0.04~0.25)－0.57	0.95×0.53－0.5	一椁一棺	椁2.7×1.7－0.3 棺2.1×1.75－0.25	仰身直肢	男	40±5	壁龛出土陶壶1件、陶小壶1件、陶盖豆1件、陶壶1件、陶盖豆1件、陶鼎1件、陶鼎1件、棺内出土铜剑1件、铜带钩1件

墓葬编号	墓葬形制（二层台、壁龛）					葬具		人骨			出土器物
	墓葬形制	墓向	开口尺寸（长×宽－深）	二层台（宽－高）	壁龛（宽×高－进深）	棺椁	尺寸（长×宽－残高）	葬式	性别	年龄（岁）	
M42	长方形土坑竖穴墓	12°	残0.98×（0.82~0.88）－2.16								
M53	长方形土坑竖穴墓	16°	3.1×（2.4~2.45）－5.7		1.2×0.62－0.48	一椁一棺	椁2.26×（1.3~1.32）－0.27 棺1.88×（0.54~0.6）	仰身直肢	男	40±5	壁龛内出土陶碗1件、陶盘1件、陶小壶2件、陶壶2件、陶盖豆1件、陶鼎2件、陶筒形器1件、勺柱盘1件、陶平盘2件、陶盖豆2件、棺内出土铜带钩1件
M56	长方形土坑竖穴墓	18°	2.95×（1.92~1.98）－2.9			一椁一棺	椁2.26×（0.78~0.8）棺1.76×（0.58~0.6）	侧身屈肢	女	35±5	棺内出土骨簪1件

附表2

磁县南营遗址、墓地Ⅰ区汉代墓葬统计表

单位：米

墓葬编号	墓葬形制	墓向	墓道 形状	墓道 尺寸（长×宽－深）	脚龛	墓室 形状	墓室 尺寸（长×宽－高）	壁龛（宽×高－进深）	棺椁	葬具 尺寸（长×宽－残高）	葬式	性别	年龄	随葬品
M1	长方形竖井墓道洞室墓	8°	长方形竖井墓道	2.45×(0.9~1)－(3.4~3.85)		舟形	3×(0.67~1.7)－1.5		一棺	2.1×(0.5~0.7)				棺外出土陶壶1件、棺内出土铜钱1组（3枚）、铁器1件
M3	长方形竖井墓道洞室墓	190°	长方形竖井墓道	2.8×(1.1~1.14)－(2.7~2.82)	东壁有2个脚龛	长方形	4.2×(1.1~1.26)－1.54		一棺	2×(0.8~0.87)－0.16				棺外出土陶井1件、陶灶1件、陶罐5件、陶壶1件、陶瓿1件、棺内出土陶碗1件、陶镜1件
M6	长方形竖井墓道洞室墓	100°	长方形竖井墓道	2.4×(0.96~1.06)－(2.1~2.45)	北壁有3个脚龛	长方形	2.4×(0.96~1.05)－0.96		一棺	2×(0.6~0.66)－0.16				棺外出土陶壶5件、棺内出土铜钱1组（2枚）
M7	长方形竖井墓道洞室墓	12°	长方形竖井墓道	2.3×(0.9~1.04)－(4.6~4.8)	东壁有4个脚龛	长方形	2.5×(0.96~1.04)－1.42							出土陶壶3件、陶罐1件、墓道出土铜钱1枚、铁镰1件
M8	长方形土坑竖穴墓砖圹墓	7°				长方形	5.5×(1.4~1.5)－1.08		一棺	2×(0.68~0.77)－0.35				棺外出土陶壶5件、棺内出土铜带钩1件
M9	长方形竖井墓道洞室墓	12°	长方形竖井墓道	2.3×(0.9~1.04)－(4.62~4.8)	西壁有3个脚龛	长方形	2.7×(0.96~1.04)－1.45	1.05×1.7－1.1	一棺	2.02×(0.5~0.62)				壁龛出土陶壶5件、棺内出土铜钱1组（5枚）
M12	长方形竖井墓道洞室墓	194°	长方形竖井墓道	2.6×(0.96~1.05)－2.74		长方形	2.57×(1.05~1.2)		一棺	1.8×(0.44~0.62)				
M13	长方形竖井墓道洞室墓	12°	长方形竖井墓道	2.4×(0.98~1.06)－(3.56~3.76)	东壁有3个脚龛	长方形	3.3×(0.93~1.06)－1.4		一棺	2.1×(0.72~0.8)－0.21	仰身直肢	女	20±5	棺外出土陶壶4件、棺内出土铜钱1组（8枚）

续表

墓葬编号	墓葬形制	墓向	墓道形状	墓道尺寸(长×宽-深)	脚窝	墓室形状	墓室尺寸(长×宽-高)	壁龛(宽×高-进深)	棺椁	葬具尺寸(长×宽-残高)	葬式	性别	年龄	随葬品
M19	长方形竖井墓道洞室墓	102°	长方形竖井墓道	2.72×(1.14)-(3.6~4.05)	南壁有4个脚窝	长方形	3.08×(0.82~1.06)-1.2		一棺	1.82×(0.62~0.72)-0.14	仰身直肢	女	30±5	棺外出土陶壶3件
M20	长方形竖井墓道洞室墓	9°	长方形竖井墓道	3.1×(0.9~0.96)-(2.15~2.8)		长方形	2.6×(0.9~1.96)-1.6		一棺	1.76×(0.45~0.66)				棺外出土陶壶4件、陶罐1件,棺内出土绿松石耳坠1组(2枚)
M21	长方形竖井墓道洞室墓	10°	长方形竖井墓道	1.98×(0.91~0.96)-2.9		长方形	2.76×(0.9~0.95)-0.9		一棺	1.9×(0.56~0.6)-0.3	仰身直肢	男	30±5	棺外出土陶壶3件、陶罐1件
M24	长方形竖井墓道偏洞室墓	12°	长方形竖井墓道	2.2×(1.28~1.32)-2.2		长方形	1.9×0.68-(0.68~0.82)		一棺	1.7×(0.56~0.6)-0.22	仰身屈肢	男	40±5	棺外出土铁器1件
M26	长方形竖井墓道洞室墓	196°	长方形竖井墓道	2.1×(0.9~0.95)-(2.35~2.52)	东壁有1个脚窝	长方形	2.1×(0.9~0.97)-(0.8~1.16)		一棺	2.18×(0.62~0.68)-0.18	仰身直肢	男	30±5	棺内出土陶壶3件、陶罐1件
M27	长方形竖井墓道洞室墓	195°	长方形竖井墓道	2.04×(0.96~1.04)-(3.5~3.6)	东壁有1个脚窝	长方形	2.8×(0.94~1.06)-1.5		一棺	2×(0.6~0.68)-0.4	仰身直肢	女	30±5	棺外出土陶壶3件、陶罐1件
M29	长方形竖井墓道洞室墓	200°	长方形竖井墓道	2.5×(1.04~1.1)-(2.55~2.65)	西壁有2个脚窝	长方形	3.16×(0.92~1.1)-1.25		一棺	1.88×(0.65~0.7)-0.42	仰身直肢	女	25±5	棺外出土陶壶5件、铜钱1枚
M30	长方形偏洞室墓	187°	长弧形竖井墓道	1.9×(0.76~0.95)-(1.56~2.48)	西壁有1个脚窝	弧边长方形	2.32×(0.85~1.15)-1.12		一棺		仰身直肢	女	25±5	棺内出土铜钱1枚

续表

墓葬编号	墓葬形制	墓向	墓葬结构						葬具		葬式	人骨		随葬品
			墓道		墓室				棺椁	尺寸（长×宽-残高）		性别	年龄	
			形状	尺寸（长×宽-深）	脚窝	形状	尺寸（长×宽-高）	壁龛（宽×高-进深）						
M31	长弧形竖井墓道洞室墓	100°	长弧形竖井墓道	9.3×（0.95~1.2）-（1.5~4.45）		舟形	4.1×（1.3~1.6）-2.7		一棺	2.1×（0.65-0.75）-0.25	仰身直肢	女	35±5	棺外出土陶壶5件，陶罐1件，棺内出土铜镜1件，铜钱3组（8枚）
M32	长方形竖井墓道洞室墓	198°	长方形竖井墓道	2.48×（0.98-1.04）-4.1	西壁有5个脚窝	长方形	2.9×（1.04~1.1）-1.2	0.56×0.76-0.56	一棺	1.94×（0.55-0.6）-0.21	仰身直肢	女	25±5	壁龛出土陶壶5件，陶罐1件，棺内出土铜带钩1件
M36	长方形竖井墓道洞室墓	18°	长方形竖井墓道	2.25×（0.95-1.04）-（3.45~3.55）		长方形	3.15×（0.88~1.04）-1.35		一棺	2.05×（0.66-0.73）-0.35	仰身直肢	女	25±5	棺外出土陶碗2件，棺内出土陶罐1件
M38	长方形竖井墓道洞室墓	102°	长方形竖井墓道	2.3×（0.95~1.1）-（3.25~3.35）	北壁有3个脚窝	长方形	3.45×（1.1~1.34）-1.2		一棺	1.95×（0.7~0.75）-0.28	仰身直肢	女	30±5	棺外出土陶壶4件，陶罐1件，铜钱1组（2枚），棺内出土铜镜1件，铜刷柄1件
M39	长方形竖井墓道洞室墓	192°	长方形竖井墓道	2.3×（0.7~1.06）-3.45		梯形	2.6×（0.86~1.2）-1.35	0.75×0.85-0.68	一棺	1.75×（0.62-0.75）-0.35	仰身直肢	女	30±5	壁龛出土陶壶10件，铜钱1件，棺内出土陶罐1件，铜镜1件
M43	长方形竖井墓道洞室墓	12°	长方形竖井墓道	2.55×（0.9~0.95）-2.52		长方形	2.3×（0.9~1.03）-0.9		一棺	1.8×（0.6-0.7）-0.15	仰身直肢	女	30±5	棺外出土陶壶3件，陶罐1件
M44	竖穴土坑墓	190°	长方形	2.36×（0.24-0.58）-1.05							仰身直肢	男	40±5	出土陶壶1件
M45	长方形竖井墓道洞室墓	14°	长方形竖井墓道	2.1×（0.88~0.92）-（4.52~4.68）	西壁有4个脚窝	长方形	3.1×（0.92~1.2）-1.5		一棺	1.82×（0.66-0.7）-0.25	仰身直肢	男	35±5	棺外出土陶壶2件
M46	长方形竖井墓道洞室墓	11°	长方形竖井墓道	2.3×1.04-4.12	西壁有3个脚窝	长方形	2.86×（0.86-1.06）-1.4		一棺	1.9×（0.7-0.72）-0.25	仰身直肢			棺外出土陶壶5件，陶罐1件，棺内出土铜钱1枚

续表

墓葬编号	墓葬形制	墓向	墓道		脚窝	墓室		壁龛（宽×高-进深）	葬具		葬式	人骨		随葬品
			形状	尺寸（长×宽-深）		形状	尺寸（长×宽-高）		棺椁	尺寸（长×宽-残高）		性别	年龄	
M47	长方形竖井墓道洞室墓	14°	长方形竖井墓道	2.35×（0.87~0.94）-（4.25~4.35）	西壁有4个脚窝	长方形	2.65×（0.78~0.94）-0.95		一棺	1.76×（0.45~0.6）	仰身直肢	女	30±5	棺外出土陶壶3件、陶罐1件
M48	长方形竖井墓道洞室墓	192°	长方形竖井墓道	2.74×（0.82~0.96）-2.8		长方形	2.83×（0.82~0.96）-1.15		一棺	1.9×（0.56~0.6）-0.16	仰身直肢	女	15±5	棺外出土陶壶3件、陶罐1件、棺内出土铜钱1组（26枚）
M49	长方形竖井墓道洞室墓	15°	长方形竖井墓道	2.4×1.04-2.8		长方形	2.05×（0.9~1.05）-1		一棺	1.9×（0.6~0.65）	仰身直肢		30±5	棺外出土陶壶1件、棺内出土铜镜1件、铜钱1组（10枚）
M50	长方形竖井墓道洞室墓	10°	长方形竖井墓道	2.3×（0.9~1）-4.35	西壁有3个脚窝	梯形	2.7×（1~1.2）-1.7	0.75×0.6-0.6	一棺	1.9×（0.6~0.7）-0.4	仰身直肢	男	45±5	壁龛内出土陶壶1件、陶罐1件、陶壶2件、陶罐1件
M51	长方形竖井墓道洞室墓	14°	长方形竖井墓道	2.48×（0.95~1）-（5.15~5.25）	西壁有5个脚窝	长方形	3.1×（0.95~1）-1.4		一棺	1.88×（0.52~0.6）-0.2	仰身直肢	女	25±5	棺外出土陶壶3件、棺内出土铜环1件
M52	长弧形竖井墓道洞室墓	5°	长弧形竖井墓道	10.26×1.15-（3~4.4）		长方形	4.15×（0.94~1.15）-（1.2~1.4）		一棺	2.12×（0.64~0.74）-0.2	仰身直肢			棺外出土陶壶5件、陶罐1件、陶井1件（内置1件）、陶盂2件、陶灶1件（上置陶釜2件、陶碗1件、陶甑1件、棺内出土铜钱1组（6枚）
M54	长方形竖井墓道洞室墓	105°	长方形竖井墓道	2.4×（0.96~1.04）-2.6		梯形	2.4×（0.78~1.04）-1.2	0.6×0.85-0.68	一棺	1.9×（0.52~0.6）	仰身直肢			壁龛内出土陶壶3件、陶罐1件、棺内出土铜钱1组（2枚）
M55	长方形竖井墓道洞室墓	14°	长方形竖井墓道	2.5×（0.87~1.08）-（4.15~4.25）	西壁有3个脚窝	长方形	3.1×（0.9~1.08）-1.5	1.35×1.05-1.5	一棺	2.12×（0.62~0.74）-0.15	仰身直肢			壁龛内出土陶壶1件、棺外出土釉陶狗1件、陶壶2件、陶罐1件、棺内出土铜钱1枚

附表3　　磁县南营遗址、墓地Ⅱ区汉代墓葬统计表

单位：米

墓葬编号	墓葬形制	墓向	墓葬结构										随葬品
			墓道		前甬道		前室		后甬道		后室		
			形状	尺寸（长×宽-深）	形状	尺寸（长×宽-高）	形状	尺寸（长×宽-残高）	形状	尺寸（长×宽-高）	形状	尺寸（长×宽-残高）	
M57	长斜坡墓道前、后砖室墓	10°	长方形	8.05×(0.8~0.9)-(0.2~2.55)	长方形	1.35×1-2.95	弧边长方形	3.45×3.5-(1.15~2.15)	长方形	1.25×0.9-2.05	弧边长方形	3.15×2.9-(1.75~2.16)	墓室出土陶案1件、陶盒盖1件、陶灶1件、陶盘1件、陶耳杯1件、陶盒1件、陶壶1件
M58	长斜坡墓道前、后砖室墓	3°	长方形	8.62×(0.85~0.9)-(0.2~3.1)	长方形	1.7×(0.85~0.9)-1.35	弧边长方形	2.4×2.85-(1.75~1.98)	长方形	1.4×(1~1.1)-1.35	弧边长方形	3.05×2.6-(2.04~2.5)	前室出土五铢铜钱1组(10枚)、货泉铜钱1枚、陶灶1件、陶耳杯8件、陶方案2件、陶盒1件、釉陶盒1件、陶勺1件、釉陶壶2件、陶豆1件、陶甑1件、陶盆1件；后室出土五铢铜钱1组(4枚)、五铢铜钱1组(12枚)、铜泡饰1件

附表 4　磁县南营遗址、墓地明清时期墓葬统计表

单位：米

墓葬编号	墓葬形制	墓向	墓葬结构							葬具		随葬品
			墓道		脚窝	墓室		棺椁	尺寸（长×宽－高）		
			形状	尺寸（长×宽－深）		形状	尺寸（长×宽－高）				
M25	长方形竖井墓道洞室墓	198°	长方形竖井墓道	2.2 ×（0.9 ~ 1.08）－3.45	西壁有 2 个脚窝	圆角长方形	2.3 ×（1.38 － 1.6）－1.1				
M33	台阶式墓道长方形砖室墓	199°	梯形	7.35 ×（1.02 ~ 1.75）－（0.2 ~4.08）		长方形	3.6 × 2.4 －（2.45 ~2.56）				
M41	长方形竖井墓道洞室墓	195°	长方形竖井墓道	2.6 ×1.04－5	西壁有 3 个脚窝	长方形	2.8 ×1.76－1.4	一棺	2.2 ×（0.7 ~ 0.88）－0.3		棺外出土瓷罐 1 件，棺内出土骨簪 1 件

后　记

　　2006年10月中旬高建强老师带领我们考古队一行10人进驻磁县县域最南部、靠近漳河北岸小村落南营村。磁县文管所赵学峰所长协助我们接洽村干部并落实考古队住所。高建强老师是磁山遗址考古发掘的主持人之一，是河北新石器考古的专家，能同高老师一起工作，是我们倍感荣幸之事。首先，高老师带领我们对遗址周边区域进行考古调查。遗址地处漳河北岸二级台地，西距著名先商遗址——下七垣遗址5公里。前两次调查报告明确指出其主要文化遗存是战国、汉代墓地，但高老师却脱口而出："此处应该有商代文化遗存，看你小子手气！"果然，接下来的考古发掘验证了高老师的预判。

　　10月下旬根据考古勘探结果，我们初步确定在遗址东南部布方发掘。在村干部协调下，高老师和我与发掘占地承包者商议赔产事宜，虽然承包者嘴上一直说支持考古工作，但却迟迟不肯提出赔产标准；高老师为他详细计算了承包地内农作物品种、产量、单价以及所需人工费、水费、化肥、种子等费用，承包者听得目瞪口呆，不敢相信眼前这位考古专家竟还是个"地道老农民"，同时高老师也向他出示了磁县关于支持考古工作县政府工作纪要政策文件；此时承包者显露狡黠一面，提出额外增加200元补偿款，紧接着高老师"劈头盖脸"驳斥对方的无理要求，承包者面呈怒色，顿时屋内空气紧张下来。我私下拉了拉高老师衣袖示意"答应对方要求"，这时高老师边说"去另一家发掘地块聊聊"边拉着我往外走，村干部有些挂不住脸便大声训斥承包者"不顾大局，给南营人抹黑"，承包者立时泄了气，当场同意我们的赔产标准。当时我紧张得手心出汗，生怕双方吵起来耽误了发掘工作，事后心里由衷钦佩高老师掌控"谈判"工作节奏的能力。

　　南营遗址、墓地发掘期间正值初冬季节，气温骤降，面对考古队技工队伍不稳定、流失严重的难题，高老师带领我们发扬团结协作、乐观向上的精神，随时在工地"标准探方"召集"神仙会"，大家畅所欲言，相互介绍自己的发掘经验和教训，队员们既提高了划分、分析地层与文化遗迹相互关系的能力，又锻炼了结合其他探方的材料认识本探方遗存的本领，同时高老师还要求我拓展总览整个遗址的全局视野。最后进入室内资料整理阶段，我们要对每件文物进行细致的"善后处理"：清洗、拼接、粘对、制作卡片，整理探方日记、墓葬记录、各种图表；高老师指导我进行审核器物绘图、拓片和照相等资料的工作，于是，最后一段时间里"开夜车"不知不觉成了"必需品"。

　　考古挖掘工作顺利结束，临行前考古队队员举杯庆贺。不少人不堪酒力，但我知道其实更多的人是心醉了，多少欢歌笑语，多少恼怒哀愁，其中滋味都化进了杯中酒。我回想发掘过程中经历的种种：围观群众踩踏附近麦苗，处理地户堵住上工道路讨说法；每日协调各探方发掘进度和倒土区域，奔波发掘区各个角落；考古生涯首次发现商代灰坑，带来的无比喜悦；最后处理棘手的发掘区域回填，早出晚归说服群众的艰辛；这是一段令我难以忘怀的岁月！现今《磁县南营遗址、墓地考古发掘报告》付梓，是对当年南营考古人心血付出的最好回忆！

张晓峥

2022 年 1 月

图版一

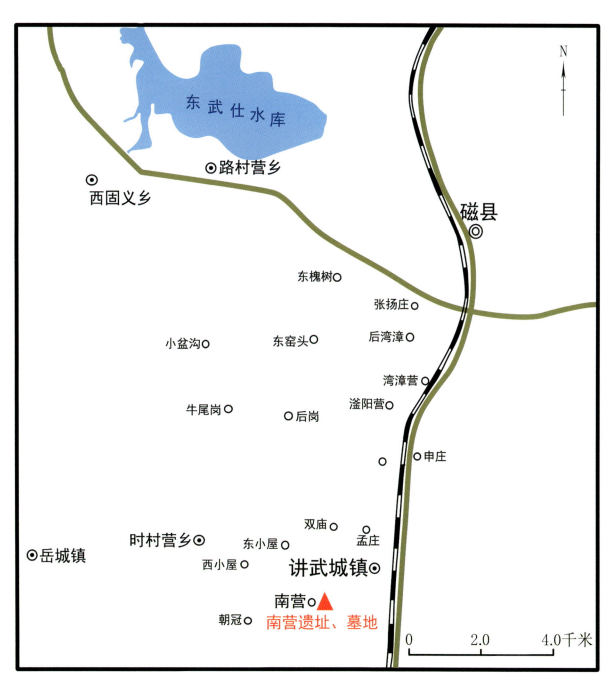

东 武 仕 水 库

⊙路村营乡

⊙
西固义乡

磁县
◎

东槐树O

张扬庄O

小盆沟O   东窑头O   后湾漳O

湾漳营O

滏阳营O

牛尾岗O   O后岗

O   O申庄

双庙O   O
时村营乡⊙   东小屋O   孟庄

⊙岳城镇   讲武城镇⊙

西小屋O

南营O ▲
朝冠O   南营遗址、墓地

0   2.0   4.0千米

磁县南营遗址、墓地位置示意图

图版二

南营遗址、墓地远景（南—北）

图版三

南营遗址、墓地 I 区俯视（右为北）

1. 讲武城城址西城墙（西南—东北）

2. 讲武城城址西城墙（东南—西北）

讲武城城址遗存

图版五

1. H8（南—北）

2. 陶鬲（H8∶2）

3. 陶鬲（H8∶10）

4. 陶鬲（H8∶12）

5. 鬲足（H8∶5）

H8 及 出 土 器 物

1. 陶罐（H8∶9）　　　　　　　2. 陶罐（H8∶11）

3. 陶罐（H8∶14）　　　　　　　4. 陶罐（H8∶20）

5. 陶瓮（H8∶13）　　　　　　　6. 陶瓮（H8∶18）

7. 石铲（H8∶1）　　　　　　　8. 石镰（H8∶7）

H8 出土器物

图版七

1. 陶鬲（H13∶1）

2. 陶鬲（H13∶2）

3. 石铲（H17∶6）

4. 石镰（H17∶1）

5. 陶罐（H17∶9）

6. 陶鬲（H17∶7）

7. 陶瓮（H17∶4）

H13、H17 出土器物

1. H21 局部（南—北）

2. 陶鬲（H21：4）

3. 陶鬲（H21：14）

4. 陶瓮（H21：16）

5. 石斧（H21：3）

H21 局部及出土器物

图版九

1. 陶罐（H41：2）   2. 陶罐（H41：5）

3. 陶罐（H41：3）   4. 陶罐（H41：8）

5. 陶鬲（H45：2）   6. 陶簋（H45：7）

7. 陶簋（H45：8）   8. 陶簋（H45：11）

H41、H45 出土器物

1. 陶簋（H46：4）

2. 陶簋（H46：5）

3. 陶罐（H4：1）

4. 陶盆（H7：1）

5. 陶罐（H11：1）

6. 陶碗（H14：2）

7. 筒瓦（H18：1）

8. 筒瓦（H18：2）

H46、H4、H7、H11、H14、H18 出土器物

1. H4 局部（南—北）

2. H24 局部（东—西）

H4 局部、H24 局部

1. H26（南—北）

2. H33（西—东）

H26、H33

图版一三

1. 陶豆（H23∶1）

2. 陶碗（H26∶1）

3. 陶罐（H39∶1）

4. 陶罐（H39∶3）

5. 陶豆（H42∶1）

6. 陶网坠（H43∶1）

7. 陶瓮（H44∶1）

8. 陶碗（H50∶1）

H23、H39、H42、H44、H50 出土器物

1. H49（南—北）

2. 陶盆（H52：1）

3. 陶网坠（H55：1）

4. 陶瓮（H55：6）

5. 陶罐（H55：7）

H49 及 H52、H55 出土器物

图版一五

1. 筒瓦（T0618④:1）

2. 筒瓦（T0815④:1）

3. 陶盆（T0516④:1）

4．陶罐（T0908④:1）

5. 陶碗（T0616④:2）

6. 陶碗（T0616④:4）

7. 陶碗（T0616④:5）

8. 陶纺轮（T0718④:1）

T0618④、T0815④、T0516④、T0908④、T0616④、T0718④层出土器物

1. M2 墓底（东—西）

2. M4 墓底（东—西）

M2 墓底、M4 墓底

1. M4 壁龛

2. 陶壶（M4∶1）

3. 陶壶（M4∶10）

3. 陶盘（M4∶2）

4. 陶碗（M4∶6）

M4 壁龛及出土器物

1. 陶盖豆（M4:4）

2. 陶匜（M4:5）

3. 陶鼎（M4:7）

4. 陶鼎（M4:9）

5. 陶小壶（M4:8）

6. 陶小壶（M4:12）

M4 出土器物

1. 铜带钩（M4:11）

2. 铜带钩（M10:1）

3. 骨簪（M11:1）

4. 铜桥形饰（M11:2）

5. 玉环（M11:3）

6. 铜带钩（M11:4）

M4、M10、M11 出土器物

图版二〇

1. M5（北—南）

2. M10（西—东）

M5、M10

1. M11 墓底（南—北）

2. M11 随葬器物

M11 墓底及随葬器物

1. M14（东—西）

2. M14 壁龛

M14 及壁龛

1. 陶鼎（M14:1）

2. 陶鼎（M14:2）

3. 陶小壶（M14:3）

4. 陶小壶（M14:8）

5. 陶盖豆（M14:4）

6. 陶盖豆（M14:7）

M14 出土器物

1. 陶壶（M14:5）

2. 陶壶（M14:6）

3. 陶碗（M14:9）

4. 陶碗（M14:11）

5. 陶匜（M14:10）

6. 铜带钩（M15:1）

M14、M15 出土器物

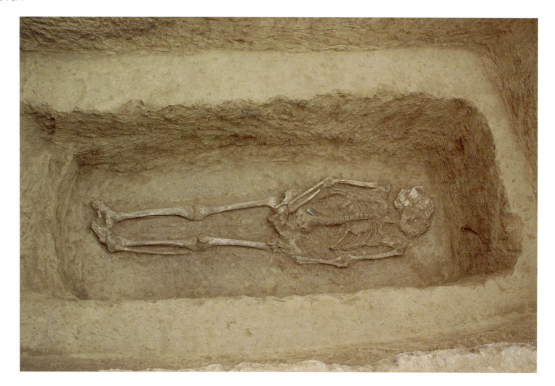

1. M15 墓底（东—西）

2. M16（南—北）

M15 墓底、M16

图版二六

1. M17 墓底（东—西）

2. M17 随葬器物

M17 墓底及随葬器物

1. 陶壶（M17:1）

2. 陶壶（M17:2）

3. 陶盖豆（M17:4）

4. 陶豆（M17:5）

5. 陶鼎（M17:6）

6. 陶匜（M17:3）

M17 出土器物

1. 陶碗（M17:9）

2. 陶盘（M17:10）

3. 铜带钩（M34:1）

4. 陶小壶（M40:9）

5. 陶小壶（M40:10）

6. 陶匜（M40:11）

M17、M34、M40 出土器物

图版二九

1. M18 墓底（南—北）

2. M22 墓底（东—西）

M18 墓底、M22 墓底

1. 陶壶（M22：1）

2. 陶壶（M22：2）

3. 陶盖豆（M22：3）

4. 陶盖豆（M22：4）

5. 陶鼎（M22：5）

6. 陶鼎（M22：6）

M22 出土器物（一）

1. 陶小壶（M22：7）

2. 陶小壶（M22：8）

3. 陶钵（M22：9）

4. 陶盘（M22：10）

5. 骨簪（M22：11）

6. 陶匜（M22：12）

M22 出土器物（二）

1. M23 （西—东）

2. M28 （东—西）

M23、M28

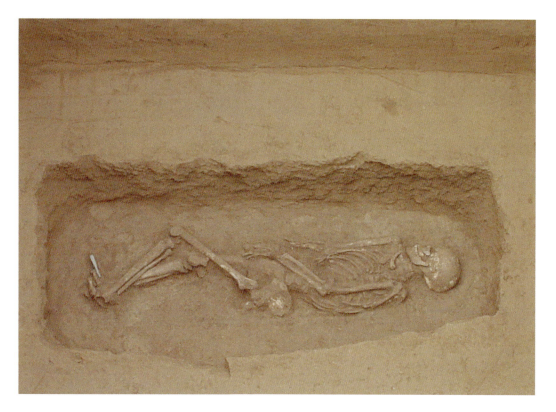

1. M34（南—北）

2. M34 随葬器物

M34 及随葬器物

1. M35（东—西）

2. M37（东—西）

M35、M37

1. M40 墓底（北—南）

2. M40 壁龛

M40 墓底、壁龛

1. 铜剑（M40:1）

2. 铜带钩（M40:2）

3. 陶鼎（M40:3）

4. 陶鼎（M40:4）

5. 陶盖豆（M40:5）

6. 陶盖豆（M40:6）

M40 出土器物

1. M53 墓底（东—西）

2. M53 壁龛

M53 墓底、壁龛

1. 陶壶（M53：3）

2. 陶壶（M53：4）

3. 陶盖豆（M53：5）

4. 陶盖豆（M53：11）

5. 陶鼎（M53：6）

6. 陶鼎（M53：9）

M53 出土器物（一）

1. 桶形器（M53：7）

2. 鸟柱盘（M53：8）

3. 平盘豆（M53：15）

4. 平盘豆（M53：10）

5. 陶碗（M53：1）

6. 陶盘（M53：2）

M53 出土器物（二）

1. 陶小壶（M53：13）

2. 陶小壶（M53：14）

3. 铜带钩（M53：12）

4. 骨簪（M56：1）

5. 陶壶（M40：7）

6. 陶壶（M40：8）

M53、M56、M40 出土器物

1. H1 局部（西—东）

2. H2 局部（南—北）

H1 局部、H2 局部

1. H38 局部（北—南）

2. 陶纺轮（T1107③:1）

3. 陶盆（T0611③:1）

4. 陶盆（T0710③:1）

5. 筒瓦（T0418③:1）

H38 局部及 T1107③、T0611③、T0710③、T0418③层出土器物

图版四三

1. M1（北—南）

2. M1 封门砖（北—南）

M1 及封门砖

图版四四

1. 陶壶（M1:1）

2. 铁锸（M1:2）

3. 陶井（M3:1）

4. 陶灶（M3:2）

5. 陶罐（M3:3）

6. 铜镜（M3:9）

M1、M3 出土器物

1. M3（西—东）

2. M3 随葬器物

M3 及随葬器物

1. 陶壶（M3:4）　　　　　　　2. 陶壶（M3:5）

3. 陶壶（M3:6）　　　　　　　4. 陶壶（M3:7）

5. 陶壶（M3:8）　　　　　　　6. 陶釜（M3:10）

M3 出土器物

1. M6（南—北）

2. M6 随葬器物

M6 及随葬器物

1. 陶壶（M6:1）

2. 陶壶（M6:2）

3. 陶壶（M6:3）

4. 陶壶（M6:4）

5. 陶甑（M3:11）

6. 陶碗（M3:12）

M6、M3 出土器物

1. M7 局部（东—西）

2. M7 随葬器物

M7 局部及随葬器物

1. 陶壶（M7:1）

2. 陶壶（M7:2）

3. 陶壶（M7:3）

4. 陶罐（M7:4）

5. 铁锸（M7:5）

M7 出土器物

1. M8（东—西）

2. M8 局部

M8

1. 陶壶（M8∶1）

2. 陶壶（M8∶2）

3. 陶壶（M8∶3）

4. 陶壶（M8∶4）

5. 陶壶（M8∶5）

6. 铜带钩（M8∶6）

M8 出土器物

1. M9（东—西）

2. M9 随葬器物

M9 及随葬器物

1. 陶壶（M9：1）

2. 陶壶（M9：3）

3. 陶壶（M9：2）

4. 陶壶（M9：4）

5. 陶壶（M9：5）

M9 出土器物

图版五五

1. M12（西—东）

2. M13（东—西）

M12、M13

1. M13 随葬遗物

2. 陶壶（M13：1）

3. 陶壶（M13：2）

4. 陶壶（M13：3）

5. 陶壶（M13：4）

M13 出土器物

1. M19（南—北）

2. M19 局部（北—南）

M19

1. 陶壶（M19：1）　　　　　2. 陶壶（M19：2）

3. 陶壶（M19：3）　　　　　4. 陶壶（M27：1）

5. 陶壶（M27：2）　　　　　6. 陶壶（M27：3）

M19、M27 出土器物

1. M20 局部（东—西）

2. M20 随葬器物

M20 局部及随葬器物

1. 陶壶（M20：5）

2. 陶壶（M20：2）

3. 陶壶（M20：4）

4. 陶罐（M20：3）

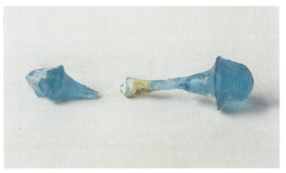
5. 耳坠（M20：6）

M20 出土器物

1. M21 局部（西—东）

1. 陶壶（M21:1）

2. 陶罐（M21:2）

3. 陶壶（M21:3）

4. 陶壶（M21:4）

M21 及出土器物

1. M24（南—北）

2. M30（北—南）

M24、M30

1. M26（南—北）

2. M26 随葬器物

图版六三

M26 及随葬器物

1. 陶壶（M26:1）

2. 陶壶（M26:2）

3. 陶壶（M26:3）

4. 陶罐（M26:4）

5. 陶罐（M27:4）

6. 铜镜（M31:9）

M26、M27、M31 出土器物

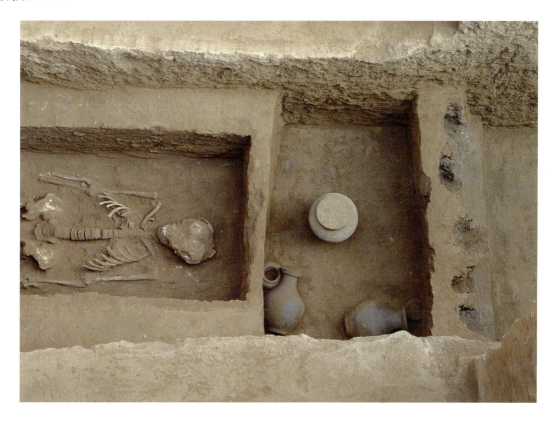

1. M27 局部（西—东）

2. M27 封门木柱残存痕迹

M27 局部及封门木柱残存痕迹

1. M29（西—东）

2. M29 随葬器物

M29 及随葬器物

图版六七

1. 陶壶（M29：2）

2. 陶壶（M29：4）

3. 陶壶（M29：3）

4. 陶壶（M29：5）

5. 陶壶（M29：6）

M29 出土器物

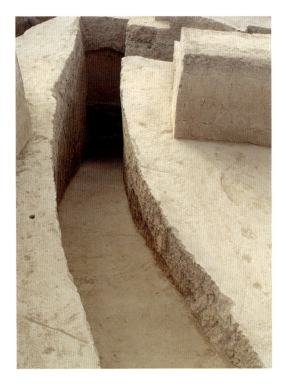

1. M31 墓道及墓门（东—西）

2. M31 墓室（西—东）

M31 墓道、墓门及墓室

1. 陶壶（M31:4）

2. 陶壶（M31:5）

3. 陶壶（M31:6）

4. 陶壶（M31:7）

5. 陶壶（M31:8）

6. 陶罐（M31:3）

M31 出土器物

1. M32（东—西）

2. M32 壁龛（东—西）

M32 及壁龛

1. 陶壶（M32:2）

2. 陶罐（M32:3）

3. 陶壶（M32:4）

4. 陶壶（M32:5）

5. 陶壶（M32:6）

6. 陶壶（M32:7）

M32 出土器物

1. M36 墓室（东—西）

2. M36 封门木柱残存痕迹

M36 墓室及封门木柱残存痕迹

1. 陶碗（M36:1）

2. 陶碗（M36:2）

3. 陶罐（M36:3）

4. 铜刷柄（M38:7）

5. 陶罐（M43:3）

6. 陶壶（M43:4）

M36、M38、M43 出土器物

1. M38（南—北）

2. M38 随葬器物

M38 及随葬器物

1. 陶罐（M38:2）　　　　　　　　2. 陶壶（M38:4）

3. 陶壶（M38:5）　　　　　　　　4. 陶壶（M38:3）

5. 陶壶（M38:6）　　　　　　　　6. 铜镜（M38:8）

M38 出土器物

1. M39 墓室（西—东）

2. M39 壁龛（西—东）

M39 墓室及壁龛

1. 陶壶（M39:2）

2. 陶壶（M39:4）

3. 陶壶（M39:5）

4. 陶壶（M39:6）

5. 陶壶（M39:7）

6. 陶壶（M39:9）

M39 出土器物（一）

1. 陶壶（M39：8）

2. 陶壶（M39：10）

3. 陶壶（M39：12）

4. 陶壶（M39：11）

5. 铜镜（M39：1）

6. 陶罐（M39：3）

M39 出土器物（二）

1. M43（东—西）

2. M43 墓底

M43 及墓底

1. 陶壶（M43:1）

2. 陶壶（M43:2）

3. 陶壶（M44:1）

4. 陶壶（M45:1）

5. 陶壶（M45:2）

6. 陶罐（M50:4）

M43、M44、M45、M50 出土器物

1. M44（西—东）

2. M46（北—南）

M44、M46

1. 陶壶（M46:2）

2. 陶壶（M46:3）

3. 陶壶（M46:4）

4. 陶壶（M46:5）

5. 陶罐（M46:6）

6. 陶壶（M46:7）

M46 出土器物

1. M47 墓室（东—西）

2. M47 随葬器物

M47 墓室及随葬器物

1. 陶罐（M47：1）　　　　　　　2. 陶壶（M47：2）

3. 陶壶（M47：3）　　　　　　　4. 陶壶（M47：4）

5. 铜镜（M49：1）　　　　　　　6. 陶壶（M49：3）

M47、M49 出土器物

1. M48（西—东）

2. 陶壶（M48：2）

3. 陶壶（M48：3）

4. 陶罐（M48：4）

5. 陶壶（M48：5）

M48 及出土器物

1. M49（北—南）

2. M49墓室（东—西）

M49及墓室

1. M50（东—西）

2. 陶壶（M50：2）

3. 陶壶（M50：3）

4. 陶壶（M50：5）

5. 陶壶（M50：7）

M50 及 出 土 器 物

1. M51 墓室（南—北）

2. M51 墓门（北—南）

M51 墓室与墓门

1. 陶壶（M51:2）

2. 陶壶（M51:3）

3. 陶壶（M51:4）

4. 陶罐（M51:1）

5. 铜环（M51:5）

M51 出土器物

1. M52 墓道局部（北—南）

2. M52 随葬遗物

M52 墓道局部及随葬器物

图版九一

1. 陶壶（M52:1）

2. 陶壶（M52:2）

3. 陶壶（M52:9）

4. 陶壶（M52:10）

5. 陶壶（M52:11）

6. 陶井（M52:3）

M52 出土器物（一）

1. 陶灶（M52:5）

2. 陶罐（M52:16）

3. 陶釜（M52:4）

4. 陶碗（M52:6）

5. 陶桶（M52:12）

6. 陶匜（M52:13）

M52 出土器物（二）

1. M54 壁龛（北—南）

2. 陶壶（M54：1）

3. 陶壶（M54：2）

4. 陶壶（M54：3）

5. 陶罐（M54：4）

M54 壁龛及出土器物

1. M55 墓室局部（东—西）

2. 陶壶（M55:2）

3. 陶壶（M55:3）

4. 陶壶（M55:1）

5. 陶罐（M55:4）

M55 墓室局部及出土器物

1. 陶壶（M50：1）

2. 陶罐（M50：6）

3. 釉陶狗（M55：6）

4. 陶甑（M52：7）

5. 陶釜（M52：8）

6. 陶匜（M52：14）

M50、M55、M52 出土器物

1. M57（南—北）

M57

1. M57 墓室（北—南）

2. M57 前甬道、前室（南—北）

M57 墓室及前甬道、前室

1. 陶方案（M57：1）

2. 陶盒盖（M57：2）

3. 陶壶（M57：7）

4. 陶灶（M57：3）

5. 陶盘（M57：4）

M57 出土器物

1. M58（南—北）

2. M58 封门砖

M58 及封门砖

1. M58 前甬道（南—北）

2. M58 后室（东—西）

M58 前甬道及后室

1. 陶釜（M58:15）

2. 陶井（M58:4）

3. 陶耳杯（M58:5）

4. 陶耳杯（M58:17）

5. 陶耳杯（M58:19）

6. 陶耳杯（M58:20）

M58 出土器物（一）

1. 陶匜（M58：6）　　　　　　　　2. 陶匜（M58：21）

3. 釉陶壶（M58：12）

4. 陶盒（M58：8）　　　　　　　　5. 陶盒（M58：23）

M58 出土器物（二）

1. 陶勺（M58∶9）

2. 陶甑（M58∶24）

3. 釉陶壶（M58∶22）

4. 陶豆（M58∶25）

5. 铜钗（M58∶2）

M58 出土器物（三）

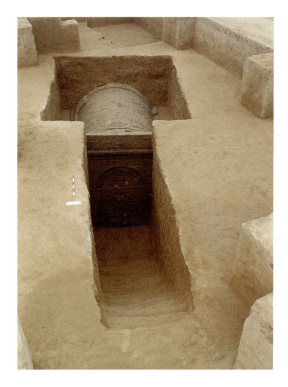

1. M33（南—北）

2. M33 墓室（南—北）

M33 及墓室

1. M33 墓门（南—北）

2. M33 北壁砖雕板门

M33 墓门及北壁砖雕板门

1. Ⅰ区发掘现场

2. 考古钻探

3. 布设探方

4. 清理人骨

发掘现场工作照片

1. 清理壁龛

2. 现场绘图

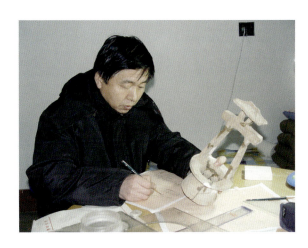

3. 器物绘图

4. 修复器物

发掘现场及室内整理工作照片

1. 国家文物局专家指导工地

2. 国家文物局专家查看室内资料

3. 河北省文物局领导检查工地

4. 河北省文物研究所领导检查工地

领导、专家检查工作